Transformer son futur avec l'astrologie de coaching

Sébastien MICHEL

Transformer son futur avec l'astrologie de coaching

Atteignez la réussite année après année

DU MÊME AUTEUR

Aux éditions Bussières
LE TIRAGE KARMIQUE

Chez KDP
LE THÉÂTRE DU TAROT - Volume I-La méthodologie
LE TAROT PAR LA PRATIQUE (Le Théâtre du Tarot-Volume II) -
Apprendre le Tarot par la pratique intensive
CRÉER SON SUCCÈS AVEC LE TAROT DE COACHING (Le Théâtre du Tarot-Volume III) -
Laissez le Tarot vous guider vers le bonheur et la réussite
TROUVER LE BONHEUR AVEC L'ASTROLOGIE DE COACHING -
Laissez votre carte du ciel vous guider vers la réussite personnelle
TRANSFORMER SON FUTUR AVEC L'ASTROLOGIE DE COACHING -
Atteignez la réussite année après année
LA PYRAMIDE DE JÉRÉMY

Ce livre a été écrit uniquement à des fins pédagogiques et ludiques.
L'auteur et l'éditeur ne sont pas responsables de l'utilisation
ou du résultat du contenu de ce document.

Photographie, illustration et design de la couverture : Evelyne MARION-HALL, d'après un concept de Sébastien MICHEL.

Mise en page : VeronikA

*Ce livre est dédié à Kevin, Rondha, Alexandre, Mahesh, Gabriel et Esther
qui m'ont permis de trouver le chemin de la sérénité et du succès.
Je vous ai crus contre toute logique et je vous suis éternellement redevable.*

TABLE DES MATIÈRES

INTRODUCTION

La philosophie de l'astrologie de coaching

Dans le premier volume de cette série (*Trouver le bonheur avec l'astrologie de coaching* aux éditions Lulu.com), nous avons vu que la carte du ciel de naissance d'un individu représente sa mission de vie, son chemin le plus heureux et le plus accompli. Nous avons compris que rien n'est prioritairement positif ou négatif dans une carte du ciel, mais que tout ce qui s'y trouve est un appel à être vécu positivement. Nous avons aussi compris que le libre arbitre d'un être humain lui permet de prendre n'importe quelle configuration astrale (même celle qui semble la plus magnifique) et de la transformer en une erreur monumentale ! Dans le sens inverse, la conscience d'une personne lui permet de prendre n'importe quelle configuration astrale (même celle qui semble horrifiante) et de la transformer en un magnifique accomplissement. Le fait de vivre positivement notre carte du ciel revient à vivre notre légende personnelle comme l'a écrit Paulo Coehlo dans *L'Alchimiste*. Et lorsqu'on le fait, nous dit l'auteur, tout l'univers conspire à notre réussite. Une autre façon d'illustrer l'idée principale de ce premier volume serait par la métaphore suivante : lorsque l'âme s'incarne dans le corps au moment de la naissance, elle est convoquée par un comité d'entités célestes qui lui remettent un manuel d'instruction. Ce manuel contient tout ce que l'âme doit faire pour être heureuse et atteindre un sentiment de plénitude lors de son passage sur terre. Le manuel contient à la fois des sections sur ce qui doit être accompli et aussi des sections qui mettent en garde contre les erreurs les plus courantes. Évidemment, vous le comprenez, ce manuel d'instruction c'est la carte du ciel. Et le but du premier livre était d'apprendre au lecteur à lire cette carte/manuel d'instruction pour pouvoir être heureux et aller au bout de lui-même. Bien qu'elle ne soit pas obligatoire, je vous recommande fortement la lecture de ce premier volume si ce n'est pas déjà fait. Vous comprendrez et utiliserez le livre que vous tenez entre les mains beaucoup plus aisément.

La carte du ciel de naissance (aussi appelé thème natal) est donc le manuel qui explique comment être heureux dans la vie, mais elle ne dit pas nécessairement quand poser les gestes importants. Si votre carte vous conseille d'être créatif, par exemple, ce conseil sera valide toute votre vie. Peu importe que vous fassiez preuve de créativité à quinze ans, trente-cinq ans ou quatre-vingt-dix ans, vous serez créatif et vous en ressentirez un bénéfice. Mais imaginons que le 8 octobre 2033 un riche propriétaire de galeries d'art passe dans votre patelin et vous rencontre par hasard dans un café. Vous lui parlez de votre gout pour la créativité et il demande à voir vos œuvres, car il serait possiblement intéressé à les exposer. Voilà peut-être la chance de votre vie de vivre de votre art et de pouvoir faire voyager vos œuvres de par le monde. Le conseil de votre thème natal prend de son importance, mais l'avez-vous suivi ? Peut-être n'avez-vous tout simplement pas d'œuvre à lui présenter ? Peut-être aussi avez-vous suivi le conseil il y a dix ans, mais depuis quelques années êtes-vous passé à autre chose ? Si quelqu'un avait pu vous dire non seulement que vous deviez être créatif dans la vie, mais que vous devriez y porter une attention soutenue tout au long de l'année 2033, vous seriez en possession d'œuvres récentes à montrer au riche propriétaire lors de la rencontre fortuite. Voilà le but de ce livre : vous aviser de l'importance de la créativité pour vous très exactement en 2033 !

Faites bien attention, malgré ce qui pourrait y paraitre à la lecture des lignes précédentes, le but de ce livre n'est pas d'apprendre à prédire l'avenir. Au contraire, le but est de vous permettre d'écrire votre futur, de le créer et de l'inventer. Je ne vais pas vous apprendre à deviner qu'un riche marchand d'art va venir à votre rencontre. Cela ne m'intéresse pas et je ne crois même pas que ce soit possible ! Je veux vous apprendre à déchiffrer le ciel actuel et le ciel des années à venir pour comprendre vers quoi vous devez porter votre attention. Devez-vous développer votre créativité cette année ? Est-ce plutôt le temps de faire de la comptabilité ? Peut-être d'apprendre la méditation, une langue étrangère ou prendre un cours ? Pour chaque conseil donné, la seule chose que je peux prédire c'est que si vous le faites, vous serez heureux et vous serez récompensé. À vous de découvrir le bonheur et les récompenses lorsqu'elles se présenteront. Je peux vous dire que si vous le faites, vous créerez alors votre futur. Vous donnerez l'ordre à l'univers de vous servir de belles expériences.

Qu'est-ce que cela veut dire exactement ? Une philosophie se cache derrière ce livre. L'astrologie de coaching prétend que l'univers est intelligent et signifiant. Chaque vie humaine est spéciale. Chaque âme est unique. Chaque destin mérite d'être vécu pleinement et surtout chaque destin a un sens ou une mission profonde. La mission est différente pour chacun, mais il y en a toujours une. L'univers souhaite et espère que chaque être humain réalise sa mission, qu'il aille au bout de lui-même et qu'il soit heureux. L'univers ne peut pas le faire à notre place, mais il nous aide à y parvenir en faisant deux choses. Premièrement, il nous parle au travers de l'astrologie pour nous donner des indications et des conseils. Deuxièmement, il nous présente tout au long de notre vie des opportunités que nous choisissons de saisir ou non. Le but de l'astrologie de coaching, c'est de nous révéler les indications et les conseils, et le but très précis de ce livre est de nous révéler les opportunités que nous devons saisir dans une période donnée. Une image que je vais utiliser tout au long du livre, c'est celle du serveur. Essayez de visualiser l'univers comme un serveur qui se présente à vous avec plusieurs bouchées. Certaines sont délicieuses et d'autres franchement mauvaises. Si vous choisissez une bouchée qui s'avère être détestable, vous la mettez de côté et vous en prenez une autre. Avec l'univers c'est la même chose. Il y aura plusieurs possibilités d'énergies devant vous et certaines seront fantastiques alors que d'autres seront bouleversantes. Le but de ce livre est de vous apprendre à choisir les bouchées fantastiques et à rejeter le plus rapidement possible les bouchées bouleversantes.

Lorsqu'on feuillette la littérature astrologique, on s'aperçoit que d'un auteur à l'autre, la définition d'un transit n'est pas toujours la même. Dans le cas d'un transit de Saturne par exemple, on peut lire à certains endroits qu'il cause une dépression ! Je dois vous dire tout d'abord que je suis assez choqué par ce type d'affirmation qui me semble fataliste et malsaine. Mais jouons le jeu juste pour voir si cela tient la route. Chaque personne vivra lors de sa vie plusieurs transits de Saturne et ce n'est pas tout le monde qui fait une dépression dans sa vie ! Pourquoi est-ce qu'un transit de Saturne amène une dépression chez une personne et pas chez une autre ?

Comment est-ce possible ? Peut-être pourrions-nous nous inspirer d'une très vieille idée spirituelle (et d'un nouveau courant de pensée scientifique !) pour mieux comprendre. Les anciens ont toujours expliqué le monde comme étant les multiples reflets ou vibrations d'une unité divine originelle. Un peu partout dans les écrits sacrés se retrouve l'idée que Dieu est unique, mais qu'il se subdivise en milliards de choses et de gens. Ainsi, Dieu est partout, car il est la source de toutes choses tant sur le plan minéral, végétal, animal ou humain. Et c'est pourquoi les anciens ont toujours prétendu que pour revenir à Dieu, il fallait retrouver la trace du sacré dans l'homme et dans la nature. Revenir au créateur par le chemin de ce qu'il a créé. Aujourd'hui, il est intéressant de voir que la physique quantique tient un discours semblable. Au travers de théories telles que celle du champ unifié, on peut voir qu'il existe un champ vibratoire unique duquel sont issues toutes particules existantes. Ainsi, derrière les atomes de choses aussi disparates qu'un être humain, un animal, une pierre ou un arbre se cache un seul et même champ d'énergie quantique universel, éternel et immuable. En numérologie sacrée, on illustrait cette idée par le « 1 » qui symbolisait l'émergence originelle du pouvoir divin, sa manifestation primordiale. Par la suite, on voyait que ce « 1 » se dédoublait pour faire « 11 », puis « 111 » et ainsi de suite en un nombre infini de choses. En astrologie, on pourrait dire qu'un transit, celui de Saturne par exemple, possède un sens profond ou un sens philosophique primordial. C'est l'équivalent du « 1 ». Ce sens profond sera vécu différemment par chacun et c'est à ce moment que l'on entre dans le dédoublement du « 11 », puis du « 111 », etc. On pourrait dire qu'un transit possède un sens profond unique, immuable et éternel. Lorsque le transit de Saturne sera vécu par un individu, il va se matérialiser tout d'abord psychiquement sous la forme d'une émotion. Ce sera le sens psychologique de la deuxième ligne ou le « 1 » devient « 11 ». Là où il n'y avait qu'un seul sens profond, nous avons maintenant plusieurs possibilités de manifestations psychologiques. Et de ces multiples possibilités psychologiques et émotionnelles, va surgir sur la troisième ligne un événement dans la vie du consultant. Mais sur cette troisième ligne, le « 11 » qui s'était déjà multiplié devient encore plus grand en se transformant en « 111 » ! On peut donc dire que d'un seul sens profond, se sont manifestées psychologiquement plusieurs émotions possibles et un nombre incalculable de possibilités événementielles.

Les trois niveaux d'interprétation d'un transit[1] en astrologie de coaching	
1	Sens profond ou philosophique
11	Sens psychologique ou émotionnel
111	Sens événementiel

Imageons ceci concrètement avec Saturne. En ce qui concerne le sens événementiel d'un transit de Saturne, les possibilités sont multiples. Citons par exemple : *vivre une grande réussite au niveau professionnel, obtenir une position de pouvoir, étudier la philosophie, vivre une période de solitude, vivre un échec douloureux, vivre une dépression, avoir l'impression de tout perdre.*

C'est une gamme assez impressionnante de possibilités. On va de « vivre une grande réussite » jusqu'à « avoir l'impression de tout perdre » ! Je suis profondément convaincu que l'astrologie s'est perdue au fil des siècles à chercher à prédire laquelle des possibilités allait se vivre. En astrologie de coaching, nous allons résoudre cette problématique en cherchant à revenir au « 1 », le sens profond du transit.

Le sens profond d'un transit de Saturne (le « 1 ») c'est faire preuve de réalisme et de discipline pour structurer quelque chose d'important et de positif. Psychologiquement, cette demande ou ce défi de Saturne pourra être vécu positivement par le sérieux, la discipline, la persistance, l'ambition et la détermination. Mais aussi négativement par le doute, le désespoir, la frustration, la résistance au changement et le pessimisme. Et ces différentes possibilités émotionnelles vont se manifester au travers des différentes possibilités événementielles qui étaient : *vivre une grande réussite au niveau professionnel, obtenir une position de pouvoir, étudier la philosophie, vivre une période de solitude, vivre un échec douloureux, vivre une dépression, avoir l'impression de tout perdre.*

---

1. On peut grossièrement diviser l'astrologie en trois grands courants. L'astrologie classique et fataliste qui décrit des événements inéluctables en avance. L'astrologie psychologique qui décrit le résultat psychologique et le caractère d'un individu parfois de manière inéluctable. L'astrologie humaniste, évolutionniste ou de coaching qui décrit l'essence à vivre d'une carte du ciel et les fondements téléologiques de la carte du ciel.

Ainsi, vous avez le contrôle sur tous les transits de Saturne, même ceux qui ont la pire des réputations. Prenez par exemple l'opposition de Saturne à votre Soleil. Bien des astrologues tremblent devant ce transit et annoncent les « sept plaies d'Égypte » réunies au client. C'est pourtant de la foutaise, puisqu'opposition au Soleil ou pas, un transit de Saturne veut toujours dire faire preuve de réalisme et de discipline pour structurer quelque chose d'important et de positif. Il est possible que l'opposition au Soleil bouscule et confronte comme dans un manège qui nous brasse un peu, mais fondamentalement, manège rock and roll ou pas, le but de ce transit est de faire preuve de réalisme et de discipline pour structurer quelque chose d'important et de positif.

Ainsi, nous reprenons le pouvoir sur notre vie et sur les événements. Si j'ai une opposition de Saturne à mon Soleil, je sais que je dois agir psychologiquement avec les options positives du sérieux, de la discipline, de la persistance, de l'ambition et de la détermination. Parce que si je le fais, la vie va me récompenser avec les événements positifs tels que la réussite des ambitions et l'accomplissement élevé. Si je glisse du côté des émotions négatives du doute, du désespoir, de la frustration, de la résistance au changement et du pessimisme, je vais récolter la dépression, la défaite et la perte des acquis.

Nous revoyons ici l'image du serveur qui lors d'un transit de Saturne arrive avec un plateau qui contient plusieurs plats. Certains sont délicieux et d'autres sont plutôt mauvais. Le but de l'astrologie de coaching c'est de vous aider à faire le bon choix dès le départ, mais à la limite si jamais vous avez déjà commencé à manger le mauvais plat, c'est aussi de comprendre comment on peut rappeler le serveur, retourner l'assiette aux cuisines et choisir un autre plat de bien meilleur gout ! Dans un monde idéal, vous prenez dès le départ le plat qui consiste à faire preuve de réalisme et de discipline pour structurer quelque chose d'important et de positif. Ce qui entraine une émotion sérieuse, disciplinée et travaillante. Ce qui entraine une réussite des ambitions et un accomplissement élevé. Si en cours de route, vous voyez apparaitre le doute ou le désespoir cela veut dire que vous venez de changer de plat et il faut en prendre conscience immédiatement pour retourner à l'assiette de la discipline et du travail.

Ainsi, Saturne peut vouloir dire : faire une dépression, mais il peut aussi vouloir dire si on l'applique avec conscience et avec la bonne méthode : réussir de façon éloquente.

Allons voir ensemble comment abandonner définitivement l'astrologie fataliste et ses prédictions fatalistes. Allons apprendre ensemble comment redonner les pleins pouvoirs au client sur sa vie. Allons apprendre comment créer notre futur plutôt que de le prédire !

Bonne lecture, bon succès, bonne réussite et bon...heur !

I
La définition technique d'un transit et d'une progression

Dans ce chapitre nous apprendrons ce que sont, techniquement parlant, une carte du ciel, un transit et une progression. Le but n'est pas immédiatement de pouvoir interpréter ou de pouvoir dire ce qu'un transit veut dire, mais plutôt de comprendre ce que sont, astronomiquement, un transit, une progression et une carte du ciel.

La carte du ciel de naissance

Une carte du ciel est un schéma du ciel vu de la terre au moment de la naissance d'une personne. Pour simplifier, nous pourrions dire qu'une carte du ciel représente ce que verrait un astronome avec son télescope s'il se tenait sur le toit de l'hôpital où nait le bébé au moment exact de son premier souffle. Si cet astronome regardait le ciel, il verrait que Mercure se trouve dans une portion du ciel (peut-être celle attribuée au Verseau par exemple). Il observerait que Mars traverse une autre portion du ciel (celle du Scorpion par exemple) et ainsi de suite. Il pourrait prendre une feuille et noter toutes ses observations sur un schéma et cela serait une carte du ciel.

Du point de vue de la terre, les astres semblent tourner autour de nous. De plus, ils semblent tous se déplacer en suivant grosso modo le même parcours dans le ciel. Tous les astres avancent dans le ciel en suivant ce que l'on appelle l'écliptique. L'écliptique, c'est la ligne virtuelle que trace le Soleil dans le ciel sur une période d'une année. Si vous pouviez suivre le Soleil dans le ciel avec un crayon, vous traceriez une ligne qui partirait d'un point précis et qui ferait un grand cercle avant de revenir à son point de départ une année plus tard.

Un cercle est mathématiquement composé de 360 degrés[1] et le Soleil avance approximativement d'un degré tous les jours. Tous les astres suivent le chemin du Soleil, mais à des vitesses différentes, le long de cette ligne appelée l'écliptique. Certains parcourent plusieurs degrés tous les jours et d'autres peuvent prendre plusieurs semaines pour en parcourir un seul. Pour des raisons symboliques[2], l'écliptique, cette mince bande de ciel, fut divisé par les anciens en douze segments d'égale dimension (30 degrés chacun). Un nom fut donné à chacun des segments de la bande, ce qui donna naissance aux signes zodiacaux. À peu près tout le monde connait le nom de ces douze segments/signes, puisque ce sont les signes du zodiaque allant du Bélier jusqu'aux Poissons. Quelqu'un sait par exemple qu'il est Bélier, mais peu de gens comprennent ce que cela veut vraiment dire. Cela signifie qu'au moment de la naissance, le Soleil traversait le segment du Bélier dans le ciel. C'est ainsi qu'une carte du ciel vous permet de savoir non seulement dans quel segment/signe de l'écliptique était le Soleil, mais aussi dans quel segment/signe était la Lune, Mercure, Mars, etc.

L'écliptique fut divisé par un système tropical et non pas sidéral. Le système fonctionne avec les saisons et pas avec les étoiles. Cela signifie que le début du Bélier coïncide avec le moment de l'année où le jour et la nuit sont d'égale durée et que nous allons vers une plus grande clarté (c'est l'équinoxe de printemps). Le début du Cancer coïncide avec le moment de l'année où le jour est le plus long (c'est le solstice d'été). Le début de la Balance coïncide avec le moment de l'année où le jour et la nuit redeviennent égaux (c'est l'équinoxe d'automne) et finalement, le début du Capricorne coïncide avec le moment où la nuit est la plus longue (c'est le solstice d'hiver). Ces quatre signes sont appelés cardinaux parce qu'ils débutent une période dans la relation entre le jour et la nuit. Une fois ces quatre segments/signes établis, il fallait ajouter d'autres segments pour

---

1. Ce sont les Babyloniens qui ont établi ces standards mathématiques. Les Babyloniens tenaient à ce que le cercle fasse 360 degrés à la fois pour des raisons pratiques/pragmatiques (mathématique pure) et des raisons symboliques. J'invite le lecteur à consulter l'article « DEGRÉ (ANGLE) » offert gratuitement sur Wikipédia à ce sujet.
2. L'explication complète et détaillée dépasse le sujet de ce livre, mais sachez tout de même que le cercle est associé au divin et le carré à la matière. Le carré étant composé de quatre segments, il faut diviser le cercle par quatre afin d'obtenir de l'information sur la manière dont le divin s'incarne dans le réel. Par la suite, il faut diviser chaque partie par trois pour comprendre l'évolution de la matière selon les trois cycles du vivant : la naissance, la culmination et le déclin. C'est ainsi que le divin s'incarne sur terre en douze phases archétypales (quatre parties initiales multipliées chacune par trois stades d'évolution).

tenir compte de l'évolution de la période diurne et nocturne entre chacun d'eux. Par amour du symbolisme et aussi pour pouvoir diviser le cercle zodiacal de 360 degrés en segments égaux, il fut décidé de diviser l'écliptique en douze parties de 30 degrés[1]. C'est ainsi que sont nés les signes du zodiaque. Et c'est ainsi que l'on peut très précisément savoir où une planète se trouve le long de l'écliptique en donnant non seulement le segment/signe qu'elle occupe, mais surtout en donnant le degré exact où elle se trouve. Vous pourriez voir sur une carte du ciel par exemple le Soleil au 1er degré de la Balance. Cela signifie qu'au moment de votre naissance, le Soleil passait au-dessus du 1er degré de la Balance et cela signifie par le fait même que vous êtes né le premier jour de l'automne.

À titre informatif, sachez que l'astrologie hindoue (astrologie sidérale) se sert des constellations plutôt que des saisons pour trouver le signe dans lequel se trouve une planète. C'est la raison pour laquelle vous changez parfois de signe si vous consultez un astrologue hindou. Ce livre, comme la très vaste majorité des ouvrages occidentaux, se consacre à l'astrologie tropicale (astrologie occidentale) et non pas à l'astrologie sidérale (astrologie hindoue). Si un astronome vous parle de l'apparition d'un nouveau signe dans les constellations zodiacales ou s'il prétend que votre signe recule dans le ciel, c'est qu'il réfléchit en termes d'astrologie sidérale hindoue. Il a le droit de le faire, mais ses arguments n'ont aucun impact sur l'astrologie présentée dans ce livre.

Après avoir divisé le ciel d'une année en douze segments à l'aide des saisons, les anciens astrologues ont voulu également diviser le ciel d'une journée de vingt-quatre heures en douze segments à l'aide de la course du Soleil. Cela permettait de faire une différence entre une naissance en matinée et une autre en soirée lors de la même journée. Cette opération fut faite très précisément non seulement en fonction de l'heure, mais aussi de l'emplacement de la naissance sur terre. Lorsqu'un enfant nait à un endroit précis sur terre, un observateur pourrait non seulement regarder les planètes et les signes dans le ciel, mais il pourrait également porter une attention particulière aux quatre points cardinaux. Il remarquerait qu'à l'est se lève un signe et qu'à l'ouest se couche un autre. S'il lève les yeux au ciel, il pourrait voir au nord le point le plus haut de l'écliptique et

---

1. Voir note précédente au sujet de l'importance symbolique du nombre 12.

s'il pouvait regarder au travers de la terre, il verrait au sud le point le plus bas de l'écliptique. Même s'il n'y a pas de planète dans ces quatre directions, il pourrait tout de même identifier le signe qui s'y trouve. Partant du même principe du zodiaque qui fut d'abord divisé en quatre, puis en douze, les points cardinaux donnèrent naissance à quatre secteurs du ciel qui furent par la suite augmentés à douze en subdivisant en trois les quatre secteurs initiaux[1]. Le concept des douze Maisons astrologiques venait de naitre. Il y avait une Maison pour l'amour, une pour le travail, une pour la spiritualité, etc. Tous les secteurs de la vie d'un individu se reflétaient dans une des douze Maisons. Lors de la naissance de l'enfant, l'astrologue obtenait un schéma sur lequel apparaissaient les planètes, les douze signes et les douze Maisons subdivisant le zodiaque. La raison d'être des Maisons astrologiques est très simple, celles-ci permettent de mieux situer l'action des planètes et des signes dans la vie du natif. Si quelqu'un naissait par exemple avec la planète Mars (besoin d'affirmation personnelle) dans le signe du Bélier (affronter les défis avec fougue), les astrologues savaient que cet homme serait fougueux. Mais serait-il fougueux surtout en amour ou dans sa vie professionnelle ? L'utilisation des Maisons répondrait clairement à cela. Si la planète Mars dans le Bélier apparait dans la Maison dévolue aux amours, alors le natif sera fougueux en amour. Si la planète Mars en Bélier apparait dans la Maison du travail, le natif sera fougueux au travail et ainsi de suite.

Finalement, les astrologues ont voulu savoir si certaines planètes fonctionnaient en équipe ou en solitaire. Si elles fonctionnaient en équipe, ils ont voulu savoir si cela se passait dans le soutien et l'encouragement ou la compétition et l'affrontement. Pour cela, ils ont élaboré la théorie des aspects. Un aspect est une distance signifiante particulière entre deux planètes. Les astrologues se sont aperçus que certaines distances entre des planètes les amenaient à devoir tenir compte l'une de l'autre pour fonctionner. Ces distances sont de l'ordre de 0 degré (conjonction), 60 degrés (sextile), 90 degrés (carré), 120 degrés (trigone) et 180 degrés (opposition). Lorsque deux planètes sont séparées par une de ces distances, il y a un aspect entre les deux et elles doivent travailler en équipe. Les astrologues ont remarqué que lorsque les planètes travaillent en

---

1. Encore une fois, se rapporter à la note précédente sur l'importance symbolique du nombre 12.

conjonction, en sextile et en trigone, elles ont tendance à se soutenir et s'encourager l'une et l'autre. Ils ont remarqué que lorsqu'elles travaillent en carré et en opposition, elles ont tendance à rivaliser et s'affronter l'une et l'autre. Pour identifier les planètes en aspects, les astrologues tracent des lignes entre elles. Évidemment, il est rare que deux planètes soient séparées par un nombre de degrés aussi exact. Par contre, il arrive fréquemment que deux planètes soient séparées par un nombre de degrés très près de ces mesures exactes. À l'intérieur d'un certain nombre de degrés d'exactitude, l'aspect est tout de même considéré comme valide. C'est ce que l'on appelle un orbe. Une conjonction parfaite serait de 0 degré de distance entre deux planètes. S'il y a un orbe accepté de 8 degrés par exemple, cela veut dire que deux planètes peuvent être à 8 degrés ou moins de distance pour former malgré tout une conjonction. Bien que les orbes puissent changer d'un astrologue à l'autre, il est communément admis d'accepter plus ou moins 6 degrés d'orbe pour les aspects de la conjonction, de l'opposition, du carré, du trigone et du sextile.

Pour favoriser la lisibilité d'autant de planètes, de signes, de Maisons et d'aspects, les astrologues ont défini un symbole graphique pour chacun des paramètres de la carte du ciel.

Voici ces symboles.

Les sigles des planètes

☉	☽	☿	♀	♂
Soleil	Lune	Mercure	Vénus	Mars
♃	♄	♅	♆	♇
Jupiter	Saturne	Uranus	Neptune	Pluton

Les sigles des signes

♈	♉	♊	♋	♌	♍
Bélier	Taureau	Gémeaux	Cancer	Lion	Vierge
♎	♏	♐	♑	♒	♓
Balance	Scorpion	Sagittaire	Capricorne	Verseau	Poissons

Les sigles des Maisons

(As = Ascendant / Fc = Fond du ciel / Ds = Descendant / Mc = Milieu du ciel)

I (As)	II	III	IV (Fc)	V	VI
Maison 1	Maison 2	Maison 3	Maison 4	Maison 5	Maison 6

VII (Ds)	VIII	IX	X (Mc)	XI	XII
Maison 7	Maison 8	Maison 9	Maison 10	Maison 11	Maison 12

Les sigles des aspects

☍ (180°)	△ (120°)	□ (90°)	✶ (60°)	☌ (0°)
Opposition	Trigone	Carré	Sextile	Conjonction

Voici un exemple graphique d'une carte du ciel avec ses douze signes du zodiaque, ses dix planètes, ses douze Maisons et ses différentes lignes tracées entre certaines planètes qui nous indiquent la présence d'un aspect entre elles.

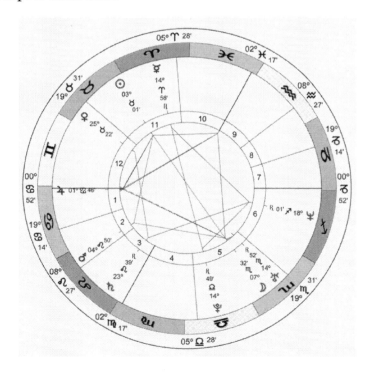

Bien que cette carte du ciel apparaisse pour un débutant aussi lisible qu'une langue étrangère disparue depuis mille ans, il est pourtant relativement simple de la comprendre. Pour y arriver, il faut se rappeler que tout élément d'une carte du ciel est toujours situé en fonction du zodiaque. Cette suite de douze signes de 30 degrés chacun est la règle sur laquelle tout est posé. Les signes se suivent toujours dans le même ordre du Bélier jusqu'aux Poissons. Les signes sont égaux. Ils ont toujours 30 degrés. Ils commencent toujours à 0 degré et finissent toujours à 30 degrés. Chaque degré est ensuite subdivisé en 60 minutes représentées par le symbole (`). Peu importe ce que vous voulez situer ou repérer, c'est toujours sur cette « règle » du zodiaque que vous le ferez. Vous cherchez le Soleil ? Il sera dans un des douze signes et plus particulièrement à un degré et minute précis de ce signe. Il vous suffit de repérer visuellement le sigle du Soleil (☉) et de regarder le signe dans lequel il se trouve et sa position exacte (degré et minute). Dans la carte du ciel vue plus haut, le Soleil est à 3 degrés et 1 minute du Taureau (☉ 3° 1` ♉). À des fins de simplification, il n'est pas nécessaire de se préoccuper des minutes. Le degré suffit amplement. Même si les minutes apparaissent sur la carte du ciel, vous pouvez très bien ne tenir compte que des degrés. C'est ce que nous ferons dans ce livre.

Une fois déterminés le signe et le degré d'une planète, il faut savoir dans quelle Maison la planète se trouve. La plupart du temps, un simple coup d'œil suffit. Vous avez surement remarqué que la carte du ciel est divisée en douze parts, un peu comme si elle était une tarte. La seule différence, c'est que les parts de tarte ne sont pas toujours égales (elles sont calculées en fonction de la latitude et de la longitude du lieu de naissance). La Maison 1 débute à l'ascendant. Pour connaitre la maison dans laquelle se trouve une planète, il suffit de regarder dans quelle « part de tarte » se trouve visuellement la planète. Reprenons notre exemple du Soleil au 3ᵉ degré du Taureau. Il est clairement dans la « part de tarte » numéro 11. Le Soleil est dans la 11ᵉ Maison.

Maintenant, si nous voulions être plus rigoureux, nous pourrions vérifier à quel degré de quel signe débute la Maison 11 et à quel degré de quel signe elle se termine. Encore une fois, il suffit de regarder les indications données sur la carte du ciel. Si vous suivez la ligne qui marque le début de la Maison 11, vous trouverez tout en haut dans le zodiaque le degré et la minute à laquelle elle commence. Ici, la Maison 11 débute à 5 degrés et 28 minutes du Bélier (5° 28' ♈). Encore une fois, nous pouvons laisser tomber les minutes et tout simplement statuer que la Maison 11 débute au 5ᵉ degré du Bélier. Pour savoir où la Maison 11 se termine, il suffit de suivre la ligne qui marque le début de la prochaine Maison (Maison 12) et par conséquent la fin de la Maison 11. Encore une fois, vous trouverez tout en haut de la ligne qui marque le début de la prochaine Maison dans le zodiaque le degré et la minute à laquelle elle commence. Ici, la Maison 12 débute au 19ᵉ degré et 31 minutes du Taureau (19° 31' ♉). Comme toujours, nous laissons tomber les minutes et nous statuons que la Maison 11 se termine au 19ᵉ degré du Taureau pour faire place au début de la Maison 12. Cela implique que toute planète située entre le 5ᵉ degré du Bélier et le 19ᵉ degré du Taureau se trouve en Maison 11.

Afin de vérifier que vous avez bien compris, je vous propose de continuer avec la carte du ciel vu plus haut et d'écrire sur une feuille la position en signe et en Maison de toutes les planètes restantes, de la Lune jusqu'à Pluton. Dans un second temps, écrivez sur votre feuille le signe et le degré sur lesquels débute et se termine chaque Maison, de la Maison 1 jusqu'à la Maison 12. Autant pour les planètes et les Maisons, vous pouvez n'utiliser que les degrés et laissez tomber les minutes. Vous trouverez le corrigé de cet exercice au paragraphe suivant.

– Le Soleil est au 3ᵉ degré du Taureau (☉ 3° ♉) et il est en Maison 11.
– La Lune est au 7ᵉ degré du Scorpion (☽ 7° ♏) et elle est en Maison 5.
– Mercure est au 14ᵉ degré du Bélier (☿ 14° ♈) et il est en Maison 11.
– Vénus est au 25ᵉ degré du Taureau (♀ 25° ♉) et elle est en Maison 12.
– Mars est au 4ᵉ degré du Lion (♂ 4° ♌) et il est en Maison 2.
– Jupiter est au 1ᵉʳ degré du Cancer (♃ 1° ♋) et il est en Maison 1.
– Saturne est au 23ᵉ degré du Lion (♄ 23° ♌) et il est en Maison 3.
– Uranus est au 14ᵉ degré du Scorpion (♅ 14° ♏) et il est en Maison 5.
– Neptune est au 18ᵉ degré du Sagittaire (♆ 18° ♐) et il est en Maison 6.
– Pluton est au 14ᵉ degré de la Balance (♇ 14° ♎) et il est en Maison 5.
– La Maison 1 débute à 0 degré du Cancer (0° ♋) et finit au 19ᵉ degré du Cancer (19° ♋).
– La Maison 2 débute au 19ᵉ degré du Cancer (19° ♋) et finit au 8ᵉ degré du Lion (8° ♌).
– La Maison 3 débute au 8ᵉ degré du Lion (8° ♌) et finit au 2ᵉ degré de la Vierge (2° ♍).

– La Maison 4 débute au 2e degré de la Vierge (2° ♍) et finit au 5e degré de la Balance (5° ♎).

– La Maison 5 débute au 5e degré de la Balance (5° ♎) et finit au 19e degré du Scorpion (19° ♏).

– La Maison 6 débute au 19e degré du Scorpion (19° ♏) et finit à 0 degré du Capricorne (0° ♑).

– La Maison 7 débute à 0 degré du Capricorne (0° ♑) et finit au 19e degré du Capricorne (19° ♑).

– La Maison 8 débute au 19e degré du Capricorne (19° ♑) et finit au 8e degré du Verseau (8° ♒).

– La Maison 9 débute au 8e degré du Verseau (8° ♒) et finit au 2e degré des Poissons (2° ♓).

– La Maison 10 débute au 2e degré des Poissons (2° ♓) et finit au 5e degré du Bélier (5° ♈).

– La Maison 11 débute au 5e degré du Bélier (5° ♈) et finit au 19e degré du Taureau (19° ♉).

– La Maison 12 débute au 19e degré du Taureau (19° ♉) et finit à 0 degré du Cancer (0° ♋).

Les transits

Pour bien comprendre ce qu'est un transit, il faut tout d'abord comprendre que nous portons notre carte du ciel de naissance comme un schéma imprimé pour toute la durée de notre vie. On pourrait utiliser l'image de l'ADN pour mieux comprendre. Nous naissons avec un schéma d'ADN précis et nous le gardons tout au long de notre existence. Si je suis né avec le Soleil à 22 degrés du Verseau, ce soleil à 22 degrés va rester mon ADN ou mon schéma imprimé jusqu'à ma mort. On l'appelle mon Soleil natal. C'est la même chose pour toutes les autres planètes et les Maisons lors de ma naissance. Je possède un Mercure natal, un Saturne natal, etc.

Maintenant compris cela, revenons au ciel quotidien. Comme nous le savons, les planètes bougent dans le ciel. Elles se déplacent. On appelle ce phénomène un transit. Certaines se déplacent très rapidement (comme Jupiter qui change de signe presque tous les ans) et d'autres très lentement (Pluton peut prendre jusqu'à trente ans pour changer de signe !). Peu importe leur vitesse, elles se déplacent constamment. Elles sont en transit.

Cela veut dire que lorsque je suis né, Saturne était à un endroit précis du ciel (et cela va rester pour toute ma vie mon Saturne natal de ma carte du ciel), mais après ma naissance, Saturne en transit va se mouvoir dans le ciel et il va continuer de se déplacer le long des signes du zodiaque. Cela veut dire qu'éventuellement Saturne en transit finira par revenir exactement là où il était lors de ma naissance. Comme Saturne en transit prend à peu près vingt-neuf ans pour faire le tour du zodiaque, cela implique qu'il reviendra au même endroit qu'à ma naissance autour de mon vingt-neuvième anniversaire. Nous pourrions dire qu'à ce moment Saturne en transit (en mouvement) fera une conjonction avec mon Saturne natal (de ma carte du ciel de naissance).

Ainsi, en se déplaçant, Saturne en transit fera des aspects à plusieurs de mes planètes natales. De temps en temps, il fera une conjonction, une opposition, un carré, un trigone ou un sextile. Il traversera les signes et les Maisons de ma carte du ciel de naissance.

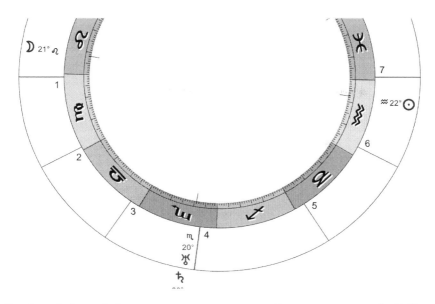

Sur le schéma ci-dessus, nous voyons que Saturne en transit (à l'extérieur du cercle) fait une conjonction à Uranus natal (qui est au 20e degré du Scorpion), un carré à la Lune natale qui est au 21e degré du Lion et un carré au Soleil en Verseau qui est au 22e degré du Verseau. Ce Saturne en transit va continuer de bouger et éventuellement il va cesser de faire la conjonction et les deux carrés. Il continuera sa course et ira toucher d'autres planètes natales. Il traversera différents signes et différentes Maisons et dans environ vingt-neuf ans, il reviendra encore une fois au 20e degré du Scorpion.

En conclusion, chaque planète bouge à son propre rythme, traverse tous les signes du zodiaque, traverse toutes les Maisons de la carte du ciel et rencontre toutes les planètes natales puis revient à son point de départ et recommence inlassablement ce manège. C'est que l'on appelle un transit.

Les progressions

Comme pour les transits, pour bien comprendre une progression, il faut d'abord se rappeler que nous portons notre carte du ciel de naissance comme un schéma imprimé pour toute la durée de notre vie. Si je suis né avec Mercure à 27 degrés du Capricorne, ce Mercure à 27 degrés du Capricorne va rester mon schéma imprimé jusqu'à ma mort. On l'appelle mon Mercure natal. C'est la même chose pour toutes les autres planètes et les Maisons lors de ma naissance. Je possède un Soleil natal, une Lune natale, etc.

Cela dit, revenons à la progression. Il existe une croyance vieille comme le monde (la Bible en parle, mais aussi les pythagoriciens et les Babyloniens) qui dit qu'une journée équivaut à une année et que si on regarde le ciel cinq jours après la naissance d'un enfant, on pourra comprendre ce qu'il vivra lors de ses cinq ans. Si on regarde le ciel vingt et un jours après sa naissance, on pourra comprendre ce qu'il vivra à vingt et un ans. Si on regarde le ciel soixante jours après sa naissance, on pourra comprendre ce qu'il vivra à soixante ans, etc. Cela revient à dire que si j'observe le mouvement de la Lune dans le ciel durant les cent jours qui suivent la naissance d'un enfant, je pourrais évaluer comment la Lune progressera dans la vie de l'enfant durant toute son existence. Et si je voulais savoir jusqu'où sa Lune aura progressé à ses trente ans, je prendrais la position exacte de la Lune trente jours après la naissance. C'est ce que l'on appelle la Lune progressée.

Ainsi, comme pour les transits, les planètes progressées bougent dans le ciel. Elles se déplacent. C'est ce que l'on appelle une progression ou une planète progressée. Certaines progressent rapidement (comme la Lune progressée qui change de signe tous les deux ou trois ans) et d'autres très lentement (Mars progressé prend soixante ans pour changer de signe !). Peu importe leur vitesse, elles se déplacent constamment. Elles sont en progression.

Ainsi, en progressant, la Lune fera des aspects à plusieurs de mes planètes natales. De temps en temps, elle fera une conjonction, une opposition, un carré, un trigone ou un sextile. Elle traversera les signes et les Maisons de ma carte du ciel de naissance.

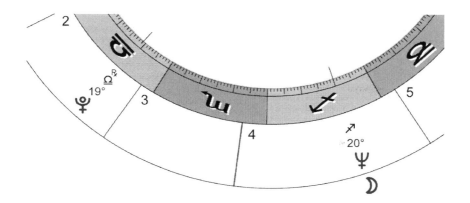

Sur le schéma ci-dessus, nous voyons que la Lune progressée (à l'extérieur du cercle) fait une conjonction à Neptune natal (qui est au 20ᵉ degré du Sagittaire) et un sextile à Pluton natal qui est au 19ᵉ degré de la Balance. Cette Lune va continuer de progresser et éventuellement elle va cesser de faire la conjonction et le sextile. Elle continuera sa course et ira toucher d'autres planètes natales. Elle traversera différents signes et différentes Maisons et éventuellement, elle reviendra encore une fois au 20ᵉ degré du Sagittaire.

En conclusion, chaque planète progresse à son propre rythme, traverse tous les signes du zodiaque, traverse toutes les Maisons de la carte du ciel et rencontre toutes les planètes natales puis revient à son point de départ et recommence inlassablement ce manège. C'est que l'on appelle une progression.

La différence avec les transits vient du côté symbolique de l'équation 1 jour = 1 année. Cela veut dire que même si je m'achète un télescope, je ne pourrai pas observer mes progressions dans le ciel puisqu'elles se sont produites dans les jours qui ont suivi ma naissance. L'autre différence réside dans le caractère très personnel des planètes qui progressent. En transit, la position d'une planète est la même pour tout le monde. Si aujourd'hui Saturne est en Scorpion dans le ciel, il est au même endroit pour tout le monde. Par contre, les progressions débutant à mon heure de naissance bien précise sont complètement individuelles et uniques. C'est pourquoi lors des chapitres sur les définitions, nous ferons une différence entre les planètes en transit et les planètes en progression (même chose pour le chapitre portant sur la manière d'interpréter).

II
La définition des planètes et des axes progressés

Une planète (ou un axe progressé) est l'équivalent d'un acteur principal dans la pièce de théâtre qu'est votre vie intérieure. Elle est une partie de vous-même ou si vous préférez de votre psyché. Une planète se déplace dans votre ciel de naissance et apporte avec elle différentes possibilités et différents choix. Chaque fois qu'une planète pointe son nez dans votre ciel de naissance, elle joue le rôle d'un personnage intérieur qui vous offre différentes avenues. Dans les choix disponibles, il y a toujours une voie royale positive et riche d'enseignement ou d'évolution. Dans les autres choix se trouvent deux voies moins intéressantes : la voie du refus et la voie négative.

La voie du refus :
En effet, en tant qu'être humain libre de votre destinée, vous n'êtes pas obligé par les astres. Il y a d'ailleurs un dicton célèbre en astrologie qui nous vient des temps anciens qui dit « que les astres inclinent, mais ne décident pas ». Cela veut donc dire que vous pouvez refuser les opportunités que vous offre la planète. Vous n'évoluerez pas et votre vie quotidienne restera la même en continuant d'inclure tous les éléments négatifs présents.

La voie négative :
Vous connaissez certainement l'histoire du garçon qui voulait de l'attention et qui criait au loup sans raison jusqu'à ce qu'un véritable loup le dévore dans l'indifférence la plus totale. Voilà un personnage qui a choisi la pire voie possible pour obtenir de l'attention ! Nous ne sommes jamais à l'abri d'agir négativement lorsque vient le temps de démarrer un nouveau chapitre de notre vie. La planète vous avertira de cette possibilité. Pas pour prédire quoi que ce soit, mais bien pour prévenir cet écueil malheureux.

En résumé, nous pourrions décrire une planète comme étant un serveur à l'intérieur de nous-même qui s'approche et qui nous offre le choix entre deux plats : un bon et un mauvais. Lorsqu'il joue adéquatement son rôle, il est un bon coach qui nous offre un bon plat. Lorsqu'il joue le rôle d'un arnaqueur, il est un mauvais conseiller qui nous offre un mauvais plat. C'est à nous d'être vigilant et de choisir le bon plat plutôt que le mauvais.

Voyez dans le tableau suivant une illustration de cette métaphore du serveur avec les trois possibilités que sont le bon plat, le mauvais plat et le refus.

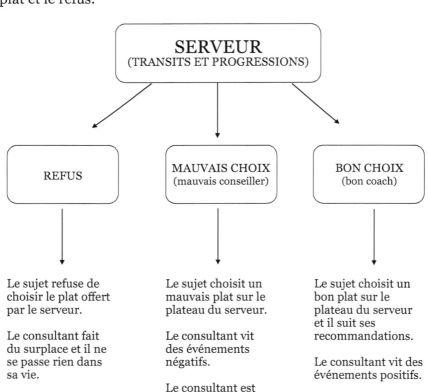

SERVEUR
(TRANSITS ET PROGRESSIONS)

REFUS

MAUVAIS CHOIX
(mauvais conseiller)

BON CHOIX
(bon coach)

Le sujet refuse de choisir le plat offert par le serveur.

Le consultant fait du surplace et il ne se passe rien dans sa vie.

Le consultant est malheureux et il n'évolue plus.

Le sujet choisit un mauvais plat sur le plateau du serveur.

Le consultant vit des événements négatifs.

Le consultant est malheureux et il régresse.

Le sujet choisit un bon plat sur le plateau du serveur et il suit ses recommandations.

Le consultant vit des événements positifs.

Le consultant est en paix, heureux et il évolue dans le succès.

Le Soleil progressé - ☉p

L'explication

Imaginez que vous soyez dans une chambre d'hôtel d'un pays chaud. Vous êtes arrivé par un vol de nuit et vous êtes tombé endormi dans le lit avant même d'avoir pu ouvrir vos bagages et jeter un coup d'œil aux alentours. Maintenant vous dormez profondément et vous rêvez. Dans ce rêve agité, vous êtes un agent secret poursuivi par des membres de la pègre. Ils se rapprochent de plus en plus et vous savez qu'ils vont vous tuer. Vous êtes à bout de souffle, pris au piège d'une ruelle glauque et sans issue. Ils approchent en ricanant sournoisement et au moment où ils vont tirer... BANG ! Vous vous réveillez.

Il fait noir, vous ne reconnaissez ni le lit, ni la chambre et votre identité est encore confuse. Êtes-vous un agent secret ? Des gens vous poursuivent-ils vraiment ? Sont-ils dans la chambre actuellement ? Où diable êtes-vous exactement ? Puis les secondes passent et vous reprenez vos esprits. Vous vous appelez Pierre, vous êtes agent d'assurance pour une multinationale et vous êtes actuellement en vacances. Vous avez pris votre chambre dans un hôtel 5 étoiles parce que vous aimez la gastronomie et les bons vins et à moins d'y mettre le prix, vous savez que vous n'obtiendrez pas cela. Vous êtes marié et avez trois enfants. Votre couleur favorite est le bleu. Vous faites de la photographie dans vos passe-temps et vous n'aimez ni la pluie, ni le brouillard. Les hauteurs vous font peur.

Ce mécanisme de (re)construction de votre identité s'appelle en psychologie, l'ego et en astrologie le Soleil le symbolise. Le fait de connaitre votre nom, votre biographie, votre métier, votre statut social, vos hobbys, vos peurs, vos gouts, vos forces et vos faiblesses fait en sorte que vous pouvez fonctionner sainement dans le monde extérieur puisque vous savez qui vous êtes. Non seulement vous ne ferez pas une visite à l'asile parce que vous croyez être Napoléon, mais au restaurant demain soir vous serez capable de commander un vin que vous aimez parce que vous savez quels sont vos préférés. Lorsque quelqu'un souffre d'une maladie mentale, son ego se désagrège et il ne saura pas nécessairement quel vin il aime et peut-être même qu'il ne saura plus ce qu'est un vin !

Lorsque votre Soleil est fort et en santé, vous savez qui vous êtes et vous pouvez prendre des décisions en fonction de cette connaissance de soi. Mais qu'arrive-t-il quand les années qui passent durcissent un peu trop cette connaissance de soi ? Vous n'êtes plus ouvert à la nouveauté. Au restaurant vous prenez toujours le même vin puisque vous savez que vous l'aimez. Peut-être fréquentez-vous toujours les mêmes personnes ? Après tout, vous savez qu'elles vous conviennent. Vous vivez inlassablement les mêmes expériences, les mêmes vacances, les mêmes passe-temps et la même routine. Vous devenez comme ces acteurs qui jouent invariablement le même rôle depuis quinze ans parce qu'ils savent que le film va marcher. Ils n'ont plus de plaisir, mais la sécurité et la certitude valent bien un peu d'ennui, n'est-ce pas ?

À ce moment, le Soleil progressé entre en scène. Si le Soleil représente l'ego, l'identité et la connaissance de soi alors, lorsqu'il progresse, c'est que ce sens de l'identité est mûr pour évoluer, s'enrichir et se diversifier. Le Soleil progressé, c'est votre identité en évolution. Le point du thème natal qui est touché doit être intégré et ajouté à l'identité.

Comment cela peut-il se passer ? Si vous suivez le conseil du « bon coach Soleil progressé », vous allez faire un effort pour expérimenter, découvrir et intégrer à votre identité le point astrologique touché par le Soleil. Vous allez vous sentir vivant, sain et plein d'énergie. Ce sera un peu comme si vous mettiez de l'essence haute performance dans le moteur de votre existence.

Si vous suivez l'avis du « mauvais conseiller Soleil progressé », soit vous allez refuser le challenge, soit vous irez trop loin dans la démarche. Qu'est-ce que cela veut dire exactement ? La première option est assez simple à comprendre. Vous refuserez le challenge. Vous resterez exactement qui vous êtes. Vous êtes trop vieux pour changer vos habitudes et ce n'est pas une folie comme l'astrologie qui va vous dicter votre vie. Vous êtes confortable dans votre routine et vous allez défendre votre droit d'y crever !

La seconde option est plus pernicieuse. Vous allez accepter le challenge, l'embrasser, le bénir et le vénérer tellement aveuglément que vous allez sacrifier tous vos autres besoins à son profit. Un exemple pour mieux comprendre : votre Soleil progressé vous demande de retrouver un peu plus le sens du risque et de la liberté. C'est très bien. Alors vous quittez votre conjoint, vos enfants et votre emploi et vous ouvrez un kiosque de fruits et légumes à Tanger. Tous les gens qui vous aiment sont en pleurs, votre sécurité financière est partie en fumée et votre santé risque d'en souffrir, mais peu importe... Après tout l'astrologie vous a bien dit de vivre plus de risques et plus d'indépendance ! Votre besoin d'amour ? Tant pis. Votre besoin de sécurité ? Tant pis. Vous sacrifierez tout sur l'hôtel du risque et de l'indépendance. Voilà ce que représente la seconde option du mauvais conseiller : sacrifier tout le reste au profit du Soleil progressé. La solution, comme toujours, résidera dans l'équilibre. Il vous faudra faire évoluer sainement l'ego et l'enrichir logiquement.

Le tableau d'interprétation

LE SOLEIL PROGRESSÉ **L'identité en évolution** (avance d'un degré par année environ)
Le bon coach Le consultant admet que son sens de l'identité est devenu un peu rigide et un peu sclérosé avec les années. Il accepte avec joie de l'adoucir et de l'enrichir en faisant entrer de nouvelles expériences dans sa vie.
Le mauvais conseiller Le consultant ne veut rien modifier et affirme que sa vie est très bien comme elle est actuellement. Il se ferme au changement et à toutes nouvelles expériences. Le consultant apporte des changements trop drastiques sans réfléchir aux conséquences de ses gestes. Il est hypnotisé par la demande du Soleil et il néglige à son profit tous les autres domaines de sa vie intérieure et extérieure.
Le challenge du coach Modifier ses habitudes de vie.

Faire l'essai de nouvelles expériences. Dissoudre légèrement son ego et le remodeler. Évoluer, se renouveler et accepter de laisser une partie de sa vieille identité derrière soi.
En signe Le consultant doit intégrer l'énergie du signe à sa vie et à son identité.
En Maison Le consultant doit prendre du temps et faire des efforts pour explorer et vivre le domaine symbolisé par la Maison.
En aspect à un point natal Le consultant doit intégrer et activer plus abondamment la phrase astrologique touchée par le Soleil.

Quelques pistes supplémentaires d'interprétation

SOLEIL : l'évolution de l'identité (ego)	
Le besoin actuel du Soleil *(bon coach)*	- Le besoin actuel de développer une identité de soi plus solide et saine permettant aux autres parties de la psyché de fonctionner harmonieusement et adéquatement parce qu'elles ont un but à atteindre et une raison d'être. - Le besoin actuel de savoir qui on est et de vivre sa vie en agissant en conséquence. - Le besoin actuel de jouer son propre rôle, plutôt que celui désiré par la société ou les autres qui nous entourent. - Le besoin actuel de trouver une raison et une motivation principale à notre vie (mission de vie).

	- Le besoin actuel d'avoir une vitalité positive (besoin de se sentir vivant, pétillant et en santé pour pouvoir accomplir notre mission de vie).
Si ce besoin devient trop grand *(mauvais conseiller)*	- L'identité et l'ego deviennent tellement importants et enflés qu'ils ne tiennent plus compte des autres qui les entourent. - Le sacrifice de tous les autres besoins de la psyché (tels que le besoin d'être aimé ou le besoin de spiritualité) au service unique de l'ego.
Si ce besoin devient trop petit *(mauvais conseiller)*	- L'identité et l'ego s'effacent continuellement et empêchent l'individu de s'affirmer. Il devient timide et ne développe que très peu de confiance en lui. Il est incapable de réaliser sa mission de vie et de jouer le rôle pour lequel il est né. - La difficulté à maintenir un équilibre mental en bonne santé, puisque l'individu n'arrive pas à développer une identité claire de lui-même. Sa personnalité devient floue. - Le manque de vitalité, de santé et d'enthousiasme.
Le challenge actuel du coach	- Trouver une identité claire et saine. Consacrer le temps et les ressources nécessaires pour nourrir cette identité. - Trouver ce qui est nécessaire pour être en santé, motivé et énergique. - Trouver une raison et une motivation principale à notre vie et s'atteler à cette tâche.

La Lune progressée - ☽p

L'explication

Imaginez que vous ayez un vilain rhume durant votre journée de travail au bureau. Vous passez la journée à tousser et à vider la boite de mouchoirs sur votre bureau jusqu'au moment où vous réalisez que tout cela n'a pas vraiment de sens. La compagnie ne fera pas faillite parce que vous êtes absent pour une journée ou deux et jusqu'à preuve du contraire, les patrons, eux, restent à la maison quand ils sont malades. Vous avisez la réception de votre absence pour aujourd'hui et demain et vous quittez les lieux.

-- Une des premières facettes de la Lune, c'est celle-là : la capacité de prendre soin de soi. Et par extension, la capacité de prendre soin des autres. Autrement dit, l'histoire aurait pu concerner un de vos enfants plutôt que vous-même et vous auriez pu prendre le même congé pour vous occuper de lui. Dans tous les cas, la Lune symbolise le fait de materner, de prendre soin, de réconforter, de nourrir et d'être attentif aux besoins (autant pour soi que pour une autre personne). La Lune en progression indique que ce besoin de prendre soin avec douceur et gentillesse doit être appliqué à l'endroit où elle progresse, encore une fois autant pour soi que pour les gens qui vous entourent.

Mais il y a d'autres facettes à la Lune, alors continuons notre histoire. Sur le chemin du retour, vous vous souvenez tout à coup du bouillon de poulet que vous faisait votre mère lorsque vous aviez un rhume étant enfant et vous vous rappelez que votre père vous donnait en cachette une toute petite gorgée de cognac pour apaiser votre gorge et vous aider à vous endormir. Vous connaissez justement une minuscule épicerie italienne qui fait un bouillon de poulet qui ressemble à s'y méprendre à celui de votre mère et vous y arrêtez pour en acheter un demi-litre. À la succursale des alcools juste à côté, vous prenez une bouteille échantillon de Hennessy. Arrivé à la maison, vous vous enterrez sous de couvertures bien chaudes et vous buvez votre bouillon de poulet et votre cognac. Pendant quelques secondes, vous faites un retour dans le temps et vous avez vraiment l'impression de revivre votre enfance.

-- Une deuxième facette de la Lune c'est celle-là : la capacité d'entrer dans votre monde intérieur pour naviguer entre vos souvenirs, vos pensées, votre imagination et les images parentales réelles ou symboliques. La Lune en progression est un indicateur qu'il faut honorer ce processus d'introspection soit parce qu'il y a une valeur thérapeutique à le faire, soit parce qu'il y a une valeur créative. Le point du thème natal qui est touché doit être transformé en un voyage intérieur.

Mais allons plus loin, que se passe-t-il lorsque vous prenez votre première gorgée de bouillon et de cognac ? Au-delà des souvenirs, avez-vous remarqué le sourire intérieur qui s'est formé et qui est remonté concrètement jusqu'à vos lèvres ? Avez-vous remarqué qu'une fine bruine de larmes de joie est venue mouiller vos yeux ? Avez-vous senti votre âme s'animer, devenir gaie et enthousiaste ?

-- Voilà la dernière facette de la Lune : elle symbolise vos besoins les plus profonds et les plus irrationnels. Lorsqu'ils sont comblés, votre âme chante, se réchauffe et s'anime. C'est un phénomène difficile à décrire, car il est irrationnel, complètement intérieur et plutôt abstrait, mais ses effets sont palpables au niveau du ressenti puisque vous êtes soudainement et béatement heureux ! La Lune progressée vous indique que vous avez besoin de faire place à quelque chose pour animer et faire chanter votre âme. Elle vous dit que vos besoins, même irrationnels, doivent être comblés par une énergie en particulier. Si vous prenez le temps de faire de la place à cette énergie, vous allez être irrationnellement, soudainement et béatement heureux. Le point du thème natal qui est touché doit être privilégié et vécu. C'est un peu comme si la Lune progressé nous indiquait là où notre cœur devrait se trouver et par conséquent l'endroit où il faut mettre du cœur à l'ouvrage !

Comment cela peut-il se passer ? Si vous suivez le conseil du « bon coach Lune progressée », vous allez mettre du temps sur ce domaine de votre vie et vous ne craindrez pas d'y faire une introspection salutaire. Vous allez prendre soin de vous et des autres en ce qui concerne ce domaine et par conséquent, vous allez prendre votre temps pour y aller à votre rythme plutôt que de vous laisser bousculer par l'horaire infernal de la routine quotidienne. Votre âme va se mettre à chanter et vous serez heureux.

Si vous suivez l'avis du « mauvais conseiller Lune progressée », soit vous allez refuser le challenge, soit vous irez trop loin dans l'indulgence. Qu'est-ce que cela veut dire exactement ? La première option est assez simple à comprendre. Vous refuserez le challenge. Vous n'aurez pas de temps à perdre dans le cajolage, les souvenirs ou les périples intérieurs. Il y a un rapport important à remettre au bureau demain et vous devez faire le tri dans les contrats d'assurance qui trainent sur le secrétaire !

La seconde option est plus pernicieuse. Vous allez accepter le challenge, l'embrasser, le bénir et le vénérer tellement aveuglément que vous allez vous y vautrer comme on peut parfois manger trois pots entiers de crème glacée après s'être donné droit à une simple gâterie durant une diète ! Ainsi, la Lune progressée dans son rôle de mauvais conseiller vous amènera à vivre exclusivement dans le monde intérieur de l'imagination et de l'introspection au détriment de votre vie sociale. Elle vous fera vivre des montagnes russes émotionnelles en vous emprisonnant de manière excessive dans le monde du ressenti, des souvenirs et des émotions et elle vous motivera à vous vautrer dans l'indulgence, la paresse et l'inertie. La solution, comme toujours, résidera dans l'équilibre. Il vous faudra faire un voyage intérieur, mais à l'image d'une baleine qui descend dans les bas-fonds pour manger, vous devrez remonter de temps en temps pour respirer !

Le tableau d'interprétation

LA LUNE PROGRESSÉE **Là où se trouve notre cœur** (avance d'un degré par mois environ)
Le bon coach Le consultant est capable de prendre du temps pour s'occuper de lui, des autres et pour faire une introspection légitime et nécessaire sur certains pans de sa vie. Il reconnait ses besoins, même irrationnels, et les comble.

Le mauvais conseiller

Le consultant ne veut pas perdre de temps avec le cajolage, les émotions, les souvenirs et les besoins de tout un chacun (incluant les siens). Il se coupe de son monde intérieur pour n'agir qu'en fonction du rationnel et de la logique.

Le consultant tombe dans le monde intérieur, les besoins, les émotions et les souvenirs comme dans un puits sans fond. Il devient inerte, apathique, mésadapté, paresseux et lunatique.

Le challenge du coach

Faire une introspection thérapeutique.

Répondre à ses besoins, même irrationnels.

Prendre soin de soi et des autres.

Utiliser son monde imaginaire à des fins créatives ou thérapeutiques.

En signe

Le consultant doit consacrer du temps à l'énergie du signe.

En Maison

Le consultant doit consacrer du temps au domaine symbolisé par la Maison.

En aspect à un point natal

Le consultant doit prendre soin de la phrase astrologique touchée par la Lune tout en y infusant son monde intérieur, ses émotions et son imaginaire.

Quelques pistes supplémentaires d'interprétation

LUNE : l'évolution de l'âme	
Le besoin actuel de la Lune *(bon coach)*	- Le besoin actuel d'utiliser et d'avoir recours à son imagination et à son monde intérieur dans la vie quotidienne. - Le besoin actuel de développer ses sens intuitifs, émotionnels et psychiques. - Le besoin actuel de prendre soin de soi et de prendre soin des autres.
Si ce besoin devient trop grand *(mauvais conseiller)*	- La personnalité est constamment influencée par les humeurs changeantes et les états d'âme volatiles qui sont eux-mêmes continuellement influencés par les événements extérieurs. Ce cercle vicieux fait en sorte que l'individu devient instable et lunatique. - L'individu est incapable de vivre en société et dans la réalité, car il est perdu dans son monde intérieur. - Le développement d'une imagination trompeuse et bouleversante. - Le développement de la timidité. - Le développement de la paresse.
Si ce besoin devient trop petit *(mauvais conseiller)*	- L'individu vit coupé de ses émotions et de son ressenti (il ne se fie plus à son *« feeling »*). - La peur ou l'incapacité de s'occuper de soi et des autres.
Le challenge actuel du coach	- Trouver les bonnes façons d'être heureux et d'être dans un état d'âme plaisant. - Arriver à prendre soin de soi et des autres. - Trouver la manière de rester connecté à son monde intérieur et à son ressenti.

Mercure progressé - ☿p

L'explication

Bob a quarante ans. Il est américain et il réside à Pasadena au Texas. Son père est décédé l'an dernier. Il était propriétaire d'une petite compagnie spécialisée dans la vente d'arrangements pré-funéraires. Après sa mort, Bob a repris les rênes de l'entreprise. Bob avait toujours donné un coup de main à son père, mais il ne s'était jamais vraiment occupé de l'entreprise sérieusement. Si bien que quand la période de deuil s'est terminée et qu'il a voulu vraiment reprendre l'entreprise en main, il a été confronté à un manque d'expérience et de savoir important. Comprenant qu'il n'y arriverait pas seul, il est retourné sur les bancs de l'université locale pour aller prendre des cours de gestion d'entreprise. Ainsi, il a compris comment traiter la comptabilité, le marketing, l'embauche, la gestion de personnel et une foule d'autres données techniques qui lui sont tout d'abord apparus comme du véritable chinois ! Maintenant, il se sent bien mieux outillé pour comprendre et analyser son entreprise.

-- Une des premières facettes de Mercure, c'est celle-là : le besoin d'apprendre, de réfléchir et de comprendre. Mercure représente la faculté intellectuelle en action que ce soit au travers d'un séminaire, d'une simple conversation ou au travers d'un livre ou d'un magazine, par exemple. Mercure parle de l'écoute de données nouvelles permettant l'apprentissage et une meilleure analyse de ces données. Mercure en progression indique soit que vous êtes prêt pour en apprendre davantage sur le point natal qui est touché, soit carrément que vous êtes prêt pour apprendre quelque chose de complètement nouveau à ce sujet.

Mais il y a d'autres facettes à Mercure, alors continuons notre histoire. Tout en suivant ses cours, Bob a aussi assisté à des formations données directement par l'association des assureurs en pré-arrangements funéraires. Là, il a appris une chose qui a changé de bout en bout le roulement de l'entreprise. Voyez-vous, l'entreprise de son père battait de l'aile depuis quelques années, car le marché avait été repris presque entièrement par d'immenses multinationales. L'entreprise arrivait encore à faire ses frais, mais elle ne dégageait plus beaucoup de profits. Tout autour de Pasadena, habite une communauté hispanique plutôt pauvre et jamais il ne serait venu à l'idée de Bob, ou de son père, d'aller prospecter dans cette communauté puisque ces gens arrivent à peine à payer leur logement à la fin du mois. Durant une formation portant sur le concept de la mort dans les cultures immigrantes, Bob a appris que les funérailles pour les Sud-Américains sont vues comme quelque chose de sacré et par conséquent d'une importance capitale. Tant et si bien que plusieurs familles se privent parfois de vêtements neufs, par exemple, pour offrir des funérailles de qualité à un proche qui est décédé. Et comme les funérailles sont sacrées, ils ne veulent pas faire affaire avec une multinationale. Ils privilégient les petites entreprises avec un service humain. Bob a donc embauché un hispanique pour aller prospecter parmi la communauté et il a ajusté l'offre de son entreprise pour répondre à leurs besoins. Depuis ce changement de cap, l'entreprise est devenue florissante et la retraite de Bob est maintenant assurée !

-- Voilà la deuxième facette de Mercure : la capacité d'apprendre un nouveau concept qui permet de modifier une façon de voir la vie. Mercure en progression indique qu'à certains endroits de votre vie, vos croyances, vos préjugés et votre système de pensée ne sont plus adaptés à la réalité et qu'ils doivent être mis à jour. La mise à jour permet d'obtenir une récompense ou, à tout le moins, de vivre mieux dans le monde qui vous entoure.

Revenons à Bob. En fait, Bob a eu tellement de succès avec sa nouvelle façon de diriger l'entreprise, que l'association des assureurs en arrangements pré-funéraires lui a demandé de donner une conférence sur ses nouvelles pratiques en lien avec la communauté hispanique.

-- Voilà la dernière facette de Mercure : la capacité de communiquer et d'enseigner ce qui a été écouté, analysé, compris et appliqué. Mercure en progression indique que vous devez parfaire vos connaissances et trouver votre voix parce qu'ultimement, un appel à l'enseignement et à la communication sous toutes ses formes se fera sentir.

Comment cela peut-il se passer ? Si vous suivez le conseil du « bon coach Mercure progressé », vous allez admettre que certaines de vos connaissances, de vos croyances et de vos concepts sont dépassés. Vous allez faire un effort intellectuel pour les mettre à jour par tous les moyens nécessaires. Une fois vos connaissances parfaitement maitrisées et à jour, vous allez répondre à l'appel de l'enseignement et de la communication sans vous cacher derrière la timidité ou la mauvaise modestie.

Si vous suivez l'avis du « mauvais conseiller Mercure progressé », soit vous allez refuser le challenge, soit vous irez trop vite dans la démarche. Qu'est-ce que cela veut dire exactement ? La première option est assez simple à comprendre. Vous refuserez le challenge. Vous refuserez d'apprendre quoi que ce soit de nouveau et surtout, vous refuserez de modifier vos croyances et vos concepts de vie. Vous mettrez la tête dans le sable et ferez bien attention de ne voir aucun fait pouvant venir ébranler vos croyances. Vous personnifierez à merveille le dicton voulant qu'il n'y a pas pire aveugle que celui qui ne veut pas voir !

La seconde option a plus à voir avec l'empressement et le manque d'humilité. Croyant tout savoir tout de suite, vous ne ferez que surfer sur un apprentissage sans vraiment aller en profondeur. Vous ne donnerez pas le temps à la connaissance de s'installer et d'avoir un impact sur votre discours et vos pensées. Vous manquerez d'écoute et voudrez parler trop vite. Voilà ce que représente la seconde option du mauvais conseiller : un mauvais professeur qui ne maitrise pas vraiment sa matière, sautant du coq à l'âne et qui n'écoute pas ses étudiants.

Le tableau d'interprétation

MERCURE PROGRESSÉ **Les idées et les concepts en évolution** (avance d'un degré par année environ)
Le bon coach Le consultant veut écouter, analyser et apprendre de nouvelles choses qui peuvent avoir un impact sur sa compréhension de la vie. Il est prêt à parler de son apprentissage lorsqu'on le lui demande.

Le mauvais conseiller

Le consultant ne veut rien apprendre, rien écouter, rien découvrir et surtout ne rien changer à ses idées.

Le consultant est ouvert à l'apprentissage, mais il ne prend pas le temps d'approfondir et il se prononce trop rapidement sur ce qu'il ne connait qu'adéquatement.

Le challenge du coach

Apprendre quelque chose de nouveau.

Faire preuve d'écoute et d'humilité.

Mettre à jour ses idées et ses croyances.

Oser communiquer ses connaissances qui le passionnent.

En signe

Le consultant doit en apprendre plus sur l'énergie du signe pour éventuellement en parler plus aisément.

En Maison

Le consultant doit en apprendre plus sur le domaine symbolisé par la Maison pour éventuellement en parler plus aisément.

En aspect à un point natal

Le consultant doit en apprendre plus sur la phrase astrologique touchée par Mercure pour éventuellement en parler plus aisément.

Quelques pistes supplémentaires d'interprétation

MERCURE : *l'évolution de la cérébralité*	
Le besoin actuel de Mercure *(bon coach)*	- Le besoin actuel de développer l'intellect par l'écoute, l'apprentissage, puis par la communication et l'enseignement à l'autre. - Le besoin actuel de se faire une idée de la vie, d'avoir des conceptions du monde et de les élargir. - Le besoin actuel de nourrir la vie intellectuelle (écriture, lecture, découverte, etc.) et de développer des idées à soi (une manière de penser indépendante).
Si ce besoin devient trop grand *(mauvais conseiller)*	- La fonction intellectuelle devient tellement importante qu'elle éclipse tout le reste et en particulier les émotions et la spiritualité. - La sollicitation trop grande et trop continuelle de l'intellect amène la nervosité, la fatigue cérébrale et ultimement la crise de nerfs. - L'individu devient superficiel dans ses idées et ne fait que bavarder continuellement. Il n'est qu'un moulin à paroles et à idées.
Si ce besoin devient trop petit *(mauvais conseiller)*	- L'apprentissage cesse. L'intellect ne se développe plus. La communication est coupée. - L'individu devient prisonnier de concepts et d'idées qui ont totalement cessé d'évoluer et de se renouveler.
Le challenge actuel du coach	- Trouver une manière d'être constamment en apprentissage et en évolution intellectuelle. - Trouver ce qui nous encourage à écouter et à communiquer. - Découvrir et expérimenter ce qui est nécessaire afin de mieux comprendre le monde.

Vénus progressée - ♀p

L'explication

Peter est un soldat de l'armée de terre. Il revient d'une mission de plusieurs mois dans le Caucase. Tous les jours depuis six mois, il s'est levé à 5 heures le matin, a fait des exercices physiques exigeants, s'est engagé dans des exercices de combat et a entrainé sa capacité à endurer la douleur sans broncher. Maintenant, il est de retour au pays en congé pour un solde de six mois. Il est assis à un bar avec quelques amis et il discute de ce qu'il va faire dans les prochains jours. « La première chose, dit-il, je vais me relaxer. Je vais faire la grasse matinée, je vais aller simplement prendre un bain de soleil sur la plage et j'irai faire une sieste sous l'ombre d'un arbre pendant que le vent doux me caressera le visage en sachant que rien de grave ne peut m'arriver. »

-- La première fonction de Vénus, c'est celle-là : se relaxer et se détendre. Prendre la vie doucement et utiliser les forces apaisantes de la nature (l'eau, le vent, le soleil, les arbres, etc.) pour devenir de plus en plus calme. Vénus a besoin de sentir que le stress n'existe plus...

Peter continue le mantra de ce qu'il fera dans les prochains jours : « Je vais aller me faire masser demain ! Après avoir pris des coups sur tous les muscles de mon corps, j'ai envie de sentir une main les caresser et les traiter avec gentillesse. Je vais aussi aller manger chez l'*Ami Pierre* parce que franchement la bouffe de l'armée c'est tellement mauvais ! J'ai envie de gouter un vrai steak et de sentir les parfums d'un bon vin. Oh, et aussi je veux aller à l'opéra. Tout ce que j'entends depuis six mois, c'est le bruit des mitrailleuses qui grincent. Je veux entendre chanter, parce que ce sera comme si c'était un ange qui jouait la musique du ciel. Et quand je verrai les décors magnifiques, autour de la cantatrice baignée dans un brouillard féérique, cela va effacer les déserts sanglants du Caucase de ma mémoire. »

-- Vénus c'est aussi cela. Profiter de ses cinq sens. Jouir du toucher, de l'ouïe, de l'odorat, du gout et de la vue. Ce sont les voies royales que Vénus emprunte pour accomplir sa mission de se relaxer et de se détendre tout en ayant du bon temps. Parce qu'avoir du bon temps, se faire plaisir, se vautrer un tout petit peu dans la débauche, c'est également le désir de Vénus. C'est pourquoi l'argent est souvent nécessaire pour combler les désirs de Vénus. Ce qu'elle aime est rarement gratuit...

Peter continue son discours rempli de désirs et d'envies : « Et les gars aussi, vous allez me présenter des belles filles. Il n'y a eu que des hommes autour de moi pendant la moitié d'une année, je veux voir des filles ! Pas juste pour coucher avec elles, aussi pour jaser, pour boire un coup, pour sortir en boîte, pour socialiser pardi ! Et si une d'entre elles pouvait être exactement comme dans mes rêves, peut-être même pour tomber en amour, pour embrasser, pour aimer. »

-- L'autre grande fonction de Vénus, c'est l'amour, la socialisation et les relations interpersonnelles. Vénus gouverne autant l'amour, l'amitié et les contacts humains en général. Elle fait que l'on parle aux autres, que l'on est séduit par eux, que l'on séduit à son tour et parfois même que l'on tombe amoureux. Peu importe jusqu'où mène Vénus, les fêtes et la socialisation se trouvent sur son chemin.

Peter termine son discours : « Et vous savez quoi les gars ? Vous allez rire de moi, mais cette femme dont je rêve, que je désire, que je fantasme, je rêve d'elle depuis six mois. J'ai même écrit des poèmes érotiques sur elle. J'ai fait des esquisses au fusain de son corps et j'ai composé une mélodie en son honneur. Allez Marco, sors ta guitare que je chante pendant que vous regardez mes dessins ! »

-- La dernière fonction de Vénus c'est la créativité. Par elle, quelqu'un a envie d'exprimer artistiquement ce qu'il ressent. Peu importe que le natif soit talentueux ou non, il ressent des choses et il voudrait les exprimer. Et quand il n'arrive pas à créer, au minimum, il consomme de la créativité en écoutant des chansons, en lisant des romans, en allant au musée, en regardant un film, etc. Vénus symbolise la sensibilité artistique tant sur le plan créatif que la simple appréciation de l'art.

Lorsque Vénus progressée entre en scène, vous êtes prêt pour laisser entrer le plaisir, la détente, la socialisation, la créativité et l'amour dans votre vie. Métaphoriquement parlant, vous êtes comme Peter : vous revenez d'un long voyage militaire dans le Caucase et vous avez maintenant le droit de souffler un peu, d'avoir du plaisir, de vous amuser et de vous vautrer un tout petit peu dans la débauche.

Une débauche saine qui vient panser les plaies que la vie trace sur chacun de nous. Elle vous coutera bien quelques dollars, mais les progressions de Vénus ont aussi tendance à apporter des opportunités matérielles, alors profitez-en !

Comment cela peut-il se passer ? Si vous suivez le conseil du « bon coach Vénus progressée », vous allez faire un effort pour vous relaxer et vous détendre. Pour cela, vous allez privilégier ce que mère Nature pourra vous offrir. Vous allez trouver de quoi satisfaire vos cinq sens. Vous allez sortir de chez vous pour voir des gens et socialiser un peu. Ce sera le temps de faire la fête. Vous allez ouvrir votre cœur et votre esprit à la possibilité de rencontrer ou de faire refleurir l'amour du couple si vous êtes marié. Finalement, vous laisserez entrer l'art dans votre vie soit en en consommant, soit en en faisant. Faites de l'argent et dépensez-le !

Si vous suivez l'avis du « mauvais conseiller Vénus progressé », soit vous allez refuser le challenge, soit vous irez trop loin dans la démarche. Qu'est-ce que cela veut dire exactement ? La première option est assez simple à comprendre. Vous refuserez le challenge. Vous resterez à la maison, seul et sévère. Vous fermerez la porte au plaisir, à la détente et à l'amour.

La seconde option est tout aussi dangereuse. Vous allez accepter le challenge, l'embrasser, le bénir et le vénérer tellement aveuglément que vous allez sacrifier tous vos autres besoins à son profit. Vous êtes marié ? Pas de soucis, allez hop deux ou trois aventures. Après tout c'est le temps du plaisir et de l'insouciance. Au bar, vous ne verrez plus la différence entre deux martinis et vingt-deux. De toute façon, tout cela ira sur la carte de crédit ! Il vous faut vous relaxer ? Pourquoi ne pas rester couché jusqu'au beau milieu de l'après-midi plutôt que d'aller voir le match de football de votre garçon comme promis ? Et comme il faudra séduire les gens autour, au diable la vérité. Si vous voulez ramasser la jolie dame au fond, il vaudra mieux agir sous une fausse identité, dire que vous êtes célibataire et que vous l'aimez. Demain matin, vous partirez avant qu'elle ne se réveille. Même chose pour votre créativité. Au lieu de peindre un tableau sur vos angoisses les plus profondes, pourquoi ne pas faire un paysage tout beau, tout propre et le vendre au plus offrant ?

Le tableau d'interprétation

VÉNUS PROGRESSÉE
La fonction « plaisir » en évolution

(avance d'un degré par année environ)

Le bon coach

Le consultant admet qu'il a besoin de prendre plus de plaisir dans sa vie. Il organise des occasions de se détendre, de rencontrer des gens et d'être plus créatif. Il est ouvert à l'amour et ne craint pas de faire quelques folies.

Le mauvais conseiller

Le consultant ne veut pas rouvrir la porte à l'amour et au plaisir. Il reste dans une ambiance de solitude morne.

Le consultant confond « droit au plaisir » avec « tout est permis ». Il manipule et blesse les gens autour de lui en les utilisant pour sa jouissance. Il fait des excès dans tous les domaines et souffre d'une indulgence maladive.

Le challenge du coach

Socialiser et être ouvert à l'amour.

Travailler à la résurgence de l'amour si on est en couple.

Privilégier le plaisir et la détente. Satisfaire ses cinq sens.

Aller profiter de la nature.

Développer sa créativité. Faire de la place à l'art.

En signe

Le consultant doit explorer l'énergie du signe dans le plaisir et la détente pour que celui-ci puisse venir colorer ses relations interpersonnelles et sa créativité.

En Maison
Le consultant doit amener ses relations interpersonnelles, sa créativité et ses loisirs vers les territoires symbolisés par la Maison.

En aspect à un point natal
Le consultant doit intégrer la phrase astrologique touchée par Vénus à son idée de l'amour, des loisirs et de la créativité.

Quelques pistes supplémentaires d'interprétation

VÉNUS : l'évolution de l'affectivité et du besoin de beau	
Le besoin actuel de Vénus *(bon coach)*	- Le besoin actuel de développer une relation intime avec une autre personne (tant amicalement qu'amoureusement). - Le besoin actuel de vivre du plaisir avec ses cinq sens et d'en retirer un sentiment d'harmonie, de calme, d'apaisement et de sérénité. - Le besoin actuel de développer sa créativité, son sens du beau et de l'harmonie des formes et des couleurs.
Si ce besoin devient trop grand *(mauvais conseiller)*	- Le besoin de l'autre devient maladif. Il y a danger de dépendance affective. - La fonction « plaisir » devient tellement importante qu'elle éclipse tout le reste et porte l'individu à vivre dans la luxure et la paresse. - Le besoin de séduire est tellement important qu'il se fait au détriment de la vérité. L'individu manipule les autres par ses paroles ou par ses gestes. L'individu ment et cherche à ne montrer que les angles plaisants de sa personnalité.

	- Le besoin de plaire par soi ou par sa créativité est tellement important qu'il se fait au détriment de l'essence véritable de l'individu. Il cesse d'être lui-même et ne cherche qu'à être ce que l'autre voudrait qu'il soit. Un peu comme un artiste qui peindrait des tableaux uniquement pour plaire au public, mais qui en réalité détesterait ce qu'il peint.
Si ce besoin devient trop petit *(mauvais conseiller)*	- Le refus de l'amour et de l'intimité. - Les blocages sexuels. - La gêne et la timidité. - Le refus de se faire plaisir et de se relaxer.
Le challenge actuel du coach	- Trouver la façon de développer des relations intimes et amoureuses stables et nourrissantes. - Se sentir assez bien avec son corps et avec son âme pour avoir envie de séduire. - Trouver les sources de plaisir et de détente nécessaires à l'apaisement des sens. - Trouver des sources de créativité.

Mars progressé - ♂p

L'explication

Jessica travaille dans une entreprise d'édition et de publication. Elle est adjointe administrative. Jessica est une personne affable et conciliante. Parce qu'elle dit toujours oui, on abuse un peu d'elle. Rien de méchant vous vous doutez bien. Mais quand il faut que quelqu'un reste après les heures de travail, Jessica s'y colle. Si une personne doit changer sa période de vacances à la dernière minute, Jessica prendra son horaire au pied levé et bougera les siennes, même si cela se fait à son détriment. Au bureau, Jessica fait partie d'un groupe de six adjointes administratives. Pourquoi six adjointes ? Tout simplement parce qu'il faut une adjointe administrative pour chaque directeur régional et que l'entreprise compte sept directeurs régionaux. Non, non, il n'y a pas de coquille dans le texte. J'ai bien écrit qu'il y a six adjointes parce qu'il y a sept directeurs ! Voyez-vous, pour faire des économies l'entreprise s'est dit que Jessica pouvait aisément s'occuper de deux directeurs au lieu d'un seul. Tout en gardant le même salaire évidemment. Ce qui fait que Jessica fait le double du travail comparativement à toutes ses collègues, en plus de dépanner tout le monde à brule-pourpoint, sans gagner un centime de plus. « Tendez l'autre joue. » qu'ils disaient !

Depuis une année maintenant, Jessica a débuté une psychothérapie. Elle a compris que ce manque de fermeté venait de son enfance et elle travaille activement à retrouver sa force d'affirmation et sa capacité de dire non. Dans les derniers mois, elle a commencé à dire non lorsqu'on lui demandait de faire du temps supplémentaire. Elle a fait remarquer que c'était au tour de certaines de ses collègues. Elle a aussi maintenu sa période de vacances quand on lui a demandé de changer avec quelqu'un dont le nouvel amant voulait partir en voyage dans le Sud à la dernière minute. Et la semaine dernière, elle est montée au bureau du grand patron pour aller jaser de sa charge de travail. Elle a expliqué qu'elle faisait le travail de deux personnes et qu'il fallait que cette situation soit corrigée d'une manière ou d'une autre. Elle a expliqué que l'entreprise pourrait engager une septième adjointe, mais en réalité cela ne la dérangerait pas de continuer d'assumer sa charge de travail. Toutefois, comme on le sait, tout travail mérite salaire et elle aimerait obtenir une augmentation en plus d'une certaine bonification en vertu de l'argent qu'elle fait économiser à l'entreprise. Ce qu'elle a obtenu immédiatement avec en prime un nouveau bureau beaucoup plus grand et lumineux.

Ce mécanisme par lequel un individu est capable de s'affirmer même si cela gêne les autres s'appelle en astrologie : Mars ! En effet, Mars symbolise l'affirmation de soi et la capacité de réclamer ce qui nous revient de droit. J'existe et j'ai le droit d'exister sans que tout le monde empiète sur mon territoire, pourrait être le dicton de Mars. J'existe et j'ai le droit de le dire, de l'affirmer et de le revendiquer. J'existe et j'ai le droit d'agir, de bouger et d'avancer pour faire ce que j'ai envie sans que quelqu'un vienne me contraindre. Mars est une planète de courage, car cela en prend pour faire ce que Jessica a fait lorsqu'elle a surmonté ses peurs et sa timidité. Mars est une planète d'action, de geste et d'expérimentation active. Mars est également une planète dédiée à la victoire. Jessica désire obtenir une augmentation. Avec l'énergie martienne, Jessica va trouver le courage de défendre son point avec le grand patron et encore et toujours avec cette énergie, elle va remporter ce qu'elle voulait... et même plus !

Lorsque votre Mars est fort et en santé, vous êtes capable de défendre votre territoire. Mais qu'arrive-t-il quand, comme Jessica, votre courage et votre force d'affirmation se sont taris ? À ce moment, Mars progressé entre en scène. La force d'affirmation et le courage sont mûrs pour s'exprimer et de manifester.

Comment cela peut-il se passer ? Si vous suivez le conseil du « bon coach Mars progressé », vous allez développer lentement, mais sûrement, votre courage pour dire ce que vous pensez et pour faire ce qu'il y a à faire. Et vous ferez tout cela sans entrer dans des guerres inutiles. La plupart du temps, vous saurez trouver des arrangements gagnant-gagnant plutôt que gagnant-perdant.

Si vous suivez l'avis du « mauvais conseiller Mars progressé », soit vous allez refuser le challenge, soit vous irez trop loin dans la démarche. Qu'est-ce que cela veut dire exactement ? La première option est assez simple à comprendre. Vous refuserez le challenge. Vous manquerez de courage. Vous vous tairez en vous disant que vous n'êtes pas capable de le faire, que ce serait trop dangereux et finalement vous continuerez d'être une proie pour les gens qui vous entourent.

La seconde option est plus violente. Vous allez accepter le challenge, l'embrasser, le bénir et le vénérer tellement aveuglément que vous allez partir en guerre contre tous ceux qui vous ont lésé, justement ou injustement. Cela deviendra un combat à finir où les ennemis seront partout et les guerres seront de tranchées. Vous serez convaincu que c'est soit vous, soit eux, et vous entrerez dans une logique de bagarre sans fin allant souvent même jusqu'à inventer des ennemis lorsqu'il n'y en aura plus en réserve ! Vos moyens de défense deviendront disproportionnés et vous chercherez des boucs émissaires (souvent vos proches) sur qui vous pourrez déverser votre colère.

Le tableau d'interprétation

MARS PROGRESSÉ L'affirmation de soi en évolution (avance d'un degré tous les deux ans environ)
Le bon coach Le consultant accepte d'identifier les ennemis intérieurs qui l'empêchent de s'affirmer. À cause de ce travail sur soi, il devient capable de se défendre et de réclamer son dû de façon juste et équitable.
Le mauvais conseiller Le consultant ne veut pas affronter ses peurs et sa timidité. Il refuse de se battre et plie l'échine avant même le début du combat. Le consultant entre en guerre contre tout ce qui bouge. Il invente parfois de faux ennemis pour les combattre. Il utilise un canon pour tuer une mouche ! Si l'ennemi est trop fort, il s'en prend à une victime innocente et plus faible que lui sur qui il peut défouler sa rage.
Le challenge du coach Développer son courage. Entrer dans le monde de l'action.

Avoir envie de gagner et de triompher. S'affirmer sainement, défendre son dû et réclamer sa juste part du gâteau.
En signe Le consultant doit mettre plus d'énergie et d'affirmation dans ce qui est symbolisé par le signe.
En Maison Le consultant doit mettre plus d'efforts et d'actions dans le domaine symbolisé par la Maison.
En aspect à un point natal Le consultant doit vivre, affirmer et défendre plus activement la phrase astrologique touchée par Mars.

Quelques pistes supplémentaires d'interprétation

MARS : l'évolution de l'affirmation de soi et de la défense du territoire	
Le besoin actuel de Mars *(bon coach)*	- Le besoin actuel de relever des défis et de vaincre l'adversité. - Le besoin actuel de s'affirmer et d'être capable de réclamer son dû. - Le besoin actuel de faire preuve de détermination et de courage. - Le besoin actuel de livrer un combat face à ses propres failles et ses démons intérieurs.

Si ce besoin devient trop grand *(mauvais conseiller)*	- L'affirmation de soi devient un combat hostile et violent. L'individu voit des ennemis et des guerres partout. Il est colérique et bagarreur. - Il y a des crises de rage, des excès de colère, un besoin de contrôle et d'asservissement. - L'individu ne reconnait pas ses propres démons intérieurs et il les projette sur le monde qui l'entoure. Il livre des combats qui ne finissent pas. Il les alimente inconsciemment.
Si ce besoin devient trop petit *(mauvais conseiller)*	- L'individu n'ose ni s'affirmer ni réclamer ce qui lui revient de droit. Il est timide, craintif et devient la proie de ceux qui l'entourent. - L'individu a de la difficulté à relever des défis. Il est paralysé par la peur.
Le challenge actuel du coach	- Trouver des sources de challenge permettant de se dépasser peu à peu. - Trouver la meilleure manière de s'affirmer. - Identifier ses ennemis intérieurs et les combattre.

Jupiter en transit - ♃t

L'explication

Amanda a reçu récemment la lecture de sa carte du ciel en cadeau pour son anniversaire. Elle qui ne connaissait pas l'astrologie a été littéralement foudroyée par la profondeur et la pertinence de l'interprétation de l'astrologue. Elle a tout de suite ressenti l'importance et la valeur que pouvait avoir l'astrologie dans sa vie. C'est comme si elle venait de découvrir quelque chose qui apporte un sens nouveau à son existence. Elle est motivée à tout connaitre de l'astrologie, car elle a foi que cela peut l'aider à mieux vivre et à être plus heureuse.

-- Un des premiers effets de Jupiter, c'est ce besoin de découvrir une philosophie, un enseignement ou un système qui permet d'éclairer les grandes questions existentielles : d'où viens-je ? Qui suis-je ? Où vais-je ? Pourquoi la vie ? Cela peut passer par un livre, un professeur, un guru, mais aussi par un voyage, une expédition, une expérience nouvelle, un dépaysement soudain, une expérience exotique, etc. Évidemment, cela a tendance à motiver la personne à aller toujours un peu plus de l'avant vers le déploiement de la quête. C'est pourquoi Jupiter est associé à l'expansion : expansion de la foi, expansion des expériences de vie, expansion de la quête, etc. Tout ce que touche Jupiter a tendance à vouloir devenir plus grand.

Revenons à Amanda... Elle est vraiment très motivée à apprendre l'astrologie, mais elle habite à Toronto et l'astrologue qui a fait l'enregistrement de sa carte du ciel donne des cours à Montréal ce qui n'est pas tout à fait la porte à côté. Bien sûr, elle pourrait trouver un autre astrologue, mais elle a une confiance inébranlable (deux caractéristiques de Jupiter, la foi et la confiance) en cet homme qui a su lire au travers des méandres de sa vie. Pour une raison difficilement explicable par la simple logique rationnelle, elle est convaincue que l'univers lui fournira une solution.

-- Un autre effet de Jupiter : cette certitude irrationnelle que Dieu, l'univers ou peu importe le nom que le natif lui donne, répondra à son besoin. Le natif développe une confiance et un enthousiasme dans la vie...

Et soudain, elle apprend que l'entreprise pour laquelle elle travaille ouvrira une succursale à Montréal dans quelques mois et ils auront besoin d'employés pour aller former les nouveaux travailleurs pour une période de quelques mois. L'entreprise paiera le salaire habituel, plus une prime de déplacement et assumera toutes les dépenses du logement. Le problème étant qu'elle devra s'absenter loin de sa famille pour six mois. C'est difficilement réalisable. Elle aurait à gérer énormément de choses pour y arriver. Mais d'un autre côté, cela lui donnerait le temps de faire sa formation en astrologie le soir durant son séjour à Montréal. Après y avoir réfléchi, elle comprend que la vie lui présente une opportunité incroyable et qu'elle doit la saisir malgré les inconvénients et la gestion qui en découleront.

C'est habituellement l'effet le plus perceptible de Jupiter : les opportunités. Parce que la personne y croit, parce qu'elle a foi en un univers significatif, la vie lui présente une opportunité à saisir. Souvent cette opportunité est très temporaire et il faut être capable de réagir rapidement et volontairement comme l'a fait Amanda pour en cueillir les fruits.

Lorsqu'un transit de Jupiter arrive, c'est un peu comme si des portes s'ouvraient sur plus de sens, plus de foi, plus de philosophie, plus de découvertes et plus d'opportunités.

Comment cela peut-il se passer ? Si vous suivez le conseil du « bon coach Jupiter en transit », vous allez faire un effort pour être attentif à ces opportunités et surtout vous ne vous perdrez pas dans les hésitations et les doutes lorsqu'ils se présenteront. Vous serez capable de saisir la balle au bond. Vous aurez foi dans un univers significatif et votre confiance et votre enthousiasme envers la vie vous feront voyager vers de nouveaux horizons fussent-ils intérieurs ou réels.

Si vous suivez l'avis du « mauvais conseiller Jupiter en transit », soit vous allez refuser le challenge, soit vous irez trop loin dans la démarche. Qu'est-ce que cela veut dire exactement ? La première option est assez simple à comprendre. Vous laisserez les doutes et l'hésitation prendre le dessus et l'opportunité finira par vous passer sous le nez ! Ce sera comme si vous n'arriviez pas à capitaliser sur la confiance et la foi. Quelquefois, cet effet s'exprimera sous le couvert d'un trop-plein de confiance. Vous serez tellement convaincu de votre chance que vous serez certain qu'elle demeurera éternellement à vos côtés, alors vous prendrez votre temps et remettrez vos plans à plus tard lorsque les circonstances seront parfaites, et puis tout disparaitra sans crier gare.

La seconde option est plus pernicieuse. Vous allez accepter le challenge, l'embrasser, le bénir et le vénérer tellement aveuglément que vous allez vous laisser aveugler par la foi et la confiance au point de prendre des risques tout aussi incroyables que stupides, tel un joueur invétéré qui parie tout l'argent du loyer parce qu'il est convaincu d'avoir trouvé une martingale gagnante aux courses de chevaux. Quand Jupiter se déchaine sans limites, il amène l'arrogance, la mégalomanie, la témérité, l'aveuglement et ce que les Grecs appelaient *hibris* : « Ivresse de la démesure provoquée par l'orgueil, par la passion et jugée répréhensible. »[1] Dans la mythologie, celui passible d'*hibris* était habituellement châtié par les dieux et victime d'une grande fatalité. Et si dans notre monde moderne, nous avons laissé tomber les dieux du panthéon, la fatalité est toujours de mise pour ceux qui poussent l'énergie de Jupiter trop loin !

Le tableau d'interprétation

JUPITER EN TRANSIT Le temps de la confiance et des opportunités (avance de 30 degrés par année environ)
Le bon coach Le consultant cherche un sens nouveau à sa vie et il est prêt à saisir les opportunités pour déployer son existence vers des horizons nouveaux.
Le mauvais conseiller Le consultant est trop effrayé ou trop confiant pour comprendre qu'il doit bouger rapidement avant que les portes ne se ferment. Le consultant fait preuve d'arrogance, d'une soif inassouvie pour le succès et d'une foi aveugle qui le mène à sa perte après des débuts heureux.

---

1. Définition tirée d'*Antidote*.

Le challenge du coach
Sortir de sa zone de confort et découvrir le monde.
S'ouvrir à une nouvelle forme de philosophie.
Avoir confiance en la vie et se fier à sa foi.
Saisir les opportunités.

En signe
Le consultant doit permettre à l'énergie du signe de prendre de l'expansion dans sa vie tout en cultivant une attitude optimiste face à lui.

En Maison
Le consultant doit permettre au domaine symbolisé par la Maison de prendre de l'expansion tout en cultivant une ambiance d'optimiste et de prise de risque calculée.

En aspect à un point natal
Le consultant doit accorder beaucoup d'attention à la phrase astrologique touchée par Jupiter de façon à lui permettre de saisir de nouvelles opportunités de succès et d'agrandissement.

Quelques pistes supplémentaires d'interprétation

JUPITER : le temps de la confiance et de la quête	
Le besoin actuel de Jupiter *(bon coach)*	- Le besoin actuel de croire en quelque chose de meilleur, de trouver une quête ou un sens à la vie. - Le besoin actuel de croire que quelque chose sera facile, plaisant et gratifiant. - Le besoin actuel de découvrir de la nouveauté, d'élever constamment son esprit.

	- Le besoin actuel de vivre un certain luxe ou une certaine réussite.
Si ce besoin devient trop grand *(mauvais conseiller)*	- La disparition de toute forme de prudence et de raisonnement. La *surexpansion,* l'optimisme trompeur, la négation des problèmes. - L'individu devient pris au piège d'un système de croyances (religieux, spirituel, philosophique ou rationnel). - L'incapacité à être fidèle et fiable. - La folie des grandeurs, le snobisme et la grandiloquence.
Si ce besoin devient trop petit *(mauvais conseiller)*	- L'individu va sous-estimer ses capacités et viser moins haut qu'il ne le pourrait. - L'individu ne va plus chercher à se renouveler et va s'ennuyer dans sa routine.
Le challenge actuel du coach	- Trouver la manière de se sentir toujours dans un élan de croissance intérieure et extérieure. - Développer le sentiment de foi et de confiance en la vie. - Vivre la vie comme si elle était une quête perpétuelle.

Saturne en transit - ♄t

L'explication

Vous vous souvenez d'Amanda[1] ? Eh bien, elle est arrivée à Montréal depuis quelques semaines et elle a débuté ses cours d'astrologie. L'enthousiasme du départ a fait place à un certain découragement. L'astrologie qu'elle voulait tant apprendre s'avère plus difficile, plus dense et plus compliquée que prévu. Elle ne pensait pas que cela représentait autant de travail, d'efforts et de pratique. Elle est assise dans sa chambre d'hôtel avec sur la table devant elle toutes ses notes de cours et les définitions remises par le professeur. Elle se demande si elle ne va pas abandonner tout cela et rentrer chez elle.

-- Une des premières impressions de Saturne est souvent un sentiment de découragement et d'abandon face à l'ampleur ou à la rigidité de la tâche à accomplir...

Amanda se rappelle tout à coup d'avoir vécu exactement la même chose trente années plus tôt lorsqu'elle a voulu apprendre le piano. Sur le coup, le son majestueux de cet instrument lui a donné la certitude de vouloir et d'être capable d'en jouer (une certitude toute jupitérienne). Puis, une fois assise devant le piano, elle a réalisé tout ce que cela demandait comme travail.

-- Une autre facette importante de Saturne, c'est ce rapport à la réalité. Saturne vit dans le réel et il est par conséquent réaliste ! Vous ne pouvez pas lui jouer du violon. Il voit les choses exactement comme elles sont et il n'essaie pas de les sucrer pour mieux les faire passer c'est pourquoi il symbolise le fait de « faire avec la réalité »...

Amanda frappe soudainement son poing sur la table (un geste quelque peu martien !) et s'exclame : « Pas cette fois-ci ! Je ne vais pas ranger le piano dans le grenier. Je vais apprendre l'astrologie et je vais y mettre les efforts nécessaires ». Et voilà que dans les semaines qui suivent, Amanda travaille plusieurs heures par jour, sept jours par semaine sur ses cours d'astrologie. La plupart du temps, elle n'est pas vraiment motivée et elle trouve cela difficile, mais elle se met à la tâche parce qu'elle sait que le résultat en vaut la peine et

---

1. Voir l'histoire de Jupiter aux pages précédentes.

que son ambition d'être astrologue saura la combler lorsqu'elle sera réalisée. Six mois plus tard, elle obtient son diplôme avec mention d'honneur et elle n'a jamais eu autant de plaisir et de fierté qu'avec l'astrologie !

-- Voilà la dernière facette, et la plus importante, de Saturne. La capacité de différer le plaisir, la facilité et la joie pour endurer une certaine douleur le temps d'arriver à son but. Saturne représente les plus grandes ambitions et les moyens que l'on se donne pour y parvenir. Saturne symbolise l'effort, le travail, la discipline et la rigueur nécessaire à l'atteinte de ses buts. C'est une planète qui cherche à structurer, à consolider ou à construire quelque chose.

Lorsque Saturne en transit entre en scène, c'est le temps de s'asseoir sérieusement et de tolérer une certaine autarcie pour accomplir quelque chose d'important.

Comment cela peut-il se passer ? Si vous suivez le conseil du « bon coach Saturne en transit », vous allez jeter un regard lucide sur votre vie et décider de ce qui devra être structuré, consolidé ou carrément réalisé. Vous vous fixerez un objectif ambitieux, puis vous focaliserez sur le but à atteindre. À cause de cela, vous accepterez les efforts et la frugalité nécessaires à l'atteinte de cet objectif. À la fin du processus, vous obtiendrez un accomplissement majeur qui vous rendra fier et heureux (sans compter le respect des autres et le respect de soi pour soi).

Si vous suivez l'avis du « mauvais conseiller Saturne en transit », soit vous allez refuser le challenge, soit vous créerez une distorsion dans la démarche. Qu'est-ce que cela veut dire exactement ? La première option est assez simple à comprendre. Vous refuserez l'effort et la discipline nécessaires à l'atteinte de buts et vous vous contenterez de rester avec votre vie actuelle qui vous déprime. Vous ne ferez aucune progression et vous vous emprisonnerez lentement mais sûrement dans une solitude et une amertume quotidienne.

Il y aura aussi le risque de faire les choses correctement, mais d'aller trop loin dans l'austérité. Quelquefois, le natif pourra confondre discipline et effort avec tortionnaire/prison. Il deviendra son propre bourreau jusqu'à s'épuiser complètement et finira dans une dépression totale.

La seconde option est plus dangereuse. Vous allez oublier le but à atteindre pour ne vous concentrer que sur la difficulté, l'autarcie, la frugalité, les obstacles, la déprime, la victimisation, etc. À un certain point, vous ne verrez plus que la vie en gris et vous passerez votre quotidien avec la même attitude qu'un écolier en retenue. Et comme lui, vous blâmerez vos camarades, votre professeur, l'école, les parents, la société... Bref tout le monde sauf le seul et unique responsable : vous !

Le tableau d'interprétation

SATURNE EN TRANSIT
Le temps de l'effort
(avance de 12 degrés par année environ)

Le bon coach

Le consultant regarde sa vie avec réalisme et il se fixe un objectif ambitieux. Par la suite, il déploie les efforts et la rigueur nécessaires à l'atteinte de l'objectif.

Le mauvais conseiller

Le consultant ne veut pas faire d'effort et il demeure dans l'échec.

Le consultant devient trop sévère envers lui-même et il se comporte en bourreau.

Le consultant perd de vue l'objectif et ne se concentre que sur les obstacles et les choses négatives.

Le challenge du coach

Faire preuve de réalisme.

Se fixer des objectifs ambitieux.

Être capable de discipline et de rigueur.

Chercher à construire, consolider ou structurer un pan de la vie.

En signe
Le consultant doit user d'effort et de discipline pour permettre de structurer l'énergie du signe.

En Maison
Le consultant doit faire des efforts pour consolider le domaine symbolisé par la Maison. Avec discipline et réalisme, il doit affronter le matériel de la Maison.

En aspect à un point natal
Le consultant doit apporter réalisme, discipline, rigueur et effort à la phrase astrologique touchée par Saturne de façon à lui permettre de concrétiser quelque chose.

Quelques pistes supplémentaires d'interprétation

SATURNE : le temps de la discipline et de la structure	
Le besoin actuel de Saturne *(bon coach)*	- Le besoin actuel de se structurer, de se développer durablement dans le temps et l'effort. - Le besoin actuel d'accomplir de grandes choses, même si cela demande de travailler fort pour l'obtenir. - Le besoin actuel de développer un respect et une fierté de soi une fois certaines réalisations accomplies. - Le besoin actuel de discipline (et d'autodiscipline). - Le besoin actuel de faire avec la réalité (être capable d'avancer et de progresser malgré certains aspects plus difficiles de la vie ou de certains obstacles). - Le besoin actuel d'avoir des ambitions à long terme et d'avoir une confiance tangible d'y arriver un jour.

Si ce besoin devient trop grand *(mauvais conseiller)*	- La sévérité excessive envers soi et les autres amène à vivre dans un climat lourd d'austérité, de frugalité et d'ascétisme. - Les règles et les limites permises deviennent castrantes. - L'individu devient taciturne et dépressif. Il y a une inhibition des émotions et une grande froideur. - L'ambition d'atteindre de hauts sommets devient plus importante que tout et l'individu devient matérialiste, avide, autoritaire, arriviste et rapace. - L'individu ne fait que travailler, sans jamais se reposer.
Si ce besoin devient trop petit *(mauvais conseiller)*	- Il y a une incapacité de fournir l'effort nécessaire pour accomplir quelque chose. L'individu n'a pas d'ambition, pas de structure et pas d'accomplissement personnel. Il développe une carence d'autorespect. - L'individu se convainc qu'il n'y a aucune solution et aucune issue à la difficulté ou au problème vécu. Il cesse de travailler à régler la situation puisque cela est inutile. Il préfère déprimer dans son coin et maugréer contre toute la planète.
Le challenge actuel du coach	- Identifier des objectifs de vie qui en valent la peine et assurer la discipline nécessaire pour les réaliser. - Cultiver les moments de solitude. - Arriver à tenir compte de la réalité de façon pragmatique, mais jamais de manière pessimiste.

Uranus en transit - ♅t

L'explication

Jeannine a quarante-cinq ans. Elle habite une jolie campagne d'un tout petit pays très conservateur. Comme toutes les femmes de son village, elle s'est mariée jeune, a eu plusieurs enfants et s'est patiemment occupée de sa famille incluant son mari, très affable et gentil d'ailleurs. Il n'a jamais levé le ton, a toujours été conciliant et ne lui a pas fait de misères ces trente dernières années. Jeannine ne vit pas un mariage malheureux ou violent loin de là. Mais elle sent qu'elle est loin d'elle-même. Si elle était née sans parents, sans code culturel, sans professeur, sans pays, elle ne serait pas dans cette maison avec cette vie-là. Mais voilà, comme tout le monde, elle est née quelque part avec des gens autour d'elle et tout au long de sa vie elle a fait des compromis autant pour des gens qu'elle n'aime pas que pour des gens qu'elle aime. Peut-être même plus souvent pour des gens qu'elle aime ! C'est étrange la vie.

-- Uranus est une planète qui nous confronte à tous les compromis que l'on fait de l'enfance jusqu'à l'âge adulte. Les compromis qui sont faits pour la famille, les amis, la société et la culture ambiante. Les compromis qui sans être nécessairement dramatiques nous éloignent de notre véritable personnalité, de ce que l'on aurait voulu vraiment faire. C'est une planète qui symbolise les prises de conscience intellectuelles d'un individu face à lui-même...

Maintenant que les enfants sont partis, Jeannine aimerait reprendre contact avec elle-même. Elle aimerait faire des activités qui lui plaisent, faire des voyages dont elle a envie, rencontrer des gens qu'elle apprécie vraiment. Elle pense aussi faire une thérapie, car elle a vraiment l'impression de s'être perdue de vue depuis si longtemps qu'elle ne connait plus la route exacte pour revenir à elle-même.

-- Uranus symbolise ce besoin de faire une mise à jour de sa vie pour que celle-ci corresponde à l'évolution intérieure d'une personne. Un peu comme on doit mettre à jour un logiciel parce qu'il n'est plus compatible avec l'utilisation actuelle de l'ordinateur. Souvent quand notre vie n'est plus en adéquation avec notre ressenti, Uranus nous demande de changer des choses. Le grand penseur et psychanalyste

Carl Gustav Jung appelait le phénomène de découverte progressive de soi, l'individuation. Uranus en est le porte-étendard...

Quand elle a appris que son mari allait la quitter pour une autre femme le mois dernier, elle a tout d'abord été dévastée. Et puis après, elle s'est rendu compte que c'était exactement ce dont elle avait besoin pour bouger et mettre en action ses résolutions. Après tout, si les enfants et le mari sont partis, à qui donc peut-elle bien essayer de plaire sinon à elle-même ?

-- Uranus symbolise fréquemment des événements soudains et inattendus qui bouleversent le cours de l'existence. Ils sont habituellement des portes ouvertes vers un avenir différent et plus adapté à la personne. Malgré tout, comme tout événement inattendu, ils choquent sur le coup et peuvent laisser momentanément bouche bée...

Lorsqu'Uranus en transit entre en scène, il vous confronte à vos choix et à votre vie. Est-elle vraiment celle que vous voulez ? Est-ce qu'elle vous correspond bel et bien ? Quels sont les compromis que vous avez faits et peuvent-ils être modifiés ? Est-il temps de faire une introspection en vue de vous découvrir et de découvrir votre véritable mission de vie ? Devriez-vous lancer ce fameux processus d'individuation ? Toutes ces questions se cristalliseront souvent autour d'un événement soudain et inattendu, une crise existentielle ou un revirement de situation.

Comment cela peut-il se passer ? Si vous suivez le conseil du « bon coach Uranus en transit », vous allez faire l'effort de vous poser toutes ces questions et d'y offrir une réponse honnête. Vous allez entamer sérieusement (et avec de l'aide s'il le faut) le processus d'individuation. Si des événements viennent bouleverser votre existence ou si une crise personnelle ou extérieure éclate soudainement, vous allez essayer de comprendre pourquoi. Quel est le message caché derrière ? Et surtout vous allez essayer de voir comment ce revirement de situation pourra vous permettre de vous libérer du passé. Uranus vous dit que vous avez évolué intérieurement, mais que votre vie extérieure n'a pas suivi cette évolution personnelle. Il sera temps de faire une mise à jour pour que l'intérieur et l'extérieur concordent.

Si vous suivez l'avis du « mauvais conseiller Uranus en transit », soit vous allez refuser le challenge, soit vous irez trop loin dans la démarche. Qu'est-ce que cela veut dire exactement ? La première option est assez simple à comprendre. Vous refuserez le challenge. Vous resterez exactement qui vous êtes, même si vous savez que le masque que vous portez n'est qu'un rôle de composition. Vous aurez trop peur de quitter la sécurité de ce rôle et vous aurez trop peur de la réaction des gens autour, alors vous mentirez encore plus qu'avant et vous déciderez que vous allez obtenir l'oscar du meilleur acteur cette année ! Vous savez que les oscars aiment beaucoup les drames, alors ne vous plaignez pas si la vie vous en fait vivre un après l'autre...

La seconde option est à l'opposé. Vous allez accepter le challenge, l'embrasser, le bénir et le vénérer tellement aveuglément que vous allez vous mettre tout le monde à dos et souvent pour les mauvaises raisons. Vous allez donner l'impression de retomber dans l'adolescence au moment où tout ce qui importait était de mettre en rogne vos parents, même lorsqu'ils ne le méritaient pas. Sous prétexte d'avoir droit à votre liberté, vous allez devenir excentrique, inconséquent, infidèle, menteur et méchant. Tous les gens qui vous aiment seront en pleurs par votre comportement digne d'un psychopathe. Vous vous retrouverez à passer la nuit en prison, mais hé ! Vous avez bien le droit de fumer votre joint calmement devant le poste de police, non ? Vous choquerez pour choquer et vous n'y gagnerez finalement aucune vraie liberté et certainement aucune évolution personnelle.

Le tableau d'interprétation

URANUS EN TRANSIT Le temps de l'individuation (avance de 4 degrés par année environ)
Le bon coach Le consultant admet que certains aspects de sa vie ne correspondent plus à son évolution et il entreprend les démarches nécessaires pour pallier cette situation.

Le mauvais conseiller

Le consultant se cramponne à son vieux rôle parce qu'il a à la fois peur de déplaire et peur des conséquences.

Le consultant apporte des changements trop drastiques à sa vie sans réfléchir aux conséquences. Il cherche à provoquer inutilement et souvent pour des motifs futiles.

Le challenge du coach

Entreprendre une réflexion sur son véritable Soi et les compromis qui y ont été apportés au fil du temps.

Faire une mise à jour de certains secteurs de sa vie.

Oser affirmer sa différence et son évolution.

Retourner les événements bouleversants en sa faveur.

En signe

Le consultant doit utiliser l'énergie du signe pour l'aider dans le processus d'individuation. Il doit faire une mise à jour de la symbolique du signe.

En Maison

Le consultant doit utiliser le domaine de la Maison pour l'aider dans le processus d'individuation. Il doit faire une mise à jour de la symbolique de la Maison.

En aspect à un point natal

Le consultant doit mettre à jour la phrase astrologique touchée par Uranus.

Quelques pistes supplémentaires d'interprétation

URANUS : le temps de l'individuation	
Le besoin actuel d'Uranus *(bon coach)*	- Le besoin actuel de se distinguer des normes sociales, culturelles, politiques et familiales qui nous régissent. - Le besoin actuel d'être libre et de vivre sa vie selon ses principes. - Le besoin actuel d'être capable de refuser l'autorité si on le juge nécessaire. - Le besoin actuel de s'individuer et de s'approcher le plus possible du Soi.
Si ce besoin devient trop grand *(mauvais conseiller)*	- L'individu ne partage plus aucun trait commun avec son groupe et tombe dans l'illégalité, la marginalité ou la folie mentale. Il est totalement égoïste. - L'excentricité devient un mode de vie et l'individu n'est plus capable de vivre sans tout contester en permanence. Il est susceptible et instable. - L'individu exige que l'on respecte sa liberté, mais toujours pour des motifs futiles qui n'ont rien à voir avec sa personnalité et son identité profonde. *Par exemple :* un artiste refoulé qui travaille dans une entreprise de comptabilité et qui exige de pouvoir s'habiller en jaune fluorescent !
Si ce besoin devient trop petit *(mauvais conseiller)*	- L'individu se plie à toutes les normes et toutes les conventions au mépris de son individualité. Il finit par développer un sentiment d'aliénation. - L'individu devient froid et distant. Il ne laisse approcher personne dans son intimité, de peur que ces gens ne découvrent son masque.

Le challenge actuel du coach	- Trouver les sources d'autorité intimes et sociales qui doivent être remises en question. - Trouver ce qui nous distingue fondamentalement de la société qui nous entoure. - Cultiver l'individuation.

Neptune en transit - Ψt

L'explication

Daniel n'est pas ce que l'on pourrait appeler un adepte du nouvel
âge. Il a toujours été plutôt préoccupé par la surface de la réalité que
par ses couches plus profondes. Pourtant, après avoir consacré plusieurs décennies à sa carrière, à son statut social et à ses activités,
Daniel a ressenti qu'un morceau manquait dans le compte-rendu
de sa vie. Ce n'était pas très clair, mais Daniel avait l'impression de
négliger ce que l'on pourrait appeler la vie intérieure. Souvent des
pensées et des images venaient à lui, mais il ne prenait pas le temps
de vraiment les ressentir. Il a décidé de consulter un thérapeute,
non pas parce que quoi que ce soit allait de travers, mais pour l'accompagner dans une expédition à l'intérieur de sa psyché. Daniel
voulait en avoir le cœur net. Négligeait-il ou non un pan de sa vie ?

-- Neptune symbolise ce sentiment flou et abstrait que quelque
chose de plus profond existe à l'intérieur de soi. Neptune représente
la pulsion de l'exploration de ce monde intérieur pour des raisons
qui paraissent souvent obscures et indéfinissables. Il y a un attrait,
mais il ne semble pas relever de la logique ou de la rationalité. On
peut dire que Neptune ressent quelque chose, mais n'arrive pas
exactement à mettre le doigt dessus...

Le thérapeute a expliqué à Daniel qu'en psychanalyse jungienne,
on considère que la psyché (le monde intérieur) contient une partie
consciente, mais aussi une partie inconsciente. En ce qui concerne
la partie inconsciente, une portion nous est très personnelle (les
souvenirs enfouis de l'enfance par exemple) et une autre collective
(les mythes qui ont toujours existé et qui sont communs à tous les
peuples et toutes les époques). Le but du voyage dans le monde
intérieur, c'est de découvrir peu à peu toutes ces couches de réalité
subjective.

-- Neptune symbolise la psyché et tout ce qu'elle contient. Autant
les parties conscientes qu'inconscientes, les parties individuelles
que collectives. Corolairement, Neptune symbolise le fait d'arpenter
ces parts intérieures...

Le thérapeute a suggéré à Daniel d'adjoindre deux activités à sa « thérapie » : le journal des rêves et la méditation. Le journal des rêves pour garder une trace des communications de l'inconscient et la méditation pour « muscler » sa capacité à observer le monde intérieur.

-- Neptune symbolise toutes les techniques et les pratiques qui permettent de se tourner vers le monde intérieur. Cela inclut, mais sans limiter, l'hypnose, le journal des rêves, la méditation, le yoga, le Qi Gong, la thérapie, l'introspection, le simple fait de rêvasser et d'être dans la lune...

Au fil du temps, Daniel a vécu des expériences très profondes durant sa pratique de la méditation, et cela a rouvert un questionnement et un besoin de spiritualité dans sa vie en parallèle avec sa démarche d'introspection.

-- C'est pourquoi Neptune est souvent associé à la spiritualité, à la religion, au mysticisme, à la prière, à l'ésotérisme, etc. Neptune représente le besoin fondamental de sens, de l'existence de quelque chose de plus grand et plus global et de sentiment spirituel chez l'humain (nié par une très petite minorité de sceptiques qui ont fait du scepticisme primaire une religion)...

En même temps, le fait de prendre connaissance de ses rêves et de son monde intérieur a rappelé à Daniel qu'il aimait peindre lorsqu'il était adolescent. Le tumulte de la vie l'a éloigné de la peinture, mais maintenant son monde imaginaire le bombarde d'images qu'il a envie de reproduire.

-- Une autre caractéristique de Neptune, c'est l'imagination et son utilisation à des fins créatives. Le fait de s'alimenter à même les images de la psyché permet de rendre la vie quotidienne plus féérique et poétique tout en permettant à un artiste de se ressourcer en termes d'idées et d'inspiration...

Lorsque Neptune en transit entre en scène, le natif ressent habituellement l'appel soit de l'introspection, soit de la spiritualité, soit de l'imagination. Souvent les trois en même temps. Cet appel se fait la plupart du temps d'une manière floue et difficile à pointer du doigt ou à décrire avec des mots. C'est plus un ressenti et une impression vague qu'une volonté claire et précise. Souvent, comme Daniel, la personne va décrire l'appel prioritairement par le sentiment qu'il manque quelque chose à sa vie ou que quelque chose cloche sans savoir quoi exactement.

Comment cela peut-il se passer ? Si vous suivez le conseil du « bon coach Neptune en transit », vous allez prendre le temps requis pour l'introspection. Neptune n'est pas une planète qui se résout en quelques minutes et il faudra parfois se laisser porter longtemps par les vagues du monde intérieur avant de trouver ce que l'on cherche. Vous devrez donc modifier votre horaire pour y inclure des moments d'introspection à l'aide de la technique de votre choix (méditation, thérapie, rêve, etc.). Vous allez ouvrir la porte à la spiritualité pour voir ce qu'elle a à vous offrir. Finalement, vous prendrez le temps « d'écouter » votre imagination et en profiterez, au minimum pour romancer votre quotidien, ou encore mieux pour vous adonner à une forme d'art. Vous serez à la recherche d'une bouffée d'inspiration divine et créatrice pour relancer votre vie, alors vous prendrez le temps nécessaire pour la trouver. Et comme les transits de Neptune sont flous et abstraits, vous accorderez toujours un peu plus de temps qu'à l'accoutumée pour prendre des décisions majeures dans votre vie, question d'être certain de ne pas être trompé par le brouillard neptunien.

Si vous suivez l'avis du « mauvais conseiller Neptune en transit », soit vous allez refuser le challenge, soit vous irez trop loin dans la démarche. Qu'est-ce que cela veut dire exactement ? La première option est assez simple à comprendre. Vous refuserez le challenge. Vous fermerez la porte à double tour de votre monde intérieur. Pas question d'aller dans ces régions ! Vous fermerez aussi la porte à la spiritualité. Vous n'avez pas de temps à perdre avec ces lubies. Finalement, l'imagination c'est pour les poètes et vous détestez la poésie. Le rapport annuel de la compagnie, c'est tellement plus important.

La seconde option est plus glissante et mystérieuse. Avec le flou neptunien, il est possible de glisser tellement profondément dans les eaux du monde intérieur qu'à la fin il devient impossible d'en revenir. C'est comme si l'introspection avait fini par avaler celui qui la pratique et il reste engourdi, coupé de la réalité, toujours un pied dans l'autre monde. Un mauvais Neptune pourra aussi compenser le besoin d'introspection par la pratique d'une activité engourdissante et malsaine qui deviendra vite une addiction : dix-huit heures de télé par jour, les jeux vidéo qui font que l'on cesse de dormir, la navigation interminable et sans but sur Internet, l'abus d'alcool ou de drogue, l'hypersomnie, etc. Aussi le besoin irrépressible de spiritualité et le manque de discernement pourront mener tout droit dans les griffes d'un guru ou d'une secte. Parfois le manque de discernement ne mènera pas à une secte, mais il amènera tout de même à prendre de très mauvaises décisions sur le coup de l'impulsion et de l'illusion. Finalement, la trop grande force de l'imagination pourra amener une difficulté à voir la réalité telle qu'elle est.

Le tableau d'interprétation

NEPTUNE EN TRANSIT Le temps du monde intérieur (avance de 2 degrés par année environ)
Le bon coach Le consultant admet que sa vie a besoin d'un sens au-delà de la simple réussite matérielle et il se met à l'écoute de sa psyché et de son âme.
Le mauvais conseiller Le consultant ferme la porte à tout ce qui n'est pas rationnel ou palpable. Le consultant devient prisonnier du monde intérieur. Il n'est plus fonctionnel et il développe des addictions. Il prend ses fantasmes pour la réalité.
Le challenge du coach Prendre le temps pour rêvasser, méditer et se tourner vers son monde intérieur. Faire de la place à la spiritualité, à la religion et au sentiment d'être relié subtilement à l'univers.

Se servir de son imagination pour créer, ou à tout le moins pour voir la vie de façon plus poétique. Chercher une inspiration à sa vie.
En signe Le consultant doit intégrer l'énergie du signe à sa vie intérieure et spirituelle. Il doit méditer sur le signe.
En Maison Le consultant doit faire une introspection dans le domaine symbolisé par la Maison et il doit tenter de l'exprimer au travers de l'imagination ou de la spiritualité.
En aspect à un point natal Le consultant doit méditer sur la phrase astrologique touchée par Neptune pour y trouver une inspiration.

Quelques pistes supplémentaires d'interprétation

NEPTUNE : le temps de la mysticité et de l'exploration de la psyché	
Le besoin actuel de Neptune *(bon coach)*	- Le besoin actuel de mysticisme, de spiritualité ou de religion. - Le besoin actuel de naviguer dans les différentes strates de la conscience. - Le besoin actuel de laisser aller la rigidité de l'ego et de le faire évoluer vers autre chose. - Le besoin actuel de pouvoir observer l'ego comme une simple partie de soi. - Le besoin actuel d'habiter le monde du rêve et de l'imagination créative.

Si ce besoin devient trop grand *(mauvais conseiller)*	- Il y a une perte de la réalité. L'individu vit dans des illusions. - L'individu est pris au piège d'une forme puissante d'idéologie. Cette idéologie qui l'enferme telle une secte peut être de nature mystique, spirituelle et religieuse, mais aussi politique, culturelle ou sociale. - L'individu devient dépendant de pratiques hallucinatoires ou engourdissantes tels les drogues, l'alcool, le (cyber) sexe, les jeux vidéo, Internet, la télévision, l'inertie absolue, la paresse, etc.
Si ce besoin devient trop petit *(mauvais conseiller)*	- Il y a une négation de toute forme de spiritualité au profit d'un rationalisme primaire. L'individu nie l'âme et la conscience et ne perçoit que le corps physique et mécanique. - Il y a une coupure qui se fait par rapport au monde émotionnel. L'individu ne veut rien ressentir. - Il y a un manque flagrant d'imagination et de poésie dans la vie quotidienne.
Le challenge actuel du coach	- Trouver une manière de méditer ou de calmer l'esprit agité par les pensées. - Trouver la façon d'inclure une forme de spiritualité dans sa vie. - Trouver la meilleure manière de naviguer dans la conscience que cela se fasse de manière artistique, mystique ou thérapeutique.

Pluton en transit - ♇t

L'explication

Marc a reçu un diagnostic de cancer il y a six mois et malgré la chimiothérapie et la radiothérapie, le cancer progresse de manière fulgurante. Les médecins ne lui donnent plus que quelques mois à vivre, peut-être seulement quelques semaines.

-- Je sais que cette introduction n'est pas très gaie, mais Pluton est une planète qui symbolise justement tout ce qui ne l'est pas et c'est un euphémisme. La confrontation à la mort, c'est Pluton. La confrontation à la maladie, à la folie, au meurtre, au viol, à l'overdose, à la prostitution et ainsi de suite, c'est Pluton. En bref, Pluton symbolise le matériel dense et noir qui forme les sujets tabous et difficiles. Et Pluton, c'est la partie de la psyché qui s'y intéresse de gré ou de force...

Devant l'échéancier, Marc a coupé les ponts avec plusieurs personnes qu'il n'aimait pas vraiment, mais qui occupaient son temps parce que dans la vie il faut bien faire des compromis. Mais voilà, avec trois mois à vivre et peut-être même moins, les compromis ne sont plus à l'ordre du jour. En fait, ils paraissent futiles et absurdes. Marc consacre chacune de ses heures à être avec les gens qu'il aime et à faire ce qu'il aime. La mort a une drôle de façon de remettre les priorités en place.

-- Pluton symbolise l'absurdité de la vie et la prise de conscience de cette absurdité qui ramène toujours à l'essentiel parce que tout le reste n'a pas de valeur profonde. Pluton dit la vérité et ne s'embête pas avec les civilités parce qu'il a compris que la vie est courte et qu'en bout de ligne, on finit toujours dans un cercueil. Bien que son discours puisse déranger, il est souvent libérateur...

Marc est catholique et il a décidé d'aller voir un prêtre pour se confesser avant de mourir. Dans le confessionnal, il avoue au prêtre qu'il va lui confier quelques trucs qu'il n'a jamais dits à personne auparavant parce qu'il avait honte d'en parler. Pourtant, il sait qu'il doit le faire maintenant s'il veut arriver devant Dieu de la bonne façon. Marc raconte au prêtre qu'il a été abusé dans son enfance par son oncle et qu'il pleure encore souvent lorsque personne ne le voit tellement les abus l'ont fait souffrir. Il raconte également des souvenirs de guerre où il a vu mourir ses amis juste devant lui sans pouvoir rien faire. Il avoue se réveiller dans d'horribles cauchemars même quarante ans plus tard avec encore la culpabilité de ne pas arriver à les sauver. Il raconte également, et c'est probablement de ce dont il a le plus honte, qu'il a trompé sa femme le jour de son mariage avec une des demoiselles d'honneur. Il avait bu et s'est laissé tenter par le démon du sexe et il vit ainsi dans un mariage pour lequel il garde une culpabilité qui est augmentée autant par les années que par la gentillesse de son épouse à qui il doit tout.

-- Pluton symbolise toutes les blessures que l'on porte en silence. Les péchés, les hontes, les crimes, les coups que l'on a pris, les abus que l'on a subis, les trahisons que l'on a faites ou reçues, bref tout ce qui fait mal et que l'on ne peut jamais dire à personne. Steven Forrest, un astrologue pour lequel j'ai un profond respect, a déjà dit que l'on pouvait résumer notre Pluton personnel en écrivant sur un papier la pire chose qui nous a été faite, le souvenir le plus douloureux que l'on porte et la pire chose que l'on a faite à quelqu'un...

Après avoir fait sa confession, Marc se rend compte que cela ne se termine pas là. Il décide d'aller à la police pour déposer une plainte officielle contre son oncle même s'il est mort depuis longtemps. Il ne veut plus cacher ce qui est arrivé. Il avoue aussi à sa femme ce qu'il a fait et lui explique comment il souffre depuis des décennies de cette trahison et espère qu'elle puisse un jour lui pardonner. Celle-ci fond en larmes et lui avoue aussi une infidélité au travail qui la ronge depuis vingt ans. Après avoir pleuré toutes les larmes de leur corps ensemble, Marc décide finalement d'écrire des lettres aux enfants de compagnons de guerre qu'il a vus mourir pour leur raconter comment leurs pères sont morts en héros et qu'il se considère lâche de ne pas avoir pu les aider. Une fois tout cela accompli, il retourne à l'hôpital pour poursuivre les quelques traitements qui le maintiennent temporairement en vie.

-- Pluton symbolise le travail thérapeutique difficile qui consiste à se pencher honnêtement sur ses blessures les plus profondes pour les exorciser. Très souvent ces blessures sont refoulées et Pluton symbolise particulièrement le travail sur l'inconscient...

Marc n'en revient pas comment il se sent léger et bien depuis qu'il a fait tout cela. Il a même l'impression de faire face à la mort de façon plus lucide et détendue. Il est en paix avec lui. À la surprise générale des médecins, le cancer recule et Marc pourrait bien gagner quelques années de vie plutôt que quelques mois !

-- Pluton symbolise le but ultime qu'est la purge, l'exorcisme, le nettoyage, la transformation profonde, l'évolution, la régénération. Il est à l'image du phénix qui meurt pour mieux renaître...

Lorsque Pluton fait un transit, il amène souvent des événements bouleversants et douloureux mais qui ont une raison d'être. Il représente une période où vous êtes prêt à laisser une partie de vous mourir pour se transformer en quelque chose de meilleur et de plus agréable. Pour cela il faut accepter de regarder tout le matériel refoulé en face. Il faut faire le travail thérapeutique nécessaire pour vraiment exorciser les blessures plutôt que de chercher à les mettre sous le tapis. Il faut regarder les sujets tabous sans détourner le regard et aller chercher ce qu'ils peuvent nous apprendre. Si vous le faites, vous pourrez espérer une conclusion où les éléments négatifs qui vous rongeaient seront définitivement éliminés et où vous gagnerez une énergie et une santé (tant physique que psychique) tout à fait hors du commun.

Comment cela peut-il se passer ? Si vous suivez le conseil du « bon coach Pluton en transit », vous allez faire un effort pour ausculter ce qui vous trouble et vous allez faire un travail honnête et difficile d'introspection. Vous irez au bout de vos blessures pour les purger une fois pour toutes, peu importe le prix à payer. Vous ramènerez votre vie à l'essentiel, à ce qui vous tient vraiment à cœur. Vous cesserez de jouer un jeu de mascarade et vous pourrez vous consacrer à votre mission véritable.

Si vous suivez l'avis du « mauvais conseiller Pluton en transit », soit vous allez refuser le challenge, soit vous irez trop loin dans la démarche. Qu'est-ce que cela veut dire exactement ? La première option est assez simple à comprendre. Vous refuserez le challenge. Vous travaillerez encore plus fort qu'avant à balayer tout ce qui dérange sous le tapis. Pas question de thérapie, d'introspection, de questionnement personnel ou d'aveux. Vous serez dans le déni et vous déciderez que vous aller tenir le fort jusqu'à ce cette situation difficile passe. Croyez-moi, vous n'avez pas fini d'en baver parce que le dieu des enfers vous aura dans la mire de son œil noir et vengeur !

La seconde option est plus étouffante. Vous allez accepter le challenge, l'embrasser, le bénir et le vénérer tellement aveuglément que vous allez finir par vivre vingt-quatre heures sur vingt-quatre dans le monde glauque des regrets, des blessures et de la culpabilité. Vous allez oublier qu'éventuellement, un plongeur qui explore les bas-fonds doit remonter pour respirer. Le fait d'être continuellement en contact avec ce matériel noir va déteindre sur vos humeurs et sur votre comportement. Vous allez devenir morbide, violent et (auto) destructeur. La solution, comme toujours, résidera dans l'équilibre.

Le tableau d'interprétation

PLUTON EN TRANSIT
Le temps de la régénération

(avance d'un degré et demi par année environ)

Le bon coach

Le consultant profite d'événements souvent difficiles pour s'ausculter et trouver ce qui le ronge intérieurement. Il fait le travail nécessaire pour purger ce qu'il découvre. En faisant cela, il retrouve une joie de vivre et s'attaque maintenant à sa véritable mission de vie.

Le mauvais conseiller

Le consultant se campe dans une rigidité de refus et de fermeture. Il attend juste que la tempête passe.

Le consultant devient imbibé de l'énergie noire des événements et son humeur devient dangereuse autant pour lui que pour les autres. Il devient cynique et prédateur.

Le challenge du coach

Affronter son inconscient.

Purger ses blessures, ses hontes et ses fautes.

Retrouver l'essentiel de sa vie comme si on allait mourir bientôt.	

Retrouver l'essentiel de sa vie comme si on allait mourir bientôt.

Accepter de regarder des sujets tabous en face.

Trouver sa mission et s'y consacrer.

Faire un deuil, renaitre et se transformer.

En signe

Le consultant doit investiguer honnêtement et purger sans relâche l'énergie du signe pour permettre un renouveau.

En Maison

Le consultant doit investiguer honnêtement et purger sans relâche le domaine symbolisé par la Maison pour permettre un renouveau.

En aspect à un point natal

Le consultant doit investiguer honnêtement et purger sans relâche la phrase astrologique touchée par Pluton.

Quelques pistes supplémentaires d'interprétation

PLUTON : le temps de révéler l'inconscient	
Le besoin actuel de Pluton *(bon coach)*	- Le besoin actuel d'explorer les zones de l'inconscient. Le besoin actuel d'explorer les zones d'ombre de l'être humain et les sujets tabous de la société (sexualité, violence, pulsion, maladie, mort, le monde de l'au-delà, etc.). - Le besoin actuel d'arriver à vivre avec ses blessures et ses hontes. - Le besoin actuel de trouver une mission à sa vie et/ou le besoin d'épouser son destin. - Le besoin actuel d'être totalement vrai et honnête tant envers soi qu'avec les autres. Le besoin actuel d'aller à l'essentiel.

	- Le besoin actuel de se transformer et de renaitre après un deuil.
Si ce besoin devient trop grand *(mauvais conseiller)*	- L'individu se teinte trop fortement de son inconscient et des zones d'ombre qu'il explore. Il peut devenir asocial, dangereux ou lunatique. Il se développe une tendance aux idées noires, à la (auto) destruction et à la morbidité. - L'individu a une soif de pouvoir tellement grande qu'il lui faut dominer et exterminer l'autre pour savourer la victoire. La fin justifie les moyens. - L'individu devient dogmatique. Il refuse la discussion et n'écoute pas ce que la partie adverse dit. Il perçoit l'argumentation comme une guerre de tranchées. S'il sent qu'il va perdre l'argument, il explose et fuit la conversation en rageant. - Il se développe un cynisme, un sentiment d'absurdité de la vie et du manque de sens des choses. L'individu peut devenir un prédateur redoutable pour les autres, car il est convaincu que de toute façon « la vie, c'est la loi de la jungle ».
Si ce besoin devient trop petit *(mauvais conseiller)*	- Il y a une incapacité à regarder la vérité de la vie en face lorsqu'elle dérange. Il refoule tout ce qui est bouleversant. Il y a une fuite ou un refus face à la sexualité, il en va de même pour tous les sujets potentiellement intimidants. - L'individu est incapable de trouver sa mission de vie. - L'individu est cynique et défaitiste. Il ne voit que l'absurdité de la vie.
Le challenge actuel du coach	- Trouver une manière d'explorer son propre inconscient. - Trouver la façon d'être vrai et intense avec soi et avec les autres. - Trouver la façon de mourir à soi et d'en renaitre transformé.

III
Les quatre
points cardinaux progressés

Tout comme les planètes, les cuspides de Maison peuvent être progressées. Habituellement, on ne portera l'attention que sur quatre d'entre elles : les cuspides des Maisons 1, 4, 7 et 10. Ce sont les quatre points cardinaux de l'horoscope et ce sont aussi, vous le savez, les cuspides qui portent un nom en plus d'un chiffre. Nous parlons donc ici de l'ascendant progressé (cuspide de la Maison 1), le descendant progressé (cuspide de la Maison 7), le fond du ciel progressé (cuspide de la Maison 4) et le milieu du ciel progressé (cuspide de la Maison 10).

Prenez note que la plupart des logiciels de calculs ne vous indiqueront que la présence de l'ascendant et du milieu du ciel progressé. Il faut se souvenir que ce sont des points cardinaux et que les deux autres points sont donc obligatoirement en face. Si l'ascendant progressé est au 1er degré du Bélier, le descendant progressé sera directement en face au 1er degré de la Balance. Si le milieu du ciel progressé est au 17e degré du Verseau, le fond du ciel progressé sera directement en face au 17e degré du Lion et ainsi de suite. Par conséquent, si l'ascendant progressé reçoit un aspect d'une planète, cette planète fait toujours, au même moment, un aspect au descendant et vice versa. Si le fond du ciel progressé reçoit un aspect d'une planète, le milieu du ciel en reçoit un aussi et vice versa.

Les quatre points cardinaux représentent les quatre grands pôles sur lesquels l'âme doit s'incarner et manifester sa vie terrestre. Allons voir ensemble leur symbolique.

L'ascendant progressé - ASp

L'explication

Dans le théâtre grec, les acteurs portaient un masque qui avait deux fonctions bien précises. La première, une fonction technique, était de faire porter la voix au loin à la manière d'un porte-voix permettant ainsi à tous les spectateurs de bien entendre. La seconde fonction était de permettre l'identification facile du rôle par les spectateurs même s'ils étaient loin de la scène. Un masque en particulier pouvait représenter le méchant et un autre masque, le dieu qui venait sauver la veuve et l'orphelin. Même éloigné, le spectateur savait à qui il avait affaire en voyant l'acteur entrer sur la scène. Il est très important ici de comprendre que ce masque n'était pas là pour dissimuler ou pour faire office de mensonge. Au contraire ! Ce masque était là pour représenter simplement et facilement qui le personnage était réellement. Ce n'est donc pas un masque pour camoufler ou pour cacher, mais bien pour révéler adroitement. Ce masque était appelé **persona** (du verbe *per-sonare* : parler à travers).

Voilà ce que représente l'ascendant. Il est un masque/*persona* qui ne doit pas vous servir pour vous cacher, mais bien pour vous révéler. Pour traduire aisément et adéquatement qui vous êtes même pour des personnes qui ne sont pas vos intimes ou avec qui vous avez peu de temps à consacrer. Rappelez-vous qu'en plus de traduire le rôle, le masque servait de porte-voix. Votre ascendant est votre porte-voix, car il symbolise la meilleure énergie possible pour vous exprimer et vous faire comprendre des autres. Votre ascendant, c'est donc le style qui vous sied le mieux, le comportement quotidien qui traduit le plus fidèlement possible votre personnalité profonde tout en arrivant à la simplifier pour la vie de tous les jours. Si vous vivez sainement votre ascendant/*persona,* vous allez vous sentir bien dans votre peau, à votre place, naturel, confortable et authentique. Les gens autour vont le sentir et ils vont interagir avec vous facilement et avec enthousiasme. Vous allez vous présenter au monde extérieur pour ce que vous êtes vraiment et le monde extérieur viendra vous solliciter pour ce que vous êtes vraiment.

Lorsque l'ascendant progresse dans un nouveau signe, une nouvelle Maison ou fait un aspect à un point du thème natal, c'est le signal que votre style, votre masque/*persona* doit évoluer. Vous devez intégrer de nouvelles choses à votre rôle au quotidien. Si vous voulez continuer d'être vrai et authentique, il est temps d'ajouter ces nouvelles énergies à votre comportement, car sinon vous allez commencer à jouer un ancien rôle qui ne vous correspond plus complètement.

Comment cela peut-il se passer ? Si vous suivez le conseil du « bon coach ascendant progressé », vous allez faire un effort et ajuster votre comportement au quotidien de manière à ce qu'il reflète l'évolution de votre personnalité profonde. Vous allez investiguer de nouveaux champs d'interaction et vous allez vous en servir pour évoluer.

Si vous suivez l'avis du « mauvais conseiller ascendant progressé », soit vous allez refuser le challenge, soit vous irez vers une démarche de fausse séduction. Qu'est-ce que cela veut dire exactement ? La première option est assez simple à comprendre. Vous refuserez le challenge. Vous n'aurez pas envie de changer votre comportement et vous déciderez de continuer de jouer le même rôle qu'avant, même si vous savez bien que cela ne vous convient plus. Après tout, comme un acteur de série, vous avez eu du succès avec ce rôle, alors pourquoi ne pas faire une énième suite en 3D !

La seconde option est plus pernicieuse. L'ascendant étant une façon de se présenter publiquement pour interagir en société, vous pourrez être tenté de jouer non pas votre rôle, mais le rôle qu'il faut pour plaire. Et ainsi vous tomberez dans un exercice de séduction qui pourra très bien être un succès mais qui se fera aux dépens de votre véritable personnalité. Vous jouerez un faux rôle. Votre masque/*persona* servira maintenant à dissimuler et à donner une fausse impression. Vous aurez volé le masque d'un collègue et vous serez devenu usurpateur !

Le tableau d'interprétation

L'ASCENDANT PROGRESSÉ
La *persona* en évolution

(avance d'un degré par année environ)

Le bon coach

Le consultant est capable de faire évoluer son style et son comportement au quotidien pour traduire les changements dans son évolution profonde.

Le mauvais conseiller

Le consultant a peur de changer et il maintient son ancien rôle avec rigidité.

Le consultant comprend que son rôle peut lui valoir des applaudissements et il se met à jouer un personnage qui n'est pas le sien, mais dont il est certain qu'il va plaire.

Le challenge du coach

Faire évoluer son style, sa *persona* et son comportement.

Être simple et facile à comprendre tout en restant authentique.

Intégrer de nouvelles façons d'être qui correspondent à son évolution personnelle.

Modifier ses interactions sociales pour les faire évoluer.

En signe

Le consultant doit intégrer l'énergie du signe à sa *persona* pour qu'elle en fasse partie naturellement.

En Maison

Le consultant doit permettre à sa *persona* d'exprimer aisément et naturellement le domaine symbolisé par la Maison.

Quelques pistes supplémentaires d'interprétation

– Faire évoluer son rôle, sa manière d'être et son style pour permettre d'être compris adéquatement par les autres sans renier sa personnalité profonde et authentique.

– Faire évoluer son comportement pour permettre d'être efficace au quotidien et d'atteindre ses buts.

– Faire évoluer son comportement pour traduire simplement et efficacement l'ensemble du monde intérieur qui nous habite.

Le descendant progressé - DSp

L'explication

Le descendant est très facile à comprendre. Il représente une énergie et des qualités qui ne sont pas naturellement et aisément reconnues par le natif et qu'il doit apprendre du monde extérieur. Le descendant symbolise donc tout ce qui est à l'extérieur de nous et que nous devons aller chercher pour enrichir notre vie et ultimement apprendre à développer pour nous.

Cet « apprentissage » peut se faire avec des relations interpersonnelles. C'est pourquoi le descendant symbolise toutes les personnes qui sont dans notre vie, des amis jusqu'au partenaire de travail, et plus particulièrement le conjoint, qui nous sont utiles et enrichissantes.

Le descendant peut aussi symboliser le monde extérieur en tant que décors et accessoires : il devient alors les endroits et les activités qui nous sont les plus favorables dans l'apprentissage de ce qui nous parait, de prime abord, étranger.

Lorsque le descendant progresse dans un nouveau signe, une nouvelle Maison ou fait un aspect à un point du thème natal, c'est le signal que votre milieu extérieur doit évoluer. Vous avez de nouvelles choses à apprendre soit par la rencontre de nouvelles personnes, soit par l'actualisation de nouvelles expériences de vie. Le descendant qui progresse peut aussi indiquer que vous avez de nouvelles choses à apprendre des gens qui sont déjà autour de vous. Puisqu'un des symboles les plus importants du descendant est celui du conjoint, le descendant progressé indique une période ou la relation de couple devient importante et doit évoluer. Soit un changement dans le couple doit se faire, soit une séparation doit être vécue, soit une personne célibataire doit mettre l'emphase sur la rencontre.

Comment cela peut-il se passer ? Si vous suivez le conseil du « bon coach descendant progressé », vous allez faire un effort pour renouveler vos relations et vos expériences de vie. Vous allez scruter le monde qui vous entoure à la recherche de gens et de situations vous permettant d'évoluer et d'apprendre davantage de choses, particulièrement sur ce que vous considérez comme difficile ou étranger à vous-même. Par exemple le dessin vous fascine, mais vous êtes convaincu que vous ne savez pas dessiner. Ce sera peut-être le moment pour prendre un cours de dessin et rencontrer des gens qui dessinent.

Si vous suivez l'avis du « mauvais conseiller descendant progressé », soit vous allez refuser le challenge, soit vous irez vers un descendant négatif. Qu'est-ce que cela veut dire exactement ? La première option est assez simple à comprendre. Vous refuserez le challenge. Vous n'aurez pas envie d'apprendre quelque chose de nouveau. Vous êtes trop timide pour rencontrer et trop buté pour évoluer. Vous maintiendrez votre cercle relationnel tel qu'il est et vous ne chercherez pas à découvrir quoi que ce soit de nouveau dans le monde. Dans le meilleur des cas, vous accepterez la rencontre, mais n'en apprendrez rien au final. Dans l'exemple du dessin, vous pourriez disons rencontrer des gens qui dessinent, mais ne pas chercher à apprendre et juste les envier d'être capables de faire ce qu'ils font. Vous oublierez que le descendant représente des « professeurs de vie ».

La seconde option est plus dangereuse. Le descendant, comme n'importe quel point en astrologie, peut être vécu négativement. Le monde qui nous entoure possède autant la capacité d'être bon que méchant. En cherchant un descendant en particulier, vous pouvez tomber sur un amant qui l'exprimera sainement et constructivement, mais vous pouvez tomber sur un autre qui l'exprimera de manière négative et destructrice. Il n'y a pas toujours une grande différence entre quelqu'un d'affirmatif et quelqu'un de contrôlant. Entre quelqu'un d'affectueux et quelqu'un de dépendant. Entre quelqu'un d'imaginatif et un menteur. Bref, vous devrez toujours faire bien attention que l'énergie que vous recherchez dans le monde extérieur soit exprimée positivement par les gens et les expériences auxquels vous vous joindrez.

Le tableau d'interprétation

LE DESCENDANT PROGRESSÉ
Le monde extérieur en évolution

(avance d'un degré par année environ)

Le bon coach

Le consultant est capable de renouveler ses relations (autant actuelles que nouvelles) de manière à apprendre de nouvelles choses. Il est ouvert à de nouvelles expériences de vie qui seront formatrices.

Le mauvais conseiller

Le consultant ferme la porte à toutes nouvelles personnes ou à toutes nouvelles expériences de vie parce qu'il a peur.

Le consultant admire et envie des gens qui font ce qu'il aimerait être capable de faire, mais ne croit pas pouvoir y arriver. Il n'apprend rien.

Le consultant rencontre le descendant sous sa forme négative et malsaine au travers des gens et des expériences de vie.

Le challenge du coach

Rencontrer de nouvelles personnes qui ont quelque chose à nous apprendre.

Faire de nouvelles expériences de vie ayant un potentiel formateur.

Renouveler les relations actuelles pour leur permettre d'évoluer dans le temps.

Mieux se connaitre au travers des autres.

En signe

Le consultant doit rencontrer l'énergie du signe au travers des gens qui meublent sa vie, de nouvelles rencontres ou de nouvelles expériences. C'est une énergie qu'il doit apprendre d'un autre.

En Maison
Les relations et les expériences de vie du consultant doivent refléter le domaine symbolisé par la Maison.

En aspect à un point natal
Le consultant rencontre la phrase astrologique touchée par le descendant soit par une rencontre, soit par une expérience de vie pour pouvoir mieux l'exprimer de lui-même par la suite.

Quelques pistes supplémentaires d'interprétation

– Faire évoluer ses relations aux autres tant sur un plan intime que sur un plan social.

– Découvrir dans l'autre des facettes inexploitées de sa propre personnalité.

– Mettre en marche sa capacité d'apprendre des autres et de pouvoir acquérir et développer de nouveaux traits.

– Trouver dans le monde extérieur des gens qui peuvent enseigner ce qui ne semble pas, au premier abord, faire partie des capacités naturelles et génétiques.

– Trouver la bonne façon d'établir de saines relations intimes et sociales qui resteront en constante évolution.

– Trouver une manière de rendre à la société ce qu'elle nous apprend.

Le fond du ciel progressé - FCp

L'explication

Le fond du ciel est un point beaucoup plus abstrait et subjectif. À cause de cela, il est parfois un peu plus difficile à cerner. Commençons par dire qu'il symbolise la psyché consciente, c'est-à-dire les pensées, les images mentales, les souvenirs, les émotions et les ressentis. Avez-vous déjà essayé de passer une journée à porter attention à votre monde intérieur tout au long de vos activités ? C'est un exercice fascinant. Si vous le faites, vous vous apercevrez que tout au long de vos conversations, apparaissent plein d'images, de souvenirs et d'émotions qui n'ont strictement rien à voir avec la conversation en cours, du moins pas sur un plan rationnel. Votre collègue vous parle de son week-end à la plage et dans votre tête joue la chanson que chantait votre grande sœur lors des vacances en famille du temps de votre enfance. Étonnant non ? Et encore plus étonnant, si vous pouvez être pleinement conscient du phénomène, vous remarquerez que ce souvenir qui émerge sous la forme d'un son intérieur influence votre réaction à la conversation de la collègue. Si ce souvenir est heureux pour vous, vous allez écouter attentivement votre collègue avec un grand sourire et vous aurez envie qu'elle vous montre des photos de son week-end. Si au contraire, c'est un souvenir malheureux pour vous, vous vous crisperez en essayant de changer le sujet et vous prierez intérieurement pour qu'elle ne sorte pas les satanées photos du week-end !

Bien que tout cela soit terriblement abstrait, si vous arrivez à ressentir ce que je viens de raconter, vous avez compris le fond du ciel. Celui-ci représente un ensemble d'images qui vous habitent.

Certaines images viennent de vos souvenirs et ils sont reliés à l'enfance, aux parents, à la famille et au passé en général. Certaines images viennent de la culture que vous avez consommée jusqu'à aujourd'hui (le décor féérique d'un roman de jeunesse, le héros d'un film vu la semaine dernière, le méchant d'un dessin animé de Disney ou d'une série-télé marquante, etc.) Certaines images viennent tout droit de votre imagination, de vos rêves, de votre sensibilité et de votre intuition et semblent se créer tout naturellement sous la forme de pensées diverses.

Jung appelait tout ce matériel intérieur la mythologie personnelle. Et nous avons vu en début de texte que bien que ce matériel soit totalement abstrait et subjectif, il a une influence démesurée sur votre vie, car il influence vingt-quatre heures sur vingt-quatre, sept jours par semaine votre relation au monde extérieur et à la réalité. C'est pourquoi les gens les plus heureux et stables sont conscients de ce phénomène. Ils ne le laissent pas prendre le dessus. Ils connaissent bien leur « mythologie personnelle » et ils l'utilisent créativement et sainement plutôt que d'en être le pantin inconscient. Les gens lunatiques sont très inconscients de l'existence de cette mythologie et ils sont manipulés continuellement par ce monde intérieur. C'est ce qui explique les sautes d'humeur, le vague à l'âme et les réactions instinctives déplorables.

Lorsque le fond du ciel progresse dans un nouveau signe, une nouvelle Maison ou fait un aspect à un point du thème natal, c'est le signal que vous devez faire une introspection, un travail sur vous. C'est un bon moment pour aller naviguer dans votre psyché consciente pour voir ce qui l'alimente. Il y a des changements qui se font là-bas et si vous voulez les utiliser plutôt que d'être utilisé, il vous faut en devenir conscient. Vous devez méditer sur votre passé, votre enfance, votre famille, vos héros favoris, vos méchants les plus ignobles, vos humeurs et de manière assez générale sur l'ensemble des pensées qui meublent votre quotidien. Ce n'est qu'en faisant cela, que vous comprendrez les métamorphoses et l'évolution qui se font actuellement dans votre psyché. L'idéal étant évidemment d'intégrer sainement ces nouvelles énergies.

Comment cela peut-il se passer ? Si vous suivez le conseil du « bon coach fond du ciel progressé », vous allez faire de la place dans votre horaire pour des moments de solitude. Vous allez essayer de porter une attention beaucoup plus grande à ce qui se passe au fond de vous. Vous allez utiliser des techniques d'introspection allant de la simple attention à ses pensées jusqu'à la thérapie en passant par la méditation ou l'analyse des rêves. Peu importe la méthode choisie, l'important sera de prendre le temps pour le faire. Si vous êtes un artiste dans l'âme, vous en profiterez pour sortir ces images et les mettre sur du papier (le papier, ici, n'étant qu'un mot parmi tant d'autres pour symboliser le médium de votre choix selon votre expression artistique). Vous explorerez l'ensemble de votre mythologie personnelle.

Si vous suivez l'avis du « mauvais conseiller fond du ciel progressé », soit vous allez refuser le challenge, soit vous vous perdrez dans le processus. Qu'est-ce que cela veut dire exactement ? La première option est assez simple à comprendre. Vous refuserez le challenge. Vous allez nier l'existence de ce monde intérieur et de ses effets. Ainsi vous vous dispenserez de l'effort de l'introspection. C'est ce qui s'appelle jouer à l'autruche (le sport favori des politiciens, il consiste à ne pas voir un problème pour éviter d'avoir à le régler).

La seconde option est plus glissante. Le fond du ciel regorge d'images et de ressentis. Si vous vous laissez happer par le courant sans savoir nager, vous pourriez vous y noyer. C'est ce qui arrive quand on laisse les souvenirs et les émotions nous submerger sans jamais être capable de remonter à la surface pour respirer. Il faudra comprendre qu'une introspection sur la mythologie personnelle ne pourra se faire sans arrêt. Chaque moment de plongée à l'intérieur de soi devra être compensé par une activité plus superficielle et plaisante dans la vie extérieure. Aussi, le fait d'être toujours en introspection pourra vous amener dans un état de léthargie. Pour cette raison, il faudra compenser l'introspection par des activités physiques régulières.

Le tableau d'interprétation

LE FOND DU CIEL PROGRESSÉ
La mythologie personnelle en évolution
(avance d'un degré par année environ)
Le bon coach
Le consultant admet que sa vie intérieure a une influence sur sa réalité et il accepte de prendre le temps de l'investiguer pour découvrir tout ce qu'elle contient et comment elle évolue actuellement.
Le mauvais conseiller
Le consultant ferme la porte à la mythologie personnelle.

Le consultant devient prisonnier du monde intérieur. Il devient lunatique, léthargique et malheureux sans trop savoir pourquoi.

Le challenge du coach

Prendre le temps pour investiguer son passé, son enfance, sa famille, ses souvenirs du père et de la mère, ses héros favoris, ses méchants marquants et ses pensées.

Admettre l'influence de la mythologie personnelle sur sa réalité quotidienne et la faire évoluer.

Utiliser son monde intérieur plutôt que d'être utilisé par lui en lui permettant d'évoluer.

Utiliser ses découvertes dans une activité artistique.

En signe

Le consultant doit intégrer l'énergie saine du signe à sa mythologie personnelle. Il doit investiguer cette énergie.

En Maison

Le consultant doit amener sa mythologie personnelle à s'exprimer dans le domaine symbolisé par la Maison.

En aspect à un point natal

Le consultant doit méditer sur la phrase astrologique touchée par le fond du ciel pour voir comment elle existe dans sa mythologie personnelle. Il doit l'intégrer sainement à son monde intérieur.

Quelques pistes supplémentaires d'interprétation

– Ausculter les territoires de l'intuition, du rêve et de l'imagination.

– Trouver le temps nécessaire à l'exploration de la psyché et de la mythologie personnelle.

– Trouver le temps et les activités nécessaires pour voyager dans son monde intérieur, pour utiliser son intuition et pour solliciter son imagination.

Le milieu du ciel progressé - MCp

L'explication

Si vous avez déjà lu un livre d'astrologie, vous savez certainement que le milieu du ciel symbolise la carrière. C'est un fait, mais j'aimerais que nous le regardions sous un angle un peu plus large. En réalité, le milieu du ciel symbolise le rôle social idéal d'une personne. Il y eut une époque où le métier était un rôle social. Dans un village où il n'y avait qu'un seul boulanger et un seul charpentier, on peut dire que sans ces deux personnes on n'aurait pu ni se nourrir, ni se loger. Le boulanger avait un rôle social de boulanger et le charpentier un rôle social de... charpentier ! Dans notre monde moderne, certains individus cumulent toujours leurs rôles sociaux avec leurs métiers. Habituellement, ces gens sont payés pour être ce qu'ils sont et pour faire ce qu'ils aiment. Un humoriste par exemple est sur terre pour faire rire et il se trouve payé pour accomplir son rôle ou sa mission si on veut. Mais quand est-il du secrétaire, de la représentante ou du livreur qui travaillent uniquement pour payer leur loyer et non pas pour accomplir une passion ? N'ont-ils pas de rôle social ? Quand on regarde d'un peu plus près, on peut voir que le secrétaire est un écologiste et qu'il donne de son temps pour rendre son village plus vert. Le livreur est un gauchiste convaincu et il distribue des tracts pour convaincre ses concitoyens. La représentante est une mère de famille dans l'âme et elle tient un blog pour aider d'autres mères de famille à élever leurs enfants. Ce sont tous des rôles sociaux. C'est pourquoi il faut voir le milieu du ciel non seulement comme la carrière, mais aussi (et surtout) comme la mission sociale, le rôle dans la communauté ou la cause pour laquelle on se dévoue. Dans un monde idéal, le natif serait payé pour le faire, mais ce n'est pas toujours possible.

Par extension, le milieu du ciel symbolise la réputation et tout ce que les gens qui ne nous connaissent pas peuvent savoir de nous. Si vous distribuez des tracts du parti communiste ou que vous publiez un blog sur la maternité ou que vous plantez des arbres sur le jardin public, même si les gens ne vous connaissent pas intimement, ils ont une opinion de vous. C'est ce que veut dire la réputation.

Lorsque le milieu du ciel progresse dans un nouveau signe, une nouvelle Maison ou fait un aspect à un point du thème natal, c'est le signal que votre mission sociale doit évoluer. Votre carrière doit être auscultée en priorité. Vous avez de nouvelles choses à apprendre et à faire dans la communauté et au travail. Votre réputation n'est plus tout à fait à jour et il est temps de poser des gestes pour que celle-ci soit mieux connue. C'est le moment ou jamais pour aller de l'avant dans votre carrière et tenter de transformer vos passions en gagne-pain.

Comment cela peut-il se passer ? Si vous suivez le conseil du « bon coach milieu du ciel progressé », vous allez faire la mise à jour de votre carrière et/ou de votre rôle social. Vous allez laisser derrière vous ce qui ne vous correspond pas ou plus et vous allez aller de l'avant vers ce qui vous passionne. Vous allez faire de la carrière et de la mission sociale une priorité et vous allez poser des gestes publics permettant aux autres de prendre note de votre nouvelle orientation.

Si vous suivez l'avis du « mauvais conseiller milieu du ciel progressé », soit vous allez refuser le challenge, soit vous irez vers un faux milieu du ciel. Qu'est-ce que cela veut dire exactement ? La première option est assez simple à comprendre. Vous refuserez le challenge. Vous garderez votre carrière et votre mission sociale actuelles parce que vous craindrez d'apporter des changements. Vous continuerez de jouer un rôle social ou professionnel qui ne vous conviendra plus et ne vous représentera plus.

La seconde option est plus pernicieuse. Le milieu du ciel représentant la carrière et la réputation sociale, vous en ferez la seule et unique priorité de toute votre vie. Il n'y aura que la réussite professionnelle et ce que les gens verront de vous qui comptera. Vous accumulerez les succès dans la carrière au prix du mensonge, de la perfidie et de la manipulation. Comme le veut le dicton, vous serez prêt à marcher sur des cadavres pour arriver à vos fins !

Le tableau d'interprétation

LE MILIEU DU CIEL PROGRESSÉ
Le rôle social en évolution

(avance d'un degré par année environ)

Le bon coach

Le consultant est capable de mettre à jour son rôle social et sa carrière pour que ceux-ci reflètent ses véritables passions et ambitions.

Le mauvais conseiller

Le consultant ne change rien et continue de jouer un rôle social ou professionnel périmé.

Le consultant devient prisonnier du succès et de la popularité. Il est prêt à tout pour réussir. Réussir devient plus important que faire ce que l'on aime.

Le challenge du coach

Mettre à jour la carrière.

Transformer sa passion en gagne-pain.

Faire évoluer son rôle social ou sa mission sociale.

Se faire voir et entendre.

En signe

Le consultant doit intégrer l'énergie du signe à sa carrière et à sa mission sociale.

En Maison

Le consultant doit faire du domaine symbolisé par la Maison l'élément moteur principal de la carrière et du rôle social.

Quelques pistes supplémentaires d'interprétation

– Faire évoluer l'identité sociale et publique. Trouver la manière de développer une identité publique qui permet d'obtenir du succès tout en étant en adéquation profonde avec sa nature véritable.

– Trouver la carrière et l'emploi idéal pour laisser une marque dans la communauté.

– Épouser les fonctions que l'on devrait assumer en société. Trouver sa place et son rôle dans la société.

– Déterminer le point culminant de son existence en termes de réussite personnelle et objective.

– Trouver la bonne carrière pour avoir un impact dans la communauté et obtenir un succès professionnel.

IV
La définition des signes

Un signe zodiacal est l'équivalent d'une énergie que l'on peut chevaucher et qui, à l'image d'un cheval, nous mènera soit à bon port, soit nous tournera en bourrique ! Grosso modo, nous pouvons dire que l'énergie du signe se décline en trois grandes possibilités : le chevauchement conscient et positif de l'énergie (nous arriverons à bon port), le chevauchement inconscient et négatif de l'énergie (voilà la bourrique !) et le refus de chevaucher l'énergie.

En résumé, nous pourrions décrire un signe comme étant une énergie à notre disposition. Si nous écoutons les paroles du bon coach, nous apprendrons à l'exploiter adéquatement et sainement. Si nous écoutons le mauvais conseiller, nous surexploiterons cette énergie et cela aura des conséquences fâcheuses. Et il reste toujours la possibilité de sous-exploiter l'énergie par peur ou par paresse.

Voyez dans le tableau suivant une illustration de cette métaphore de l'énergie avec les trois possibilités d'exploitation : bonne, mauvaise et sous-exploitation.

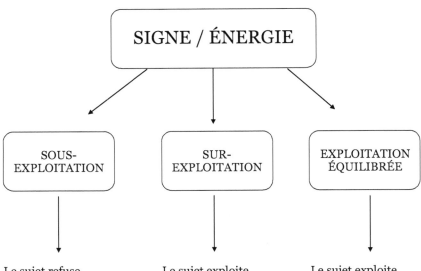

SIGNE / ÉNERGIE

SOUS-EXPLOITATION

SUR-EXPLOITATION

EXPLOITATION ÉQUILIBRÉE

Le sujet refuse d'exploiter le symbole à cause de la peur, d'un blocage ou de la paresse.

Le consultant fait du surplace au lieu de croitre.

Le consultant est malheureux.

Le sujet exploite exclusivement et en trop grande quantité le symbole.

Il régresse.

Le consultant est malheureux.

Le sujet exploite sainement et de manière équilibrée le symbole.

Il évolue.

Le consultant est en paix et heureux.

Le Bélier - ♈

L'explication

Le Bélier symbolise une énergie très dynamique dont le but est de démarrer, de faire bouger les choses, d'activer et de les mettre en marche vers un but. Au travers du Bélier, quelqu'un ou quelque chose peut affirmer son existence et lutter pour sa survie et sa victoire. Le Bélier, c'est l'énergie du bébé naissant qui hurle pour faire entendre sa présence et qui exige que l'on s'occupe de lui, qu'on le nourrisse et qu'on le berce. Au travers du Bélier, on trouve la force pour faire savoir que l'on existe et pour réclamer son dû. L'énergie du Bélier demande d'être courageux, frondeur et parfois même un peu téméraire. Assez courageux et téméraire pour se lancer dans une aventure dont on ne sait pas d'avance si elle sera un succès ou non. Assez courageux et frondeur pour faire savoir au monde que l'on existe et que l'on exige d'être traité avec le respect qui nous est dû. Assez frondeur et téméraire pour affirmer son droit d'exister, son droit de posséder et son droit de gagner même si cela veut parfois dire qu'un autre est perdant. Et si ces qualités du courage, de la fronde et de la témérité ne viennent pas automatiquement, il faut avoir la force de caractère de les développer peu à peu. Cela tombe bien car la force de caractère fait certainement partie de l'énergie du Bélier !

Dès qu'un symbole astrologique (planète ou point) entre dans le Bélier, il doit s'imprégner de cette énergie. Il doit prendre du temps pour se consacrer à cette énergie et la développer pour lui-même. Il doit « agir » en concordance avec cette énergie.

Comment cela peut-il se passer ? Si vous suivez le conseil du « bon coach Bélier », vous allez énergiser le point qui le traverse pour qu'il puisse s'affirmer et s'activer pleinement. Vous allez permettre à ce point de défendre son point de vue et vous allez le soutenir pour qu'il puisse démarrer ou activer son but.

Si vous suivez l'avis du « mauvais conseiller Bélier », soit vous allez refuser le challenge, soit vous irez trop loin dans la démarche. Qu'est-ce que cela veut dire exactement ? La première option est assez simple à comprendre. Vous refuserez le challenge. Vous aurez trop peur et vous préférerez ne rien démarrer, ne rien affirmer et ne rien défendre. Vous continuerez d'être un tapis sur lequel la vie s'essuie les pieds.

La seconde option est plus violente. Vous allez accepter le challenge, l'embrasser, le bénir et le vénérer tellement aveuglément que vous allez entrer en Bélier comme on entre en guerre. Vous allez donner trop de pouvoir, trop de force d'affirmation et trop de gout de la victoire absolue au point qui traverse le Bélier. Celui-ci va se retrouver comme un mercenaire capable de terroriser qui que ce soit se trouvant sur son chemin. Au final, vous risquez de perdre au change parce que ce point se fera trop d'ennemis. Quand le prix à payer pour la victoire est trop élevé, la guerre n'en vaut pas la peine.

Le tableau d'interprétation

LE BÉLIER
L'énergie du battant
Le bon coach
Le consultant comprend qu'une certaine facette de sa vie doit s'affirmer davantage. Il lui donne un support et prend le temps nécessaire pour lui permettre d'aller au bout d'elle-même et de démarrer quelque chose d'important.
Le mauvais conseiller
Le consultant écoute sa peur et il garde le lion en cage plutôt que de le laisser rugir.
Le consultant perd toute notion d'équilibre et dompte le lion à sauter directement à la gorge de ses adversaires pour les dévorer, alors qu'un simple rugissement aurait suffi.
Le challenge du coach
Démarrer quelque chose.
S'affirmer davantage, ne pas avoir peur de dire que l'on existe même si cela dérange.

Défendre sa propriété et son territoire.

Développer son courage peu à peu en prenant des risques calculés.

Quelques pistes supplémentaires d'interprétation

BÉLIER : *l'énergie du défi*	
L'objectif du point qui traverse le signe	- Le développement du courage, de la capacité d'affirmation personnelle et de la territorialité. - Le fait de devenir l'artisan de sa propre vie.
L'énergie à développer pour y arriver *(bon coach)*	- Il faut affronter ses peurs et ses blocages. - Il faut oser s'affirmer verbalement et faire en sorte que ses gestes appuient ensuite ses paroles. - Il faut démarrer, entreprendre ou faire bouger les choses. - Il faut foncer, accomplir, réussir et réclamer son dû. - Il faut définitivement entrer dans le monde de l'action et « faire ».
Si cette énergie est surexploitée *(mauvais conseiller)*	- L'individu se comporte en matamore et en fier-à-bras. Il devient hyperactif, turbulent, agressif et parfois violent. - Des guerres ou des disputes inutiles sont déclenchées continuellement. - Des victoires sont obtenues au détriment de tout le reste. Le prix à payer est lourd pour obtenir la victoire.
Si cette énergie est sous-exploitée *(mauvais conseiller)*	- L'individu devient timide et incapable d'affirmer son existence. Tout le monde lui fait faire ce qu'il veut. Il devient une victime et un souffre-douleur. - L'individu est incapable d'obtenir une victoire.

Le challenge du coach lancé au point traversant le signe	- Trouver des défis qui nous font peur et les relever progressivement en ordre de difficulté. - Trouver une manière de s'affirmer, d'exprimer sa colère et son indignation sans nécessairement déclencher une bagarre. - Trouver l'énergie et le courage nécessaires pour mener sa vie comme si on en était le chevalier.

Le Taureau - ♉

L'explication

Le Taureau symbolise une énergie beaucoup plus calme et lente à l'image de la terre dans laquelle on plante une graine que l'on cultive patiemment pour en récolter les fruits. Tout point de passage dans ce signe doit réfléchir à comment se solidifier, se développer et se cultiver patiemment. C'est pourquoi le Taureau peut conseiller de développer un talent de manière à en récolter des fruits. Et les fruits peuvent être évidemment une récolte en argent, mais aussi en plaisir.

Qu'est-ce qui se passe quand on jardine ? Premièrement, nous sommes en contact avec la nature, la matière et le grand air. L'énergie du Taureau a souvent à voir avec le monde naturel et concret des formes. C'est une énergie de la réalité et du pragmatisme.

Lorsque l'on jardine, un effet secondaire est souvent celui de la relaxation par le toucher et la vue de la nature, du plaisir olfactif par les fleurs, de la détente par le son des oiseaux et éventuellement de la jouissance du gout par les légumes que l'on cuisinera. Tout point de passage dans ce signe doit réfléchir à la possibilité de se relaxer, de se détendre et d'utiliser ses cinq sens pour y arriver. La détente et le plaisir viennent également des relations amicales et amoureuses. Un passage dans l'énergie du Taureau amène fréquemment une possibilité de séduire, d'être séduit et de jouir d'une relation agréable.

Un dernier effet du jardinage, c'est le ralentissement du temps. On ne peut pas tirer sur une carotte pour qu'elle pousse. L'énergie du Taureau réside dans la patience et le fait que les choses changent très lentement. C'est aussi pourquoi l'énergie du Taureau est plus à l'aise dans la sécurité, dans la constance, dans la continuité et dans la stabilité. Un point de passage en Taureau doit respecter ce rythme s'il veut arriver à maturité.

Dès qu'un symbole astrologique (planète ou point) entre dans le Taureau, il doit s'imprégner de cette énergie. Il doit prendre du temps pour se consacrer à cette énergie et la développer pour lui-même. Il doit « agir » en concordance avec cette énergie.

Comment cela peut-il se passer ? Si vous suivez le conseil du « bon coach Taureau », vous allez planter en terre le point qui le traverse et le cultiver patiemment pour qu'il devienne un jour payant dans tous les sens du terme. Vous allez permettre à ce point de se détendre et de jouir de ses cinq sens. Finalement, vous allez permettre à ce point de séduire et d'être séduit pour qu'il entre en relation avec d'autres personnes.

Si vous suivez l'avis du « mauvais conseiller Taureau », soit vous allez refuser le challenge, soit vous l'appliquez négativement. Qu'est-ce que cela veut dire exactement ? La première option est assez simple à comprendre. Vous refuserez le challenge. Vous ne voudrez pas respecter le temps nécessaire et vous tirerez sur la carotte pour qu'elle pousse. À cause de cela ou peut-être parce que vous ne vous croirez pas assez talentueux, vous manquerez la chance de développer vos talents. Finalement, vous résisterez au besoin d'intimité, de plaisir et de détente.

La seconde option est plus dans la surenchère. Les fruits à récolter deviendront tellement importants que vous en serez obnubilé et deviendrez matérialiste. Vous confondrez votre valeur personnelle avec la valeur de vos possessions. Il vous faudra tellement séduire et jouir de la vie que vous deviendrez hypocrite et superficiel. N'importe quelle relation intime fera l'affaire ! Finalement, le respect du temps, de la lenteur et de la sécurité deviendra tellement important que plus rien ne bougera dans votre vie. Vous cesserez totalement d'évoluer parce que vous voudrez que plus rien ne change. Vous confondrez continuité et immobilisme.

Le tableau d'interprétation

LE TAUREAU L'énergie du jardinier
Le bon coach Le consultant consacre du temps au plaisir, à la détente, à l'intimité relationnelle et à la préparation du futur. Il fait fructifier ses talents.

Le mauvais conseiller

Le consultant ne fait pas fructifier ses talents.

Trop stressé, le consultant refuse le plaisir et la détente.

Le consultant devient matérialiste et hypocrite. La seule chose qui compte c'est de séduire et de gagner de l'argent.

Le consultant cesse d'évoluer. Il est trop occupé à maintenir le statu quo dans ses relations et ses possessions.

Le challenge du coach

Prendre le temps pour se relaxer, avoir du plaisir, solliciter ses cinq sens et sortir dans la nature.

Faire fructifier ses talents.

Rencontrer, socialiser, sortir avec des amis.

Prendre de temps du cultiver patiemment sa vie.

Quelques pistes supplémentaires d'interprétation

	TAUREAU : l'énergie de l'apaisement et du plaisir des cinq sens
L'objectif du point qui traverse le signe	- La construction solide d'une base sécuritaire et rassurante. - Le développement du potentiel et la fructification des talents. - L'apaisement par la nature, la matière et le concret. - Le développement de relations intimes.

L'énergie à développer pour y arriver *(bon coach)*	- Il faut trouver le moyen d'exploiter ses cinq sens au maximum. - Il faut arriver à s'enraciner et à se calmer. Il faut essayer d'être près de la nature et/ou de la matière. - Il faut développer la patience. Il faut créer une ambiance de stabilité et de simplicité. - Il faut faire de la place dans notre cercle intime pour les gens qui nous plaisent.
Si cette énergie est surexploitée *(mauvais conseiller)*	- L'individu devient obsédé par la sécurité, le pragmatisme et le matériel. L'individu ne vit plus aucune évolution ou progression personnelle, car elles sont sacrifiées sur l'autel de la stabilité. - L'individu devient dépendant du plaisir offert par les cinq sens. Il alterne entre la paresse et la luxure. - L'individu cherche à être séduit pour le simple plaisir de plaire. Il ne cherche pas l'authenticité dans la personne à qui il « fait les yeux doux ». L'individu ne cherche qu'à plaire. Il n'est pas authentique dans ses tentatives de séduction.
Si cette énergie est sous-exploitée *(mauvais conseiller)*	- L'individu n'est pas capable de mettre un minimum de sécurité, de concret et de pragmatisme dans sa vie. - L'individu n'arrive pas à se calmer, à se relaxer et à se « *grounder* ». - L'individu ne développe pas de relations intimes pouvant apporter du plaisir et de la détente.
Le challenge du coach lancé au point traversant le signe	- Trouver une manière de se relaxer et de s'apaiser au travers de l'un des cinq sens. - Trouver une manière de se connecter avec la nature et la matière. - Trouver une manière de faire fructifier ses talents innés. - Trouver des manières saines d'être en relation intime avec des personnes qui ont valeur sentimentale élevée.

Les Gémeaux - ♊

L'explication

Le mot qui symbolise le mieux l'énergie des Gémeaux est : curiosité. En effet, lorsque l'on est mu par la curiosité, on jette un coup d'œil à peu près à tout ce qui se dit, se lit, s'écoute ou se voit ! Et parce que l'on se retrouve devant plein d'informations, on a tendance à vouloir les partager avec ceux qui nous entourent. Ainsi, l'énergie des Gémeaux peut être comparée à une abeille qui butine sur une fleur pour en extraire du pollen et qui part pour butiner une autre fleur (et la féconde) et ainsi de suite. La seule différence avec l'abeille, c'est que les Gémeaux s'abreuvent à de la matière cérébrale plutôt que physique. Leur domaine de prédilection, c'est l'information, la communication, les idées, le travail intellectuel et tout ce qui voyage principalement par le cerveau. L'énergie des Gémeaux permet d'écouter, d'apprendre et de communiquer ce que l'on a appris. Et surtout, elle permet de rapidement aller vers une autre chose à écouter, apprendre et communiquer dans un cycle sans fin de curiosité renouvelée. Habituellement la période d'écoute se fait au travers de conversations orales ou de lectures diverses. L'apprentissage peut se faire de manière autodidacte, mais elle favorise principalement les cours, les séminaires et les ateliers. Finalement la communication peut se faire à l'oral au travers de conversations impromptues ou de conversations officielles et organisées tels des cours ou des ateliers. La communication peut aussi se faire sous forme écrite par le biais d'un blog, d'un journal ou d'un livre. La liste des possibilités est grande, mais nous pourrions résumer le tout en disant que l'énergie des Gémeaux cherche à apprendre quelque chose pour pouvoir ensuite raconter une histoire avec cette matière. La manière d'apprendre, puis de raconter reste à la discrétion de celui qui le vit. C'est ce qu'on appelle trouver sa voix personnelle et la faire entendre.

Dès qu'un symbole astrologique (planète ou point) entre dans les Gémeaux, il doit s'imprégner de cette énergie. Il doit prendre du temps pour se consacrer à cette énergie et la développer pour lui-même. Il doit « agir » en concordance avec cette énergie.

Comment cela peut-il se passer ? Si vous suivez le conseil du « bon coach Gémeaux », vous allez permettre au point qui le traverse de devenir curieux. Vous allez l'obliger à sortir des sentiers battus pour apprendre de nouvelles choses, rencontrer de nouvelles personnes et découvrir de nouveaux lieux. Vous allez le dompter afin qu'il débute cette période principalement par un travail d'écoute et d'apprentissage et par la suite, vous allez le laisser totalement libre de communiquer à propos de ce qu'il aura appris. C'est un point qui devra écouter le monde extérieur pour éventuellement raconter une histoire à propos de ce monde.

Si vous suivez l'avis du « mauvais conseiller Gémeaux », soit vous allez refuser le challenge, soit vous irez trop loin dans la démarche. Qu'est-ce que cela veut dire exactement ? La première option est assez simple à comprendre. Vous refuserez le challenge. Vous n'encouragerez pas la curiosité. Vous n'aurez pas envie d'apprendre quelque chose de nouveau, alors vous vous cantonnerez dans ce que vous connaissez déjà en vous disant que de toute façon il n'y a rien d'intéressant à apprendre. Vous resterez prisonnier de vos schémas neuronaux !

La seconde option est plus superficielle. Vous allez accepter le challenge, l'embrasser, le bénir et le vénérer tellement que vous butinerez trop rapidement d'une fleur intellectuelle à une autre sans prendre le temps d'œuvrer la pollinisation. Toutes ces nouvelles informations seront vite entendues et vite oubliées par manque d'approfondissement. Dans cette situation, l'énergie Gémeaux ne permettra plus de communiquer adéquatement (phase finale), car il n'y aura pas eu de véritable apprentissage. Il sera également possible de trop « vivre dans sa tête » avec le mauvais conseiller Gémeaux et de se déconnecter de ses émotions et de ses intuitions.

Le tableau d'interprétation

LES GÉMEAUX
L'énergie de la communication
Le bon coach
Le consultant développe sa curiosité prioritairement au travers de sa faculté d'écoute et deuxièmement par sa capacité de communiquer.

Le mauvais conseiller

Le consultant ferme la porte à tout ce qui est nouveau.

Le consultant veut aller trop vite et surfe sur la superficialité tant au niveau de l'écoute que de la communication.

Le challenge du coach

Découvrir, apprendre, lire, s'informer et écouter.

Communiquer, parler, écrire, raconter et illustrer.

Renouveler ses connaissances et ses schémas de pensée.

Trouver sa voix et la faire entendre.

Quelques pistes supplémentaires d'interprétation

GÉMEAUX : l'énergie de la curiosité et de la communication	
L'objectif du point qui traverse le signe	- Le développement des facultés de communication de l'étape de la réception jusqu'à l'émission. - Le développement de la multiplicité des expériences, des rencontres et des découvertes.
L'énergie à développer pour y arriver *(bon coach)*	- Il faut encourager, soutenir et alimenter la faculté de la curiosité. - Il faut faire l'expérience du plus grand nombre de situations et de conversations possible en développant la diversification des apprentissages, des écoutes et des rencontres. - Il faut développer l'écoute à son maximum pour pouvoir apprendre des autres. - Il faut s'exprimer.

Si cette énergie est surexploitée *(mauvais conseiller)*	- L'individu devient superficiel, car il ne se donne jamais le temps de comprendre véritablement ce qu'il écoute. Il saute du coq à l'âne et n'approfondit jamais ses découvertes, même les plus importantes. - La confusion et le stress mental se développent à cause du foisonnement incessant des idées et des projets. Il vit dans sa tête et perd contact avec une certaine réalité plus pragmatique. - L'individu perd le contrôle de sa vie. Il ressemble à un cowboy sur un taureau mécanique qui virevolte de tous les côtés.
Si cette énergie est sous-exploitée *(mauvais conseiller)*	- L'individu s'emprisonne dans un seul point de vue, dans une seule routine ou dans un seul cercle social et n'en change jamais. - L'individu trouve des excuses pour se fermer à toute nouveauté. - L'individu est volubile, mais il n'écoute jamais les autres. Il ne fait que parler, parler et encore parler sans rien écouter ni apprendre.
Le challenge du coach lancé au point traversant le signe	- Trouver de multiples façons d'être constamment en mode « apprentissage » et en mode « découverte ». - Trouver des situations qui permettent de discuter et d'échanger des points de vue. - Trouver quelques expériences qui méritent plus qu'un simple survol et en faire un point central autour duquel graviteront plusieurs autres expériences plus éphémères.

Le Cancer - ♋

L'explication

Le Cancer symbolise une énergie qui correspond à la carapace de son porte-étendard : le crabe. Réfléchissons un instant à la carapace. Que fait-elle ? Premièrement, elle protège. L'énergie du Cancer tourne autour de besoin de protéger (et de se protéger), de prendre soin (de soi et des autres) et de materner. Et que se passe-t-il lorsque l'on se réfugie à l'intérieur de sa carapace ? Symboliquement on se retrouve en sécurité chez soi dans son domicile. On se retrouve avec nos proches, notre famille ou notre clan. Si nous poussons le processus un peu plus loin, on voit que c'est un phénomène d'introversion et que l'équivalent d'entrer dans sa carapace consiste à entrer dans son monde intérieur qui abrite nos émotions, nos souvenirs (et par conséquent notre passé) et notre imagination. C'est pourquoi le Cancer symbolise une énergie en lien avec le foyer, la famille, le clan, les racines, la vie conjugale, l'introspection, les émotions, la psyché, les souvenirs, le passé, et l'imagination. Souvent l'introspection amène l'énergie du Cancer vers la thérapie où il commence par guérir lui-même, puis passe à l'envie de guérir les autres. Finalement, la carapace est un équivalent du ventre maternel qui nous porte et nous met au monde. L'énergie du Cancer en est une de fertilité, de fécondité et de gestation.

Dès qu'un symbole astrologique (planète ou point) entre dans le Cancer, il doit s'imprégner de cette énergie. Il doit prendre du temps pour se consacrer à cette énergie et la développer pour lui-même. Il doit « agir » en concordance avec cette énergie.

Comment cela peut-il se passer ? Si vous suivez le conseil du « bon coach Cancer », vous allez « materner » le point qui le traverse pour qu'il puisse s'épanouir en toute tranquillité. Vous allez le protéger et lui consacrer beaucoup de temps pour qu'il « mijote » à l'ombre de toutes interférences extérieures. Vous allez l'envisager sous un angle émotif et non pas cérébral. Vous allez y injecter votre sensibilité, votre imagination et votre créativité. Si ce point est « malade », vous allez tenter de le guérir à l'aide de l'introspection et bien souvent par une forme classique ou non de thérapie. Vous allez écouter la voix intérieure de ce point pour l'amener à un point où il sera fécond, fertile et sain.

Si vous suivez l'avis du « mauvais conseiller Cancer », soit vous allez refuser le challenge, soit vous irez trop loin dans la démarche. Qu'est-ce que cela veut dire exactement ? La première option est assez simple à comprendre. Vous refuserez le challenge, car vous le nierez. Vous vous fermerez au monde intérieur, à vos émotions, à vos souvenirs, à votre passé, à vos ressentis, à votre créativité et à votre imagination. Vous ne prendrez pas soin de vous et vous ne ferez aucun effort pour assurer une gestation calme aux événements qui se préparent.

La seconde option est plus pernicieuse. Vous allez accepter le challenge, l'embrasser, le bénir et le vénérer tellement aveuglément que vous allez entrer dans le monde intérieur des émotions et des souvenirs au point de ne plus pouvoir en sortir. Vous allez devenir léthargique, impressionnable, émotif et lunatique. Votre imagination et vos ressentis n'auront jamais été aussi riches, mais ils ne mèneront à rien de sain ou de constructif. Vous irez jusqu'à la fabulation et l'anxiété à force de confondre vos ressentis avec la réalité.

Le tableau d'interprétation

LE CANCER **L'énergie de l'introspection**
Le bon coach Le consultant prend soin de la planète qui traverse le Cancer tout en lui donnant l'introspection nécessaire pour qu'elle devienne créative, fertile et saine.
Le mauvais conseiller Le consultant ferme la porte au monde intérieur. Il refuse de prendre soin de lui et des autres. Le consultant devient prisonnier du monde intérieur. Il n'est plus fonctionnel. Il prend ses fantasmes pour la réalité.

Quelques pistes supplémentaires d'interprétation

CANCER : l'énergie de l'intimité et du sentiment de sécurité	
L'objectif du point qui traverse le signe	- L'exploration de la psyché de surface et la découverte des archétypes qui la constitue (la mythologie personnelle[1]).
	- La constitution d'un sentiment de sécurité fort et malléable.
	- L'entretien et la mise en valeur des racines socioculturelles et de la filiation familiale.
	- La capacité de prendre soin de soi et des autres de manière saine.
L'énergie à développer pour y arriver *(bon coach)*	- Il faut apprendre à connaitre sa famille, ses origines et sa culture pour en comprendre toute l'influence.
	- Il faut mettre à profit l'imagination et le monde intérieur. Il faut réserver du temps pour être seul avec soi-même.
	- Il faut protéger et aider soi et les autres.

1. RAPPEL : le concept de mythologie personnelle dérive de l'idée jungienne voulant que la psyché d'un individu soit peuplée de figures héroïques et malignes. Ces figures peuvent provenir autant de l'inconscient collectif que de la vie du consultant. Arriver à identifier ces figures, bonnes et mauvaises, permet de prendre réellement conscience de la « mythologie personnelle » qui influence la vie du consultant. C'est un processus thérapeutique de connaissance de soi, de conscientisation et d'individuation.

Si cette énergie est surexploitée *(mauvais conseiller)*	- L'individu se ferme totalement au monde qui l'entoure. Il est pris dans une carapace devenue une prison. L'individu a peur de tout et de tout le monde. - L'individu n'arrive plus à se dépêtrer des emmêlements émotionnels, psychologiques et psychiques. Il ne vit que dans ses émotions et ses ressentis qui le trompent et l'illusionnent constamment en déformant la réalité. - L'individu veut tellement aider, protéger et aimer qu'il en devient accaparant et castrateur.
Si cette énergie est sous-exploitée *(mauvais conseiller)*	- L'individu se dissocie de ses émotions et de ses ressentis. Il ne veut plus être en contact avec son monde intérieur. - L'individu se coupe de son imagination et de son imaginaire.
Le challenge du coach lancé au point traversant le signe	- Trouver la ou les thérapies qui plaisent et qui permettent d'explorer la psyché. - Trouver du temps et des activités pour faire de l'introspection dans le calme et pour prendre soin de soi. - Trouver une manière d'utiliser son imagination.

Le Lion - ♌

L'explication

Le Lion symbolise une énergie que l'on peut comparer au processus que vit un acteur de théâtre. L'acteur pratique un métier qu'il aime et dans lequel il s'amuse tout au long de la tournée. L'énergie du Lion correspond à l'amour, au plaisir, à la fête et à l'idée de passer du bon temps. C'est pourquoi il peut même symboliser les coups de cœur et les aventures.

L'acteur porte aussi le désir d'arriver à exprimer une émotion. Et l'énergie du Lion symbolise l'expression personnelle, la créativité et la capacité de traduire des ressentis intérieurs en symboles extérieurs. L'acteur porte toutefois en lui une angoisse : est-ce que le public aimera ce qu'il va lui exprimer ? Vont-ils l'applaudir ? L'énergie du Lion est une énergie d'expression de soi qui dépend beaucoup de l'approbation et de l'applaudissement du public. Pour la plupart des gens, le public n'est évidemment pas la foule d'un spectacle, mais les amis, les collègues, les proches, etc. Et pour le Lion, être aimé, approuvé et applaudi déterminera grandement la capacité d'être heureux, d'avoir du plaisir et de s'exprimer aisément. C'est pourquoi le Lion doit faire l'effort de trouver l'audience qui aime ce qu'il exprime. Tout comme un acteur, on ne peut pas plaire à tout le monde. Un acteur malheureux est celui qui essaie de faire applaudir des spectateurs qui n'aiment pas le théâtre ! Il serait plus sain de jouer la pièce devant des gens qui apprécient cet art. De la même façon, l'énergie du Lion représente une part de soi qui veut être aimée et approuvée. Comme cela ne pourra pas toujours se produire avec tout le monde, il vaut mieux focaliser sur ceux qui nous apprécient.

Dès qu'un symbole astrologique (planète ou point) entre dans le Lion, il doit s'imprégner de cette énergie. Il doit prendre du temps pour se consacrer à cette énergie et la développer pour lui-même. Il doit « agir » en concordance avec cette énergie.

Comment cela peut-il se passer ? Si vous suivez le conseil du « bon coach Lion », vous allez permettre au point qui le traverse de faire la fête, de s'amuser, de prendre des vacances et de tomber en amour avec quelqu'un ou simplement avec la vie. Vous allez aussi permettre au point de s'exprimer de façon créative et de trouver un public qui appréciera ce qu'il exprimera.

Si vous suivez l'avis du « mauvais conseiller Lion », soit vous allez refuser le challenge, soit vous irez trop loin dans la démarche. Qu'est-ce que cela veut dire exactement ? La première option est assez simple à comprendre. Vous refuserez le challenge. Il ne sera pas question de faire la fête, de prendre des vacances ou de tomber en amour. Et il ne sera surtout pas question de s'exprimer, vous êtes trop timide pour cela !

La seconde option est plus égoïste. Vous allez accepter le challenge, l'embrasser, le bénir et le vénérer tellement aveuglément que vous allez tout faire pour être applaudi, approuvé et aimé. Vous allez confondre votre valeur personnelle avec le nombre d'amis Facebook qui cliqueront sur « J'aime » à chacun de vos messages. Vous serez malhonnête, puisque vous jouerez le rôle d'un autre pour être aimé. L'important étant la cote d'amour et non pas l'authenticité. Et dans cette tangente, votre ego gonflera à vue d'œil !

Le tableau d'interprétation

LE LION
L'énergie de l'expression de soi
Le bon coach
Le consultant admet qu'il est temps de tomber en amour et de s'exprimer dans la joie face aux gens qui l'entourent.
Le mauvais conseiller
Le consultant ferme la porte à l'expression de soi et au plaisir. Le consultant devient prisonnier des applaudissements. Il ne cherche qu'à plaire pour gratifier son ego.

Le challenge du coach	

Trouver une façon de s'exprimer (souvent, mais pas exclusivement, de manière créative).

Faire de la place à l'amour, à la fête, au plaisir et aux vacances.

Trouver une audience qui nous aime et savoir quitter celle qui n'apprécie pas qui nous sommes ou ce que nous offrons.

Quelques pistes supplémentaires d'interprétation

LION : l'énergie de l'expression personnelle	
L'objectif du point qui traverse le signe	- Le développement de la capacité à exprimer extérieurement un ressenti intérieur. La capacité à rayonner. - L'encouragement de la créativité et de l'expression. - Le développement de la capacité à avoir du plaisir. - L'obtention des encouragements et des applaudissements.
L'énergie à développer pour y arriver *(bon coach)*	- Il faut apprendre petit à petit à s'exprimer. Il faut apprendre à traduire les ressentis intérieurs en mots, en images, en sons ou en gestes. - Il faut apprendre à trouver un public qui aime et applaudit. Il faut apprendre à délaisser le public qui n'applaudit pas. - Il faut apprendre à exprimer clairement et ouvertement la personnalité. - Il faut se donner le droit de faire la fête, de s'amuser, de laisser parler l'enfant en soi. Il faut apprendre à dire OUI à la vie. - Il faut développer la créativité par des activités expressives ou artistiques. Il faut oser se montrer en public avec confiance.

Si cette énergie est surexploitée *(mauvais conseiller)*	- L'individu devient le centre constant de l'attention et n'arrive plus à vivre sans cette admiration. Il se définit totalement en fonction du regard des autres. Il joue un rôle uniquement pour être applaudi. - L'individu devient capricieux et *prima donna*. Il se comporte avec une attitude royaliste. - La fête continuelle empêche de réaliser quoi que ce soit de solide ou sérieux.
Si cette énergie est sous-exploitée *(mauvais conseiller)*	- L'individu devient timide et incapable d'exprimer ce qu'il ressent. L'individu a peur du regard des autres et de l'opinion qu'ils ont. - L'individu n'assume pas sa créativité et il la fuit. - L'individu n'arrive pas à se donner droit au plaisir et à la fête. Il censure l'enfant en lui.
Le challenge du coach lancé au point traversant le signe	- Trouver un moyen d'expression personnelle et l'utiliser. - Devenir créatif à sa manière. - Trouver un public qui aime ce que l'on fait et délaisser ceux qui n'aiment pas.

La Vierge - ♍

L'explication

La Vierge symbolise l'énergie de la pureté et de la virginité, mais ces qualités sont la plupart du temps très mal comprises. Au Moyen-âge, lorsque les alchimistes tentaient au travers de nombreuses et longues étapes de transformer des métaux vulgaires en or, ils s'inspiraient de l'énergie de pureté et de virginité de la Vierge. La Vierge espère arriver à faire de son cœur, de ses gestes et de son esprit de l'or. C'est donc un processus de raffinage pour atteindre progressivement l'excellence. Voilà ce que symbolise la pureté et la virginité : le raffinage progressif en direction de l'excellence. La Vierge veut, plus que tout au monde, être parfaite, réaliser des choses parfaites et aider les autres à se perfectionner. Ce dernier point est particulièrement important, car il souligne un des buts les plus puissants de ce signe : perfectionner un de ses talents pour pouvoir l'offrir avec confiance et aider les autres avec ce talent. Pour cela, la Vierge doit être capable de faire preuve d'une discrimination à la fois saine et impitoyable. En effet, la seule manière d'atteindre l'excellence est de corriger peu à peu les défauts et la seule manière de corriger les défauts c'est d'être capable de les voir.

Dès qu'un symbole astrologique (planète ou point) entre dans la Vierge, il doit s'imprégner de cette énergie. Il doit prendre du temps pour se consacrer à cette énergie et la développer pour lui-même. Il doit « agir » en concordance avec cette énergie.

Comment cela peut-il se passer ? Si vous suivez le conseil du « bon coach Vierge », vous allez analyser concrètement et pragmatiquement le point qui le traverse pour comparer son état actuel à ce qu'il pourrait éventuellement devenir s'il atteignait la perfection. Une fois cette comparaison faite, vous allez travailler à ce que ce point corrige ses défauts et s'améliore peu à peu de façon à atteindre un point où il se sentira véritablement compétent et solide. Ultimement, ce point devra pouvoir utiliser cette évolution tant pour son propre bénéfice que pour celui des autres.

Si vous suivez l'avis du « mauvais conseiller Vierge », soit vous allez refuser le challenge, soit vous irez trop loin dans la démarche. Qu'est-ce que cela veut dire exactement ? La première option est assez simple à comprendre. Vous refuserez le challenge. Vous n'améliorerez rien, ne corrigerez rien et ne ferez que critiquer tout le monde qui vous entoure. Vous vous cantonnerez dans un rôle de subalterne là où personne ne vous remarquera et n'exigera quoi que ce soit de vous.

La seconde option est plus violente. Vous allez accepter le challenge, l'embrasser, le bénir et le vénérer tellement aveuglément que vous n'allez voir que les défauts chez vous et chez les autres. Vous serez le rabat-joie, le pessimiste et l'éternel insatisfait qui fait enrager tout le monde. Incapable de fonctionner dans un monde imparfait, vous allez devenir votre critique le plus sévère en vous reprochant tout, tout le temps. Vous deviendrez la proie de nombreux troubles obsessifs et compulsifs dans votre quête trop sévère de la perfection. Vous ne serez jamais assez bon pour rien. Encore une fois, vous vous cantonnerez dans le rôle du subalterne, mais cette fois-ci, parce que vous croirez que vous ne valez rien de mieux !

Le tableau d'interprétation

LA VIERGE
L'énergie du raffinage
Le bon coach
Le consultant admet que la réalité actuelle est imparfaite. Il accepte le constat sans en faire un drame et travaille patiemment à la correction des défauts. Ultimement, il développe des compétences qu'il offrira aux autres.
Le mauvais conseiller
Le consultant ferme la porte à toute progression. Le consultant devient prisonnier de son perfectionnisme castrant. Il est malheureux, critique et impitoyable envers les autres et lui-même.
Le challenge du coach
Développer une compétence pour ensuite en faire bénéficier d'autres personnes.

Se sentir compétent et solide dans ses capacités (faire ce qu'il faut pour y arriver).

Pratiquer l'acceptation de soi et de la réalité tout en essayant de s'améliorer.

Faire preuve de discrimination saine.

Quelques pistes supplémentaires d'interprétation

VIERGE : l'énergie de l'amélioration de soi et du don	
L'objectif du point qui traverse le signe	- Le perfectionnement. Le développement des talents par la capacité de voir ce que ces talents et ces capacités pourraient être ultimement s'ils étaient amenés à leur plein potentiel. - La capacité de pouvoir redonner aux autres une partie du travail qui a été fait. - La recherche de mentorat utile à donner et à recevoir.
L'énergie à développer pour y arriver *(bon coach)*	- Il faut développer patiemment les talents, les capacités et les habiletés. Il faut identifier les lacunes et les combler peu à peu. - Il faut être capable d'être content et fier de soi. Il faut développer le sens du perfectionnisme motivant. - Il faut trouver une façon de mettre ses talents et ses capacités au service des autres (pas nécessairement gratuitement). - Il faut chercher le bon mentorat et être prêt à en donner.
Si cette énergie est surexploitée *(mauvais conseiller)*	- L'individu devient éternellement insatisfait, critiqueur et rabat-joie. Il développe une personnalité obsessionnelle à tout vouloir contrôler. - L'individu développe un perfectionnisme castrant proposant que le néant vaut mieux que quelque chose d'imparfait. Il devient son propre bourreau. Il conclut qu'il n'est qu'un éternel subalterne.

	- Plutôt que de se concentrer sur le présent, l'individu critique tout ce qu'il n'a pas fait et tout ce qu'il n'a pas encore obtenu. - L'individu compense une carence ou un défaut par une sévérité. L'individu devient un bourreau de travail et risque le surmenage.
Si cette énergie est sous-exploitée *(mauvais conseiller)*	- L'individu ne développe pas suffisamment ses talents ou il ne met pas ses talents au service des autres. - L'individu refuse le mentorat qui pourrait l'aider à se développer.
Le challenge du coach lancé au point traversant le signe	- Trouver un talent, le peaufiner, puis l'offrir. - Trouver une manière d'être occupé et en contrôle de soi de manière saine et équilibrée. - Trouver une façon d'être satisfait même lorsque tous les objectifs n'ont pas été atteints.

La Balance - Ω

L'explication

La Balance symbolise une énergie centrifuge qui a envie d'aller vers l'extérieur. Les destinations et les raisons d'aller vers l'extérieur sont multiples pour l'énergie de la Balance. Parmi les destinations, nous trouverons le monde en général qui apparait dès que l'on quitte le foyer. Dans ce monde, il peut y avoir différents décors, différentes situations et évidemment différentes personnes. Le but de la Balance est de découvrir ce qui la complète dans le monde qui l'entoure. Au départ, ce qui est extérieur semblera étranger, mais si l'énergie de la Balance va au bout de ses objectifs, elle apprendra du monde extérieur et pourra assimiler, au moins en partie, ce qu'elle y trouve. Pour ce faire, elle doit « s'entendre » avec la société qui l'abrite. Voilà pourquoi la diplomatie est un facteur important de l'énergie de la Balance. L'autre grand objectif de la Balance est de se sentir en équilibre, calme et sereine. Son ennemi juré est le stress ! Elle doit dans la mesure du possible toujours peser le pour et le contre d'une situation et chercher à balancer un point de vue par son inverse afin de voir les deux côtés de la médaille et ne jamais se cantonner dans un extrême.

Dès qu'un symbole astrologique (planète ou point) entre dans la Balance, il doit s'imprégner de cette énergie. Il doit prendre du temps pour se consacrer à cette énergie et la développer pour lui-même. Il doit « agir » en concordance avec cette énergie.

Comment cela peut-il se passer ? Si vous suivez le conseil du « bon coach Balance », vous allez permettre au point qui le traverse de s'extérioriser, de découvrir le monde et de rencontrer des gens. Ce point devra devenir plus extraverti et il devra aller chercher des ressources qui lui manquent tout en apportant ses ressources à ceux qui en auront besoin. Le point devra agir comme une moitié qui cherche et complète son autre moitié autant sur un plan affectif ou amical, que professionnel ou simplement humain ! De surcroit, ce point devra chercher l'équilibre et la sérénité tout en développant la capacité de voir toutes les facettes d'une même situation. Il sera temps de sortir de son cocon et de retirer ses œillères !

Si vous suivez l'avis du « mauvais conseiller Balance », soit vous allez refuser le challenge, soit vous irez trop loin dans la démarche. Qu'est-ce que cela veut dire exactement ? La première option est assez simple à comprendre. Vous refuserez le challenge. Vous vous enfermerez dans votre domicile et vos opinions tout en refusant l'apport du monde extérieur. Vous ne ferez rien pour désamorcer le stress qui occupera votre vie.

La seconde option est plus insidieuse. Vous allez accepter le challenge, l'embrasser, le bénir et le vénérer tellement aveuglément que vous allez entrer en Balance comme on entre en religion. Incapable de tolérer le stress et le conflit, vous allez devenir le paillasson sur lequel on s'essuie les pieds. Vous deviendrez le pantin d'une autre personne qui décidera de tout à votre place. Vous confondrez la diplomatie avec l'esclavagisme. Et dans ce rôle, les autres seront toujours meilleurs que vous et vous ne serez qu'un spectateur de leurs prouesses plutôt que d'être en train d'apprendre d'eux.

Le tableau d'interprétation

LA BALANCE
L'énergie de la force centrifuge
Le bon coach
Le consultant admet qu'il a besoin d'aide et de ressources extérieures et il se met à la recherche de celles-ci. En même temps qu'il apprend, il offre ses propres ressources à d'autres personnes qui deviennent des partenaires importants. Il préconise le calme et l'écoute de tous les points de vue avant de prendre une décision.
Le mauvais conseiller
Le consultant ferme la porte au monde extérieur.
Le consultant devient prisonnier de son besoin d'écouter tous les points de vue. Il ne décide jamais rien et se laisse mener par les autres et par la vie.

Quelques pistes supplémentaires d'interprétation

BALANCE : *l'énergie de la relation à l'autre et de l'équilibre*	
L'objectif du point qui traverse le signe	- Le développement de l'équilibre intérieur, du sentiment de balance, de paix et d'harmonie. - La création d'un milieu extérieur harmonieux, agréable et fluide. - La présence de l'esthétisme dans la vie de la personne par les objets, le milieu et les actions. - Le développement de la capacité à balancer chaque situation, chaque point de vue et chaque énergie par son opposé.
L'énergie à développer pour y arriver *(bon coach)*	- Il faut prendre le temps d'écouter tous les points de vue face à un dilemme. Il faut arriver à concilier ces points de vue. - Il faut prendre compte de ce que les autres peuvent nous apprendre et l'assimiler pour arriver à le faire également. - Il faut faire de la place aux bonnes personnes et développer ses dons relationnels. - Il faut cultiver l'esthétisme et le côté artistique. - Il faut trouver les moyens d'obtenir une harmonie intérieure. Il faut désamorcer le stress, le conflit et les querelles le plus rapidement possible pour que ces éléments n'en restent qu'à leur début.

Si cette énergie est surexploitée *(mauvais conseiller)*	- L'individu ne prend aucune décision. Les autres décident toujours à sa place. Les autres modèlent sa vie et la personne s'éloigne de sa nature véritable. Il devient dépendant affectif et/ou social. - L'individu n'exprime jamais son désaccord ou sa colère. Il refoule toute émotion discordante.
Si cette énergie est sous-exploitée *(mauvais conseiller)*	- L'individu se prive du « beau » et de l'esthétisme dont il a besoin pour s'harmoniser. Il vit un stress intérieur de plus en plus grand. - L'individu ne prend pas le temps de balancer les points de vue par leurs opposés et il s'emprisonne dans une idéologie ou dans une voie sans issue. À cause de cela, l'individu est constamment aux prises avec des disputes, des discordes et des provocations.
Le challenge du coach lancé au point traversant le signe	- Trouver un moyen de concilier l'identité véritable et la diplomatie face aux autres. - Trouver le moyen de s'affirmer tout en maintenant un climat d'harmonie. - Trouver des façons de se sentir bien, équilibré et en paix intérieurement.

Le Scorpion - ♏

L'explication

Le Scorpion symbolise une énergie assez noire et tranchante. S'il fallait résumer ce signe en un mot ce serait probablement « tabou ». En effet, le Scorpion symbolise l'énergie des sujets tabous (la sexualité, la maladie, la mort, la violence, la haine, le désir, l'attraction irrésistible, les pulsions, les instincts, les blessures profondes, l'occulte, etc.). À cause de leur nature, ces sujets ont tendance à être occultés, voire même souvent refoulés, et le Scorpion cherche à les mettre au grand jour. Pour cette raison, ce signe est associé à l'honnêteté relationnelle qui fait parfois mal et aux thérapies qui visent à faire émerger à la conscience ce qui a été refoulé dans l'inconscient. C'est le signe de la transparence, de l'investigation et de la vérité crue. Lorsqu'on explore et investigue ces zones d'ombre, on y apprend des choses qui bousculent et qui bouleversent. L'énergie du Scorpion cherche à grandir et à évoluer au travers de ces bouleversements et des crises qui les accompagnent. Par extension, le Scorpion symbolise l'intimité et la « magie » la plus profonde qui peut unir deux êtres humains, car lorsqu'on a traversé avec succès l'énergie du Scorpion, on se retrouve véritablement à nu face à l'autre. C'est une énergie sexuelle, mais plus encore, c'est une énergie de partage de ses blessures et de ses secrets les plus profonds avec une autre personne. C'est ce qui explique en partie la fausse impression qu'ont plusieurs patients de tomber en amour avec leur thérapeute au fil des séances de plus en plus intenses.

Dès qu'un symbole astrologique (planète ou point) entre dans le Scorpion, il doit s'imprégner de cette énergie. Il doit prendre du temps pour se consacrer à cette énergie et la développer pour lui-même. Il doit « agir » en concordance avec cette énergie.

Comment cela peut-il se passer ? Si vous suivez le conseil du « bon coach Scorpion », vous allez orienter le point qui le traverse vers la vérité. Ce point devra investiguer les sujets tabous et s'investiguer psychiquement pour comprendre ses zones d'ombre, ses blessures et ses secrets. Ce point devra arriver à se rapprocher de ses instincts et de ses désirs de façon à aligner ses actions sur son ressenti le plus personnel et authentique. Ce sera le temps de la vérité crue et cela se passera souvent au travers d'une forme ou d'une autre de crise. Le point devra arriver à tirer parti de cette situation.

Si vous suivez l'avis du « mauvais conseiller Scorpion », soit vous allez refuser le challenge, soit vous irez trop loin dans la démarche. Qu'est-ce que cela veut dire exactement ? La première option est assez simple à comprendre. Vous refuserez le challenge. Vous refuserez d'investiguer les sujets tabous et encore plus votre psyché. À ce moment vous commencerez à somatiser et à devenir caractériel et lunatique. Pas étonnant, la fosse septique intérieure débordera et vous refuserez de faire le nettoyage, alors cela dégagera de très mauvaises odeurs qui vous assailliront et qui assailliront vos proches !

La seconde option est encore plus dangereuse. Vous allez accepter le challenge, l'embrasser, le bénir et le vénérer tellement aveuglément que vous allez entrer en Scorpion comme un alcoolique entre dans un bar ouvert ! Vous allez tellement plonger dans les profondeurs de la vie et de votre âme que vous oublierez de remonter à la surface pour respirer. À un certain moment, vous allez vous y noyer et deviendrez coloré en permanence par cette couleur noire. Plus de possibilité de se détendre, de socialiser bêtement ou d'être frivole. Vous serez toujours sérieux, agressif et cynique. Vous amènerez des sujets tabous sur le tapis uniquement pour venir briser l'atmosphère de détente qui régnera dans les lieux publics. À l'extrême, vous pourrez devenir violent et dangereux.

Le tableau d'interprétation

LE SCORPION
L'énergie de la vérité crue
Le bon coach
Le consultant accepte d'investiguer sans complaisance les sujets tabous et ses zones d'ombre pour éventuellement les exorciser. Il tire parti des crises actuelles en étant authentique envers lui et les autres.

Le mauvais conseiller

Le consultant ferme la porte aux sujets tabous et à l'investigation de sa psyché. Il somatise.

Le consultant devient prisonnier de sujets tabous et de son inconscient. Il n'est plus fonctionnel et il développe une tendance lunatique et agressive.

Le challenge du coach

Prendre le temps pour explorer des sujets tabous et pour investiguer son inconscient.

Tirer parti des crises plutôt que de les fuir.

Aligner ses actions sur ses instincts et ses désirs.

Établir des relations interpersonnelles authentiques en se mettant chacun à nu devant l'autre.

Quelques pistes supplémentaires d'interprétation

SCORPION : l'énergie de l'exploration de l'inconscient et des pulsions	
L'objectif du point qui traverse le signe	- La découverte de l'inconscient, des blessures, des désirs et des pulsions qui l'habitent. La capacité d'aborder des sujets tabous, mais importants (mortalité, sexualité, maladie, crime, dépendance, argent, etc.) - Le développement de l'honnêteté envers soi et les autres même si cela blesse ou froisse l'ego. La capacité d'écouter son désir intérieur et ses pulsions pour diminuer progressivement le filtre du Surmoi[1].

---

[1]. Le Surmoi est un concept psychanalytique élaboré par Freud. Il désigne la structure morale (conception du bien et du mal) de notre psychisme. Il répercute les codes de notre culture sous la catégorie de « ce qu'il convient de faire ». Il s'agit d'une instance formée d'injonctions qui contraignent l'individu.

L'énergie à développer pour y arriver *(bon coach)*	- Il faut consacrer du temps au processus d'introspection. Il faut apprendre à ne pas avoir peur ni honte de ce que l'on découvre. Il faut être capable de renaitre par la transformation de soi. - Il faut s'habituer progressivement à dire ce que l'on pense vraiment. Il faut apprendre à s'écouter et à faire les sacrifices nécessaires pour suivre son instinct et ses désirs. Il faut être capable de voir ce qui se détériore en chaque chose et le dire haut et fort. - Il faut vivre sa vie intensément et le plus possible sans se mentir.
Si cette énergie est surexploitée *(mauvais conseiller)*	- L'individu devient violent, agressif, manipulateur ou tyrannique. Il développe une âme et une humeur noire. Il s'isole peu à peu des autres pour broyer du noir. L'individu perçoit les discussions comme des guerres de tranchées et il les gère en tentant de détruire l'adversaire. - L'individu sacrifie la totalité de ses liens sociaux sur l'autel de la vérité. Il sonde continuellement ce qui l'entoure et bouleverse les gens. - L'individu utilise les autres et ne fait pas attention à eux. Il est manipulateur. Ses humeurs varient d'un extrême à l'autre.
Si cette énergie est sous-exploitée *(mauvais conseiller)*	- L'individu se coupe totalement de son intérieur. Il projette sur les autres ce qu'il est incapable de reconnaitre en lui. - L'individu fuit devant les sujets tabous de la mort, de la sexualité, de la maladie, de l'argent ou de l'occulte. - L'individu refoule beaucoup de pulsions et de désirs. Il somatise (anxiété, crise de panique, pressentiment morbide et dépression).
Le challenge du coach lancé au point traversant le signe	- Vivre intensément sa vie selon ses désirs profonds. - Trouver les gestes nécessaires à une transformation profonde de soi. - Trouver une manière de sonder son inconscient.

Le Sagittaire - ♐

L'explication

Le Sagittaire symbolise l'énergie de la quête. Que se passe-t-il lorsque nous sommes mus par une quête ? Nous avons un but qui miroite devant nous, au loin, comme une promesse de quelque chose de plus grand, de meilleur et de plus satisfaisant. Nous sommes enthousiastes et passionnés par l'envie d'atteindre ce but. Le chemin pour y parvenir (souvent encore plus intéressant que le but en lui-même) nous fait découvrir et expérimenter l'exotisme et la nouveauté. Le voyage que l'on fait, symbolique comme réel, nous apporte de nouvelles connaissances, de nouvelles philosophies et de nouveaux apprentissages. Entrer dans l'énergie du Sagittaire, c'est comme trouver une nouvelle spiritualité ou un nouveau système de croyances et faire l'évolution nécessaire pour y adhérer.

Le Sagittaire ne s'encombre pas des menus détails de la vie quotidienne et des contingences, il ne voit que le plan d'ensemble et le but à atteindre. C'est pourquoi il peut être en proie au fanatisme lorsqu'il dérape.

Voilà l'énergie du Sagittaire : la quête, les objectifs, la promesse de quelque chose de plus grand, l'enthousiasme, le voyage, l'exotisme, la nouveauté, l'apprentissage, la philosophie et les systèmes de croyances (religieuse ou autre).

Dès qu'un symbole astrologique (planète ou point) entre dans le Sagittaire, il doit s'imprégner de cette énergie. Il doit prendre du temps pour se consacrer à cette énergie et la développer pour lui-même. Il doit « agir » en concordance avec cette énergie.

Comment cela peut-il se passer ? Si vous suivez le conseil du « bon coach Sagittaire », vous allez lancer le point qui le traverse dans une quête vers de nouveaux horizons. Vous allez saisir les opportunités de le faire voyager intérieurement comme extérieurement. Vous allez lui demander de voir plus loin et plus grand, d'être ambitieux et confiant. Vous allez faire en sorte qu'il ait soif d'apprendre, d'évoluer et de croire.

Si vous suivez l'avis du « mauvais conseiller Sagittaire », soit vous allez refuser le challenge, soit vous irez trop loin dans la démarche. Qu'est-ce que cela veut dire exactement ? La première option est assez simple à comprendre. Vous refuserez le challenge. Vous ne lancerez pas le processus de quête, d'apprentissage et de foi. Vous en resterez avec votre vie actuelle, vos croyances actuelles et votre pessimisme actuel !

La seconde option est plus enivrante, mais tout de même dangereuse. Vous allez accepter le challenge, l'embrasser, le bénir et le vénérer tellement aveuglément que vous vous lancerez dans des quêtes impossibles et irréalistes, mu par un enthousiasme débridé et téméraire. Comme une grenouille qui ne cesse de se gonfler, vous finirez par exploser ! Vous tomberez dans les pattes de m'importe quel système de croyances disponible et vous agirez comme un illuminé.

Le tableau d'interprétation

LE SAGITTAIRE L'énergie de la quête
Le bon coach Le consultant admet qu'il a besoin d'aller de l'avant avec confiance et enthousiasme vers quelque chose de nouveau et de prometteur. Il enclenche le processus de quête tant sur le plan mental, spirituel que physique.
Le mauvais conseiller Le consultant ferme la porte à toute nouveauté. Le consultant devient un parieur invétéré avec la vie. Il prend de trop grands risques et se fracasse le nez sur le mur de la réalité. Il devient fanatique.
Le challenge du coach Développer un sentiment de quête.

Être capable de voir le plan d'ensemble et le but à atteindre plutôt que les détails et les contingences.

Avoir foi, confiance et enthousiasme en la vie.

Découvrir de nouveaux horizons et prendre de l'expansion.

Ne pas se déconnecter de la réalité. Rester critique.

Quelques pistes supplémentaires d'interprétation

SAGITTAIRE : *l'énergie de l'exploration et de l'expansion*	
L'objectif du point qui traverse le signe	- La découverte et la connaissance de ce qui nous est étranger et exotique. Le bris de la routine. Le renouvellement constant et le besoin de faire des expériences nouvelles pour en tirer un sens. - La découverte et la connaissance profonde des grandes questions existentielles. La recherche du sens de l'existence.
L'énergie à développer pour y arriver *(bon coach)*	- Il faut s'ouvrir à toutes les activités permettant l'ouverture des horizons physiques et intellectuels. - Il faut se questionner sur soi, sur ses croyances, sur le sens de la vie et sur ses systèmes de pensée. Il faut les faire évoluer. Il faut rester libre de toutes attaches physiques ou intellectuelles qui viendraient restreindre cette capacité d'évolution perpétuelle. - Il faut avoir foi en la vie et en sa chance. Il faut oser prendre le risque de l'aventure justement parce que l'on a foi en soi et dans la vie. Il faut avoir la certitude que la vie a un sens. - Il faut voyager dans le monde extérieur et intérieur.
Si cette énergie est surexploitée *(mauvais conseiller)*	- L'individu n'établit aucun lien profond parce qu'il a peur d'être restreint par ce lien. Il est insensible aux émotions des autres.

	- L'individu n'arrive pas à saisir réellement le sens de quelque chose parce qu'il est déjà en quête de quelque chose d'autre. - L'individu prend des risques de façon irréfléchie sans vraiment mesurer les conséquences. - L'individu vit dans une bulle théorique, philosophique ou spirituelle. Il devient fanatique, car il est emprisonné dans un système de croyances.
Si cette énergie est sous-exploitée *(mauvais conseiller)*	- La personne devient blasée et fonctionne toujours dans la même routine. - La personne refuse de se questionner sur le sens de la vie et elle n'arrive jamais à jeter un regard global sur ce qui l'entoure.
Le challenge du coach lancé au point traversant le signe	- Trouver une quête extérieure, puis la suivre et faire en sorte qu'elle devienne aussi une quête intérieure. - Trouver ce qui est nécessaire pour découvrir ce qui nous est étranger et en sortir transformé. - Trouver une façon de toujours se sentir vivant sans jamais s'enfermer dans la routine des obligations quotidiennes.

Le Capricorne - ♑

L'explication

Le Capricorne symbolise le pendant nécessaire et obligatoire de l'énergie du Sagittaire. L'énergie du Capricorne est celle du travail, de l'effort, de la rigueur, de la discipline, du réalisme et de la capacité de remettre une gratification à plus tard pour obtenir plus. Deux exemples pour illustrer ceci.

Voici le premier : il y a plusieurs décennies, des psychologues ont fait un test avec des enfants. Un enfant est seul dans une pièce avec une guimauve devant lui. Il peut la manger dès maintenant, mais s'il attend le retour du psychologue sans toucher à la guimauve, il en aura deux. Un certain nombre d'enfants n'attendent pas et mangent tout de suite la guimauve (énergie du Sagittaire). Un autre pourcentage attend et obtient deux guimauves. L'énergie du Capricorne c'est celle de l'enfant qui attend pour en avoir plus. Il est capable de remettre un plaisir à plus tard parce qu'il sait que le résultat sera meilleur encore. Ce n'est pas agréable, mais l'effort et la discipline en valent la peine.

Le second exemple maintenant : une personne entend un virtuose du piano et tombe amoureuse de l'instrument. Elle veut en jouer ! Au départ, c'est la passion et l'enthousiasme de la nouveauté qui parle (énergie du Sagittaire). Mais quiconque a appris le piano sait que rapidement viennent les gammes, le travail, la rigueur et l'obligation d'être réaliste : on n'apprendra pas à devenir virtuose avant plusieurs mois de pratique monotone. Pourtant certaines personnes y consacrent le temps voulu et deviennent virtuoses. Encore une fois, l'énergie du Capricorne c'est celle-là : pouvez-vous être réaliste et consacrer le temps nécessaire (parfois monotone) pour atteindre un objectif ambitieux ?

Dès qu'un symbole astrologique (planète ou point) entre dans le Capricorne, il doit s'imprégner de cette énergie. Il doit prendre du temps pour se consacrer à cette énergie et la développer pour lui-même. Il doit « agir » en concordance avec cette énergie.

Comment cela peut-il se passer ? Si vous suivez le conseil du « bon coach Capricorne », vous allez demander au point qui le traverse de se fixer des objectifs ambitieux et de faire preuve de réalisme à la fois pour les fixer et pour les atteindre. Par la suite, vous demanderez au point de consacrer temps, discipline et efforts pour structurer et concrétiser cet objectif. Le point devra accepter une période un peu déplaisante pour arriver à une gratification finale importante.

Si vous suivez l'avis du « mauvais conseiller Capricorne », soit vous allez refuser le challenge, soit vous irez trop loin dans la démarche. Qu'est-ce que cela veut dire exactement ? La première option est assez simple à comprendre. Vous refuserez le challenge. Vous ne ferez pas les efforts nécessaires et vous ne vous fixerez pas d'objectif ambitieux. Vous vous contenterez de la première guimauve. Vous confondrez réalisme avec pessimisme. Vous ne verrez que les barrières, les empêchements, les blocages et les obstacles. Vous deviendrez déprimé, mélancolique et défaitiste.

La seconde option est plus destructrice. Vous allez accepter le challenge, l'embrasser, le bénir et le vénérer tellement aveuglément que vous allez confondre rigueur et discipline avec torture et privation. Vous tomberez dans le piège de l'autodénigrement et de l'automutilation. Vous deviendrez votre propre bourreau de travail ! Si l'ambition devient trop grande, vous pourrez devenir un assoiffé de pouvoir ambitieux et prêt à marcher sur des cadavres pour obtenir ce qu'il veut.

Le tableau d'interprétation

LE CAPRICORNE L'énergie de la discipline
Le bon coach Le consultant admet que s'il fait preuve de réalisme et de rigueur, il peut atteindre un objectif qui lui tient véritablement à cœur à la condition d'y mettre les efforts et la discipline.
Le mauvais conseiller Le consultant n'accepte pas de faire des efforts. Il ne se fixe aucun objectif.

Le consultant devient pessimiste et défaitiste. Il ne voit que les obstacles et le négatif.

Le consultant devient son propre bourreau de travail en se déniant intégralement le droit au repos et au plaisir. Son ambition le dévore et l'amène à vouloir éliminer les autres.

Le challenge du coach

Se fixer un objectif ambitieux et pertinent. Faire les efforts requis pour l'atteindre.

Faire preuve de réalisme même si cela n'est pas agréable.

Structurer, solidifier et construire.

Faire preuve de discipline et remettre une gratification à plus tard dans le but d'obtenir mieux.

Quelques pistes supplémentaires d'interprétation

CAPRICORNE : l'énergie de la construction dans le temps	
L'objectif du point qui traverse le signe	- Le développement de l'ascétisme, de la discipline, de la volonté. - Le fait de faire un travail qui a un sens pour soi. - La capacité de ne dépendre que de soi. L'apprivoisement de la solitude. - La capacité de développer l'intégrité et le respect de soi par ses actions et ses réalisations.
L'énergie à développer pour y arriver *(bon coach)*	- Il faut développer sa patience, sa ténacité et sa résolution. - Il faut apprivoiser la solitude pour ne plus la craindre. Il faut apprendre à ne pas dépendre des autres. - Il faut être capable de bien choisir les buts que l'on se fixe et de mettre en place la discipline nécessaire à les atteindre.

	- Au travers de l'autodiscipline, il faut à la fois être intense et calme pour l'utiliser peu à peu sur le long terme.
Si cette énergie est surexploitée *(mauvais conseiller)*	- L'individu devient assoiffé de pouvoir n'hésitant jamais à manipuler les gens et les événements pour arriver à ses fins. - La solitude devient rapidement de l'asocialité, de l'isolement et du repli sur soi. L'individu mène une vie sévère, stricte et sans joie. - Le travail et les objectifs étouffent tout le reste. - Les objectifs et les buts sélectionnés sont les mauvais. Ils ne correspondent pas à la nature profonde du sujet et celui-ci gaspille une partie de sa vie pour rien.
Si cette énergie est sous-exploitée *(mauvais conseiller)*	- L'individu devient paresseux et est incapable de se fixer des objectifs sérieux ou il n'arrive pas à maintenir une discipline et un travail permettant de les atteindre. - L'individu n'arrive pas à tolérer la solitude. Il cherche continuellement l'approbation des autres.
Le challenge du coach lancé au point traversant le signe	- Trouver un but à atteindre qui soit à la fois remarquable et en lien profond avec l'identité véritable. - Trouver temps, ténacité et discipline pour atteindre un but. - Trouver une façon de cultiver la solitude de manière saine et agréable.

Le Verseau - ♒

L'explication

Le Verseau est le canal d'une énergie de différenciation. Qui suis-je véritablement par rapport au monde qui m'entoure ? Au travers du Verseau, quelqu'un analyse et comprend l'ensemble des compromis qui sont faits ou ont été faits pour les autres tout au long d'une vie. Qu'a-t-on sacrifié ou dissimulé à cause des attentes familiales par exemple ? Qu'a-t-on sacrifié ou dissimulé à cause de la pression des camarades ? Qu'a-t-on sacrifié ou dissimulé à cause des besoins du conjoint ? Comment le pays, la société et la culture dans lesquels nous sommes né ont influencé nos choix et nos valeurs ? Finalement, et non la moindre des questions, comment dans ma propre perception de moi ai-je sacrifié ou dissimulé des contrastes, des contradictions et des énergies divergentes que je n'aime pas reconnaitre ? Lorsque l'énergie du Verseau est sollicitée, ces questions qui paraissaient abstraites et lointaines se font soudainement sentir de manière beaucoup plus concrète. Et la réponse que l'on donnera à ces questions va influencer un processus de connaissance de soi qui idéalement ira en s'agrandissant. Le psychanalyste Carl Gustav Jung avait identifié deux instances particulièrement importantes dans le développement d'un individu : le Moi et le Soi. Le Moi symbolise l'état actuel de la connaissance de soi au travers de l'ego/identité. Le Soi est une quête qui vise à se connaitre de mieux en mieux en ajoutant des couches psycho-émotionnelles de plus en plus profondes (incluant la navigation de l'inconscient personnel et collectif). Pour Jung, un individu en croissance personnelle est toujours en train de partir du Moi pour aller vers le Soi. Dans un monde idéal (mais théorique, car concrètement inatteignable) un individu aurait découvert la totalité du Soi à la fin de sa vie. Jung a nommé ce processus : individuation[1]. L'énergie du Verseau est celle de l'individuation. C'est pourquoi l'énergie du Verseau mène à se différencier de la masse, à affirmer son unicité et à ne pas chercher l'approbation des autres. Dans la foulée, le Verseau cherche souvent le soutien et l'appui des pairs philosophiques (des gens partageant les mêmes idées, mais que nous ne sommes pas obligés de côtoyer en tant qu'amis intimes).

---

1. L'individuation est le processus de création et de distinction de l'individu. Dans le contexte de la psychologie analytique il se rapporte à la réalisation du Soi par la prise en compte progressive des éléments contradictoires et conflictuels qui forment la « totalité » psychique, consciente et inconsciente, du sujet. (*Wikipédia - septembre 2014*)

Dès qu'un symbole astrologique (planète ou point) entre dans le Verseau, il doit s'imprégner de cette énergie. Il doit prendre du temps pour se consacrer à cette énergie et la développer pour lui-même. Il doit « agir » en concordance avec cette énergie.

Comment cela peut-il se passer ? Si vous suivez le conseil du « bon coach Verseau », vous allez obliger le point qui le traverse à se questionner sur les compromis qu'il a faits jusqu'à maintenant et vous allez l'amener à réfléchir sur ce qu'il voudrait et pourrait ultimement être s'il ne se préoccupait pas des besoins et des opinions des autres. Vous lui permettrez de réunir ses propres contradictions. Vous afficherez et affirmerez votre différence tout en vous liant à des pairs qui partageront cette différence.

Si vous suivez l'avis du « mauvais conseiller Verseau », soit vous allez refuser le challenge, soit vous irez trop loin dans la démarche. Qu'est-ce que cela veut dire exactement ? La première option est assez simple à comprendre. Vous continuerez de suivre le troupeau même si vous savez bien que vous n'y êtes pas authentique. Vous porterez un masque pour préserver la paix relationnelle. Vous deviendrez froid et distant de peur que l'on ne vous démasque.

La seconde option est plus frivole. Vous allez accepter le challenge pour les mauvaises raisons. Le besoin d'être différent deviendra plus important que les motifs de différence. Votre but deviendra simplement de choquer, de vous opposer et d'agir contre les règles. Vous bousculerez les conventions sans but véritable, juste pour emmerder ! Il y aura aussi le danger d'embrasser et de vénérer tellement fortement le processus d'individuation que vous vous aliénerez l'ensemble de vos proches et la société en ne considérant que votre point de vue et vos besoins. Vous deviendrez une forme plus ou moins avancée de sociopathe !

Le tableau d'interprétation

LE VERSEAU   **L'énergie de la différenciation**
Le bon coach   Le consultant cherche à se défaire des compromis socioculturels pour atteindre ce qui lui ressemble vraiment.
Le mauvais conseiller   Le consultant suit le troupeau en se cachant derrière un masque. Il est distant et froid.   Le consultant cherche à choquer pour choquer. Il n'y a pas de but authentique à ses prises de position.   Le consultant devient un sociopathe.
Le challenge du coach   Comprendre les compromis qui ont été faits pour les autres tout au long de sa vie.   Admettre que nous taisons certains traits divergents de notre personnalité et les exprimer.   Se différencier, afficher son unicité.

Quelques pistes supplémentaires d'interprétation

VERSEAU : l'énergie de l'individualisation (individuation jungienne)	
L'objectif du point qui traverse le signe	- La capacité de n'écouter que sa voix intérieure pour aller là où l'on veut de la façon dont on le veut et pour faire ce que l'on veut.

	- La capacité de se rebeller contre le décor familial, social, amical, éducationnel, culturel, géographique et politique. - Le développement de l'originalité, de la liberté et de la créativité mentale par l'apprentissage de points de vue différents, contradictoires et controversés.
L'énergie à développer pour y arriver *(bon coach)*	- Il faut apprendre progressivement à ne pas chercher à faire plaisir pour être accepté. Il faut apprendre à exprimer ce que l'on est et ce que l'on pense tout en assumant les réactions. - Il faut faire un travail constant et profond sur la connaissance de soi. - Il faut voir différemment ce qui nous entoure et dire la vérité même si l'on est seul contre tous.
Si cette énergie est surexploitée *(mauvais conseiller)*	- L'individu devient froid et distant envers les autres, ne laissant jamais personne s'approcher de son intimité de crainte qu'ils ne cherchent à le changer. - L'individu n'arrive pas à exprimer ses émotions qu'il intellectualise constamment. Il est incapable de vivre ou exprimer l'amour et l'amitié. - L'individu devient un psychopathe ou un sociopathe. Seuls ses désirs comptent et sa liberté justifie de vivre contre les autres et contre les lois. - L'individu perd son temps dans des revendications et des excentricités totalement dépourvues d'intérêt ou de sens fondamentaux.
Si cette énergie est sous-exploitée *(mauvais conseiller)*	- L'individu se moule à la norme pour être aimé. Il joue et simule les émotions plutôt que de les vivre. - L'individu n'apprend rien sur lui et rien sur le monde. Il stagne.

Le challenge du coach lancé au point traversant le signe	- Trouver la meilleure manière de s'individualiser. - Trouver ce qui le différencie et l'assumer pleinement en étant prêt à payer le prix du désaccord (parfois même de ses proches). - Trouver les idées, les projets et les idéaux pour lesquels se battre.

Les Poissons - ♓

L'explication

Les Poissons symbolisent une énergie très fluide et souvent énigmatique. C'est le seul signe qui semble presque exclusivement consacré au monde intérieur. Même le Cancer et le Scorpion (ses compères d'eau) ont tendance à se préoccuper des choses mondaines telles que le foyer ou le pouvoir. Le but des Poissons c'est justement d'oublier les mondanités, le quotidien et le pragmatisme pour aller naviguer dans les eaux de la conscience, de l'inspiration, du mysticisme, de l'imagination et de l'intangible. Ce signe est dans la lune fréquemment ! Il en a besoin pour se ressourcer. De retour de cette évasion méditative, il utilise souvent son imagination et son ressenti de manière créative. L'énergie des Poissons, c'est celle du monde intérieur et de tout ce qu'il contient, conscient ou inconscient. Les Poissons cherchent des réponses ailleurs que dans le concret et le palpable. Ils cherchent à ressentir plutôt que comprendre. Pour eux, un rêve peut être plus significatif qu'un événement « réel ». C'est pourquoi ils sont souvent attirés par le mysticisme et la spiritualité qui demandent de croire sans voir tout simplement parce que l'on ressent que la réponse, fondamentalement, est vraie. Les Poissons sont le signe le plus conscient que derrière chaque façade se cache un univers bien plus riche, profond, mystérieux et surtout bien plus nuancé que ce qui parait.

Dès qu'un symbole astrologique (planète ou point) entre dans les Poissons, il doit s'imprégner de cette énergie. Il doit prendre du temps pour se consacrer à cette énergie et la développer pour lui-même. Il doit « agir » en concordance avec cette énergie.

Comment cela peut-il se passer ? Si vous suivez le conseil du « bon coach Poissons », vous allez donner le temps au point qui le traverse de plonger vers le monde intérieur qui est sa source. Vous allez devenir beaucoup plus « inactif », méditatif et introspectif. Le but étant à priori de « ne rien faire » et dans un second temps de permettre au point de se ressourcer et d'être inspiré par son voyage intérieur. Finalement, vous allez permettre au point de chercher des réponses dans le spirituel, l'imagination ou le ressenti plutôt que dans le monde tangible.

Si vous suivez l'avis du « mauvais conseiller Poissons », soit vous allez refuser le challenge, soit vous irez trop loin dans la démarche. Qu'est-ce que cela veut dire exactement ? La première option est assez simple à comprendre. Vous refuserez le challenge. Vous ne prendrez pas le temps d'être dans la lune et vous fermerez la porte à la fois à la spiritualité, l'imaginaire, le monde intérieur et le besoin ponctuel de laisser retomber la poussière.

La seconde option est plus nébuleuse. Vous allez accepter le challenge, l'embrasser, le bénir et le vénérer tellement que vous allez entrer en Poissons et ne plus jamais en ressortir ! Plutôt que d'être inspiré par l'imaginaire, le sacré et les émotions, vous allez en devenir la victime. L'imagination débridée vous empêchera d'être réaliste et d'avoir les deux pieds sur terre lorsqu'il le faudra. Les émotions vous submergeront en permanence vous empêchant de vivre une vie normale. Le sacré se transformera en une secte complètement surréaliste prête à tout vous soutirer ! Vous deviendrez dépendant, hyperémotif, naïf et inconstant (manque de fiabilité).

Le tableau d'interprétation

LES POISSONS L'énergie du ressenti
Le bon coach Le consultant admet qu'il a besoin de son imagination, de la spiritualité ou de son ressenti pour s'inspirer et aller de l'avant de manière plus riche et créative.
Le mauvais conseiller Le consultant ferme la porte à tout ce qui n'est pas tangible et concret. Le consultant devient prisonnier de son ressenti. Il n'est plus fiable. Il devient dépendant de certaines pratiques immersives. Il s'illusionne sur la réalité.

Le challenge du coach

Prendre le temps pour être dans la lune et ressentir plutôt que voir, comprendre et toucher.

Faire de la place à la spiritualité et au mysticisme.

Se servir de son monde imaginaire pour créer.

S'intéresser à ses rêves et à son imagination afin de voir le quotidien de façon plus poétique.

Chercher à avoir une vie inspirée par une vision.

Quelques pistes supplémentaires d'interprétation

POISSONS : *l'énergie de l'exploration de la conscience*	
L'objectif du point qui traverse le signe	- La navigation fluide de la conscience. Le développement de l'imagination, du rêve et de la créativité symbolique. - Le développement d'un sentiment d'unicité avec le monde. La capacité à l'empathie, à l'aide, à l'épaulement et à l'humanitaire. - Le développement émouvant ou transcendant d'un sentiment de divin, de spirituel, de sacré ou de magique.
L'énergie à développer pour y arriver *(bon coach)*	- Il faut prendre le temps de fermer les yeux et de se laisser immerger dans son monde intérieur. Il faut développer des techniques d'introversion. - Il faut développer son intuition. Il faut faire confiance à sa faculté de ressentir les événements et les gens. - Il faut trouver des activités dans lesquelles notre imagination et notre intériorité pourront s'exprimer. - Il faut développer des activités de type humanitaire. Il faut accepter d'ouvrir son cœur même si cela fait peur. - Il faut s'ouvrir au monde divin, mystique ou spirituel.

Si cette énergie est surexploitée *(mauvais conseiller)*	- L'individu a de la difficulté à vivre dans le monde réel. Il confond complètement ses impressions avec la réalité. Il fuit le quotidien par tous les moyens (émotion, alcool, drogue, télévision, etc.). - L'individu fait confiance trop vite. Il vit trop fortement ses émotions. Elles le chavirent constamment. - L'individu manipule les autres avec ses émotions et ses états d'âme changeants. Il joue au martyr. Il n'est pas fiable. Il n'arrive pas à fonctionner avec des dates, des échéances et des engagements.
Si cette énergie est sous-exploitée *(mauvais conseiller)*	- L'individu se coupe totalement de la religion, de la spiritualité ou du mysticisme. Il nie vigoureusement l'existence de ces sphères. - L'individu se coupe de ses émotions, de ses intuitions ou de son ressenti. Il a peur d'ouvrir son cœur aux autres. - L'individu se coupe de son imagination et de son monde intérieur. Il refuse l'introspection et la création.
Le challenge du coach lancé au point traversant le signe	- Trouver la manière de s'ouvrir sainement à la religiosité. - Trouver une manière de se sentir utile aux autres et à la société. - Trouver du temps pour l'introspection, le calme et la méditation.

V
La définition des Maisons

Une Maison zodiacale est l'équivalent d'un domaine (souvent intérieur) que l'on peut explorer et qui, à l'image d'une chasse au trésor, nous mènera soit à de grandes récompenses, soit à de grands écueils ! Grosso modo, nous pouvons dire que le domaine d'une Maison zodiacale s'explore de trois grandes façons : l'exploration consciente et positive du domaine (nous obtenons une récompense), l'exploration inconsciente, débridée et négative du domaine (voilà l'écueil !) ou le refus d'explorer le domaine.

En résumé, nous pourrions décrire une Maison comme étant un domaine à explorer et exploiter. Si nous écoutons les paroles du bon coach, nous apprendrons à l'explorer et l'exploiter adéquatement et sainement. Si nous écoutons le mauvais conseiller, nous survaloriserons ce domaine et cela aura des conséquences fâcheuses. Et il reste toujours la possibilité de sous-valoriser le domaine par peur ou par paresse.

Voyez dans le tableau suivant une illustration de cette métaphore de l'énergie avec les trois possibilités d'exploitation : bonne, mauvaise et sous-valorisation.

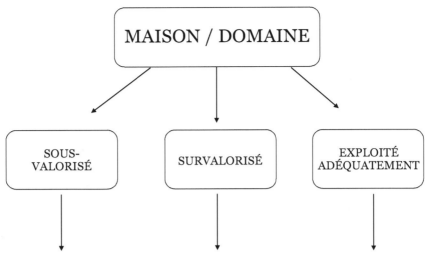

SOUS-VALORISÉ	**SURVALORISÉ**	**EXPLOITÉ ADÉQUATEMENT**

Le sujet refuse d'habiter le symbole à cause de la peur, d'un blocage ou de la paresse.

Le consultant fait du surplace au lieu de croitre.

Le consultant est malheureux.

Le sujet habite et valorise exclusivement et en trop grande quantité le symbole.

Il régresse.

Le consultant est malheureux.

Le sujet habite et exploite sainement et adéquatement le symbole.

Il évolue.

Le consultant est en paix et heureux.

La Maison 1 - I

L'explication

La cuspide de la Maison 1 étant l'ascendant, tout ce que nous avons dit à propos du style, de la *persona* et du comportement quotidien reste valide. Question d'alléger le texte, cette portion ne sera que répétée succinctement ici. Je vous invite à relire la définition complète à la page 92 si votre mémoire vous fait défaut.

La Maison 1 est donc en lien avec la *persona,* un masque qui ne doit pas vous servir pour vous cacher, mais bien pour vous révéler. La Maison 1 symbolise la meilleure énergie possible pour vous exprimer et vous faire comprendre des autres. Si vous naviguez bien dans le domaine de la Maison 1 vous allez vous sentir bien dans votre peau, à votre place, naturel, confortable et authentique. Les gens autour vont le sentir et ils vont interagir avec vous facilement et avec enthousiasme. Vous allez vous présenter au monde extérieur pour ce que vous êtes vraiment et le monde extérieur viendra vous solliciter pour ce que vous êtes vraiment.

Mais en plus de tout cela, la Maison 1 représente le domaine du départ et du lancement. Elle est la première Maison zodiacale et elle correspond symboliquement à la naissance d'un enfant, d'un projet, d'une nouvelle vie, etc. Elle est donc le point de départ de toutes choses.

Dès qu'un symbole astrologique (planète ou point) entre dans la Maison 1, il doit prendre du temps pour explorer ce domaine et en comprendre toutes les nuances. Il doit faire de ce domaine un sujet privilégié de sa vie. Il doit « faire, développer ou utiliser » ce domaine le plus souvent possible.

Comment cela peut-il se passer ? Si vous suivez le conseil du « bon coach Maison 1 », vous allez permettre au point qui la traverse d'être ajouté à la *persona.* C'est un trait de la personnalité qui devra être peaufiné, accepté, exprimé et intégré sainement dans le comportement quotidien. De plus, ce point arrivera souvent à un moment où il devra prendre un nouveau départ. Il faudra explorer les possibilités d'ouvrir un nouveau chapitre en lien avec la planète ou le point qui traversent la Maison.

Si vous suivez l'avis du « mauvais conseiller Maison 1 », soit vous allez refuser le challenge, soit vous irez trop loin dans le domaine. Qu'est-ce que cela veut dire exactement ? La première option est assez simple à comprendre. Vous refuserez le challenge. Vous n'intégrerez pas le point à la *persona* et vous ne lui permettrez pas de prendre un nouvel envol dans votre existence.

La seconde option est plus glissante. Vous allez épouser le domaine, l'embrasser, le bénir et le vénérer tellement aveuglément que vous allez effacer tout le reste de votre *persona* au seul profit du nouveau point. À cause de l'excès, vous risquerez de l'exprimer de plus en plus négativement et de déranger tous les gens qui vous entourent. À trop vouloir mettre vos œufs dans le même panier, vous finirez par vous isoler de ce que vous vouliez et de ceux qui pourront vous aider.

Le tableau d'interprétation

LA MAISON 1 **Le domaine de la *persona***
Le bon coach Le consultant admet qu'il doit intégrer sainement de nouveaux traits à son comportement quotidien. Il est conscient de devoir ouvrir un nouveau chapitre à sa vie.
Le mauvais conseiller Le consultant ferme la porte à l'intégration de nouveaux traits de personnalité et à toute nouveauté. Le consultant devient obsédé par l'importance d'exprimer quelque chose de nouveau au point où l'égocentrisme nuit à ses relations et à ses actions. Il exprime des traits négatifs plutôt que constructifs.
Le challenge du coach Intégrer sainement de nouveaux traits de personnalité au quotidien.

> Être capable d'évoluer dans sa façon de se présenter aux autres.
>
> Devenir plus authentique et plus transparent.
>
> Débuter un nouveau chapitre de sa vie.

Quelques pistes supplémentaires d'interprétation

MAISON 1 (ASCENDANT) : domaine de la persona	
L'objectif du point qui traverse la Maison	- Trouver le comportement idéal : la manière d'être et d'agir pouvant servir le mieux l'individu dans sa mission de vie. - Trouver le comportement idéal pour traduire simplement et efficacement l'ensemble du monde intérieur qui habite un individu. - Trouver le costume idéal pour se faire comprendre des autres. - Débuter un nouveau chapitre dans la vie d'un individu.
Le résultat positif *(bon coach)*	- L'identité personnelle est claire et bien définie. L'individu se sent bien dans sa peau, à sa place dans le bon décor avec le bon costume. - L'individu a du pouvoir sur sa vie. Il est en maitrise de lui-même. Il s'exprime sainement. - L'individu démarre quelque chose de positif.
Si ce domaine est survalorisé *(mauvais conseiller)*	- Le costume de l'individu prend le dessus sur la personnalité véritable. Il joue un rôle. - L'individu devient égocentrique et ne réfléchit plus avant d'agir. - L'individu prend un mauvais départ.

Si ce domaine est sous-valorisé *(mauvais conseiller)*	- L'individu n'arrive pas à faire sa place en société. Il ne se sent pas capable de le faire. - L'individu ne trouve pas la manière de se présenter, de se simplifier et d'interagir avec son monde quotidien. Il est erratique, imprécis et difficile à comprendre. - L'individu n'arrive pas à démarrer adéquatement ce qu'il veut.
Le challenge du coach lancé au point traversant la Maison	- Trouver un rôle, une manière d'être et un style qui permettent d'être compris adéquatement par les autres sans renier sa personnalité profonde et authentique. - Trouver le comportement idéal permettant d'être efficace au quotidien et d'atteindre de nouveaux buts.

La Maison 2 - II

L'explication

La Maison 2 représente le domaine des ressources, des talents bruts et des avoirs. La Maison 2 est une Maison de terre et on peut effectivement la comparer à la terre dont on espère tirer une récolte. Tout comme une terre agricole, si on exploite correctement la Maison 2 on pourra y faire pousser beaucoup de bonnes choses et faire un beau profit lors de la vente des moissons.

La Maison 2 symbolise votre terre agricole intérieure. Quels sont les talents bruts qui vous habitent et comment devriez-vous les exploiter ? De quelles ressources disposez-vous et comment en disposer de manière intelligente ? Quels avoirs composent votre fortune et comment pouvez-vous les faire fructifier ?

Par extension, la Maison 2 symbolise aussi la confiance et l'estime personnelle. La confiance parce que si vous travaillez bien votre terre agricole intérieure et que vos talents bruts poussent allègrement tout en vous rapportant de bons dividendes, vous développerez une confiance en vous et en la vie. Vous deviendrez facilement convaincu de pouvoir nourrir toute la famille sans inquiétude. Les lendemains seront assurés. L'estime personnelle parce que le fait de développer vos talents véritables et de les voir fructifier sera une source importante du sentiment d'accomplissement de soi.

Dès qu'un symbole astrologique (planète ou point) entre dans la Maison 2, il doit prendre du temps pour explorer ce domaine et en comprendre toutes les nuances. Il doit faire de ce domaine un sujet privilégié de sa vie. Il doit « faire, développer ou utiliser » ce domaine le plus souvent possible.

Comment cela peut-il se passer ? Si vous suivez le conseil du « bon coach Maison 2 », vous allez permettre au point qui la traverse d'identifier ses talents bruts et les faire fructifier. Vous allez faire avec lui un bilan des ressources et des avoirs et vous aller vérifier s'ils sont utilisés à bon escient.

Si vous suivez l'avis du « mauvais conseiller Maison 2 », soit vous allez refuser le challenge, soit vous irez trop loin dans le domaine.

Qu'est-ce que cela veut dire exactement ? La première option est assez simple à comprendre. Vous refuserez le challenge. Vous ne ferez pas fructifier vos talents, ne ferez pas le bilan de vos ressources et de vos avoirs et mettrez en péril à la fois vos finances et votre confiance personnelle.

La seconde option est plus insidieuse. Vous allez épouser le domaine, l'embrasser, le bénir et le vénérer tellement aveuglément que vous allez faire de l'argent et du profit vos maitres absolus et toute votre vie et votre estime personnelle vont être déterminées sur l'échelle de votre compte en banque. Vous exploiterez des talents qui ne sont pas les vôtres, car le but deviendra prioritairement de faire de l'argent plutôt que d'être véritable et authentique.

Le tableau d'interprétation

LA MAISON 2
Le domaine des ressources
Le bon coach
Le consultant prend le temps d'exploiter ses talents bruts tout en pratiquant une gestion saine de ses avoirs et de ses ressources.
Le mauvais conseiller
Le consultant ne fait pas fructifier ses talents et il n'assure pas une bonne gestion de ses ressources.
Le consultant confond estime de soi et profit. Il est prêt à vendre sa mère pour faire de l'argent. Il n'exploite pas ses véritables talents.
Le challenge du coach
Faire un bilan honnête de ses ressources et de ses avoirs, puis apporter des modifications ou améliorations si nécessaire.
Identifier et exploiter ses talents bruts authentiques.
Installer des fondations solides à sa vie matérielle pour être en confiance et en sécurité.

Quelques pistes supplémentaires d'interprétation

MAISON 2 : domaine du talent à faire fructifier	
L'objectif du point qui traverse la Maison	- La capacité de faire appel à ses talents et à ses ressources. - La capacité de développer ses talents et ses ressources pour les rendre plus solides. - La confiance en soi qui vient du sentiment que les talents et les ressources sont disponibles en abondance pour parer à toute éventualité.
Le résultat positif *(bon coach)*	- L'individu a un sentiment de sécurité profond. Il a le sentiment d'avoir un ancrage solide auquel se fier dans la vie. - L'individu ne manque jamais de rien d'essentiel. L'abondance le nourrit. - L'individu a l'estime et le respect de lui-même et il les gagne aussi des autres. - L'individu a confiance en lui. Il développe ses talents avec certitude. - L'individu peut compter sur des ressources saines et solides. Ces ressources sont un appui fort, mais ne sont jamais une fin en soi.
Si ce domaine est survalorisé *(mauvais conseiller)*	- L'individu ne se définit que par ses talents et ses ressources. Il cherche la sécurité matérielle au détriment de tout le reste. Il sacrifie l'évolution et la croissance personnelle sur l'autel de la stabilité. - L'individu voit son corps et ses possessions comme des objets à parader pour se donner de la valeur.
Si ce domaine est sous-valorisé *(mauvais conseiller)*	- L'individu manque cruellement de confiance dans ses ressources et dans ses talents. - L'individu développe un complexe d'infériorité et de dévalorisation personnelle.

	- L'individu ne développe jamais rien de solide et souffre par conséquent d'insécurité et d'instabilité.
Le challenge du coach lancé au point traversant la Maison	- Trouver la meilleure manière d'utiliser ses talents et de les faire fructifier. - Trouver les bases et la sécurité nécessaire au sentiment de quiétude sans toutefois compromettre l'évolution, la croissance et le progrès. - Trouver ce qui permet d'avoir confiance en soi et de se sentir solide.

La Maison 3 - III

L'explication

La Maison 3 symbolise la capacité d'abstraction. C'est une Maison où l'on tente de schématiser un problème à résoudre souvent en en isolant des détails techniques. La Maison 3 , c'est donc l'art de privilégier les détails, les faits, les éléments ou les pièces d'un système pour mieux le comprendre. C'est aussi l'art abstrait de la planification et de l'élaboration d'un plan virtuel et théorique.

La Maison 3 représente le domaine de l'apprentissage. Si dans la Maison 2 se trouvaient vos ressources brutes, avec la Maison 3, vous pourrez commencer à les peaufiner sur un plan intellectuel. Cela peut se faire au travers d'une école, d'un cours privé, d'un séminaire, d'un atelier, d'un article de journal, d'un livre, d'une conférence, d'un site web, etc. Le domaine de la Maison 3 c'est celui de toutes les voies d'apprentissage cérébrales et intellectuelles. Par conséquent, l'énergie la plus archétypale de la Maison 3, c'est celle de la curiosité. Par la curiosité, on s'informe, on apprend et on communique. Sans la curiosité, nous nous contenterions de ce que nous savons et/ou connaissons déjà !

Lorsque la phase d'apprentissage de la Maison 3 est achevée, s'annonce la phase de la communication sur ce qui a été appris. Donc, aussi en Maison 3 se retrouve le domaine de la communication, de l'écriture et du fait de raconter. Une Maison 3 bien exploitée permet de bien comprendre un sujet et par la suite d'être capable d'en parler à un « public ». Bien naviguer dans sa Maison 3 permet de trouver sa véritable voix au travers de tous les enseignements reçus. Avec sa véritable voix on pourra communiquer le plus efficacement et raconter notre histoire.

Finalement, la Maison 3 symbolise les rencontres de nature intellectuelle et communicative. Elle représente le monde extérieur avec qui l'on échange pour mieux comprendre ce qui se passe autour de nous.

Dès qu'un symbole astrologique (planète ou point) entre dans la Maison 3, il doit prendre du temps pour explorer ce domaine et en comprendre toutes les nuances. Il doit faire de ce domaine un

sujet privilégié de sa vie. Il doit « faire, développer ou utiliser » ce domaine le plus souvent possible.

Comment cela peut-il se passer ? Si vous suivez le conseil du « bon coach Maison 3 », vous allez permettre au point qui la traverse d'entrer prioritairement dans une phase cérébrale d'apprentissage et de décorticage intellectuel. Vous allez favoriser la curiosité de ce point au travers d'une socialisation de type académique en multipliant les sources nouvelles d'informations. Finalement, vous allez amener ce point à trouver sa propre voix et à l'exprimer aux autres qui l'entourent. Ce point devra devenir un conteur à sa manière, peu importe qu'elle soit orale, écrite ou même purement visuelle (comme une photographie par exemple).

Si vous suivez l'avis du « mauvais conseiller Maison 3 », soit vous allez refuser le challenge, soit vous irez trop loin dans le domaine. Qu'est-ce que cela veut dire exactement ? La première option est assez simple à comprendre. Vous refuserez le challenge. Vous n'apprendrez rien de nouveau et vous en resterez avec vos vieilles conceptions du monde qui vous serviront d'œillères.

La seconde option est plus insidieuse. Vous allez épouser le domaine, l'embrasser, le bénir et le vénérer tellement aveuglément que vous allez tout intellectualiser tout le temps au risque de vous enfermer dans une tour d'ivoire loin des émotions, de la spiritualité et de la vie quotidienne. Vous allez tellement être attentif aux détails que vous perdrez le regard global sur la situation. Et à force de tout vouloir connaitre et entendre, vous surferez superficiellement sur les sujets plutôt que de les comprendre vraiment.

Le tableau d'interprétation

LA MAISON 3 **Le domaine de l'apprentissage**
Le bon coach Le consultant se permet d'apprendre quelque chose de nouveau et de le communiquer à sa manière par la suite. Il utilise sainement son intellect, sa curiosité et sa capacité de raconter une histoire.
Le mauvais conseiller Le consultant ferme la porte à tout apprentissage et à toute nouvelle idée. Le consultant devient prisonnier du monde intellectuel. Il rationalise tout. Il saute d'une idée à une autre sans jamais comprendre ni trouver sa véritable voix. Il commère !
Le challenge du coach Apprendre, lire, découvrir et être curieux. Trouver sa voix et communiquer ce que l'on a appris. Analyser, schématiser, décortiquer et planifier.

Quelques pistes supplémentaires d'interprétation

MAISON 3 : domaine de l'apprentissage et de la communication	
L'objectif du point qui traverse la Maison	- Utiliser l'ensemble des processus cognitifs : l'apprentissage, les cours, l'éducation, la communication, l'écriture, la parole, les projets, les idées, la planification de la vie quotidienne, l'intellect. - Favoriser l'apprentissage continu qui permet le renouvellement et la mise à jour des schémas de pensée et de l'idée qu'on se fait de la vie.

Le résultat positif *(bon coach)*	- L'individu possède un intellect efficace et bien ordonné. Tous les éléments du processus cognitif se vivent clairement et aisément autant à l'émission (communication) qu'à la réception (apprentissage) de l'information. - L'individu apprend constamment. Il est capable d'évoluer intellectuellement. - L'individu reconnait aisément ses schémas de pensée et les concepts qu'il a du monde qui l'entoure. Il a la capacité d'accepter (et même d'encourager) différents schémas de pensée qui permettent de faire la mise à jour de l'idée qu'il se fait de la vie.
Si ce domaine est survalorisé *(mauvais conseiller)*	- L'individu se détache et se dissocie de la vie émotionnelle, intérieure et psychique au seul profit du cerveau et de l'intellect. - L'individu peut devenir condescendant, pédant ou intellectuellement écrasant. - L'individu devient confus et instable. Il sollicite trop ses capacités cérébrales et perd son temps en se dispersant dans une myriade d'activités intellectuelles. - L'individu se perd dans le bavardage, le butinage, la futilité, etc.
Si ce domaine est sous-valorisé *(mauvais conseiller)*	- Les fonctions cognitives ne sont pas développées à leur plein potentiel. - L'individu n'apprend rien de nouveau et se cantonne dans des schémas de pensée périmés ou contre-évolutifs. Il défend ses idées comme le ferait un extrémiste. - L'individu applique une fermeture intellectuelle à la vie et aux autres.

Le challenge du coach lancé au point traversant la Maison	- Trouver le moyen d'évoluer intellectuellement de manière constante. - Trouver ce qui est nécessaire pour encourager la curiosité, l'apprentissage, l'étude, la lecture, la culture et la découverte. - Trouver la meilleure façon d'analyser les schémas de pensée et de les mettre à jour si nécessaire en tenant compte de points de vue différents.

La Maison 4 - IV

L'explication

La cuspide de la Maison 4 étant le fond du ciel, tout ce que nous avons dit à propos de la psyché consciente, de la mythologie personnelle, des racines familiales et de l'imaginaire reste valide. Question d'alléger le texte, cette portion ne sera que répétée succinctement ici. Je vous invite à relire la définition complète à la page 100 si votre mémoire vous fait défaut.

La Maison 4 est donc en lien avec la psyché consciente, c'est-à-dire les pensées, les images mentales, les souvenirs, les émotions et les ressentis. Si vous pouvez être pleinement conscient de votre monde intérieur, vous remarquerez qu'il influence vos réactions et votre vie. Un monde intérieur plaisant entraine une forme d'enthousiasme et de confiance. Un monde intérieur malheureux entraine une lourdeur et une forme de pessimisme. La Maison 4 représente donc l'ensemble des images qui vous habitent. Certaines d'entre elles viennent de vos souvenirs reliés à l'enfance, aux parents, à la famille et au passé en général. Certaines images viennent de la culture que vous avez consommée jusqu'à aujourd'hui. Certaines images viennent tout droit de votre imagination, de vos rêves, de votre sensibilité et de votre intuition. Jung appelait tout ce matériel intérieur la mythologie personnelle. Bien que la mythologie personnelle soit totalement abstraite et subjective, elle a une influence démesurée sur votre vie. C'est pourquoi les gens les plus heureux et stables sont conscients de ce phénomène. Ils ne le laissent pas prendre le dessus. Ils connaissent bien leur « mythologie personnelle » et ils l'utilisent plutôt que d'en être le pantin inconscient. Les gens lunatiques sont, pour leur part, très inconscients de l'existence de cette mythologie. C'est ce qui explique les sautes d'humeur, le vague à l'âme et les réactions instinctives déplorables. La Maison 4 a beaucoup d'impact sur la capacité de vivre sainement notre vie intime avec nos proches. C'est pourquoi on lui associe les sujets de la vie conjugale et le foyer.

Dès qu'un symbole astrologique (planète ou point) entre dans la Maison 4, il doit prendre du temps pour explorer ce domaine et en comprendre toutes les nuances. Il doit faire de ce domaine un

sujet privilégié de sa vie. Il doit « faire, développer ou utiliser » ce domaine le plus souvent possible.

Comment cela peut-il se passer ? Si vous suivez le conseil du « bon coach Maison 4 », vous allez permettre au point qui la traverse de faire une introspection. Le point devra méditer sur le passé, l'enfance, la famille, les héros, les méchants, les humeurs et sur l'ensemble des pensées qui meublent le quotidien. Il faudra faire de la place dans votre horaire pour des moments de solitude. Il faudra utiliser des techniques d'introspection (attention à ses pensées, thérapie, méditation, analyse des rêves, etc.) Si vous êtes un artiste dans l'âme, vous en profiterez pour sortir ces images et les mettre sur du papier. C'est une source d'inspiration incroyable.

Si vous suivez l'avis du « mauvais conseiller Maison 4 », soit vous allez refuser le challenge, soit vous irez trop loin dans le domaine. Qu'est-ce que cela veut dire exactement ? La première option est assez simple à comprendre. Vous allez nier l'existence de ce monde intérieur et de ses effets. Ainsi vous vous dispenserez de l'effort de l'introspection.

La seconde option est plus glissante. Vous allez épouser le domaine tellement aveuglément que vous allez être noyé dans la mythologie personnelle. Le fond du ciel regorge d'images et de ressentis et c'est ce qui arrive quand on laisse les souvenirs et les émotions nous submerger sans jamais être capable de remonter à la surface pour respirer. Chaque moment de plongée à l'intérieur de soi devra être compensé par une activité plus superficielle et plaisante dans la vie extérieure. Aussi, le fait d'être toujours en introspection pourra vous amener dans un état de léthargie. Il faudra compenser l'introspection par des activités physiques régulières.

Le tableau d'interprétation

LA MAISON 4 **Le domaine de la mythologie personnelle**
Le bon coach Le consultant admet que sa vie intérieure a une influence sur sa réalité et il permet au point qui traverse la Maison de prendre le temps de l'investiguer.
Le mauvais conseiller Le consultant ferme la porte à la mythologie personnelle. Le consultant devient prisonnier du monde intérieur. Il devient lunatique, léthargique et malheureux sans trop savoir pourquoi.
Le challenge du coach Prendre le temps pour investiguer son passé, son enfance, sa famille, ses souvenirs du père et de la mère, ses héros favoris, ses méchants marquants et ses pensées. Admettre l'influence de la mythologie personnelle sur sa réalité quotidienne et la faire évoluer. Utiliser son monde intérieur plutôt que d'être utilisé par lui, permettre au monde intérieur d'évoluer. Utiliser ses découvertes dans une activité artistique.

Quelques pistes supplémentaires d'interprétation

MAISON 4 (FOND DU CIEL) : domaine de la psyché archétypale consciente	
L'objectif du point qui traverse la Maison	- Découvrir tous les archétypes présents dans le conscient.

	- Enrichir la vie conjugale avec une autre personne et/ou la vie domestique en solo. Rendre le foyer agréable. - Naviguer dans les territoires de l'intuition et de l'imagination.
Le résultat positif *(bon coach)*	- Il y a un ensemble d'images positives de soi et de la vie qui sont bien ancrées dans la psyché et qui permettent l'expression saine de la personnalité. - L'individu apprend de mieux en mieux qui il est en explorant sa psyché, ses intuitions et ses émotions. - L'individu établit des racines familiales, personnelles et culturelles qui sont solides et fiables. Il possède une famille (au sens large du terme) qui peut lui venir en aide lorsqu'il en a besoin. - L'individu a la capacité de vivre en couple de façon saine. - L'intuition, le monde intérieur et l'imagination s'expriment.
Si ce domaine est survalorisé *(mauvais conseiller)*	- L'individu se perd dans l'exploration du conscient. Un ensemble d'images négatives de soi et de la vie le hantent. - L'individu n'arrive pas à sortir de son monde intérieur. Le vague à l'âme le prend constamment par surprise. Il est prisonnier de son foyer et de sa vie intime. Il s'en sert comme d'une fuite du monde réel. Le foyer devient le seul lieu où il se sent en sécurité.
Si ce domaine est sous-valorisé *(mauvais conseiller)*	- L'individu devient dépendant des patterns familiaux et passés. Il est incapable de bâtir une relation intime avec une autre personne. - L'individu se dissocie des émotions et du monde intérieur. Il développe des phobies et des angoisses pour compenser. - L'individu ne développe jamais ses capacités créatives et imaginaires.

Le challenge du coach lancé au point traversant la Maison	- Trouver la meilleure manière de constituer une famille saine et un environnement réconfortant autour de soi. - Trouver le temps et les activités nécessaires pour voyager dans son monde intérieur, pour utiliser son intuition et pour solliciter son imagination.

La Maison 5 - V

L'explication

La Maison 5 représente le domaine de l'expression personnelle. Notre monde intérieur (que nous venons de visiter en Maison 4) regorge d'images, de pensées et d'émotions, mais avec la Maison 5 nous pouvons traduire ce monde intérieur vers l'extérieur. C'est pourquoi une association classique de la Maison 5 est celle de la créativité. Attention à ne pas confondre art et créativité. Les artistes sont par définition créatifs, mais il n'est pas nécessaire d'être un artiste pour être créatif.

Nous pouvons dire que la Maison 5 est le canal par lequel une personne exprime son cœur, sa personnalité, son identité et son ego. C'est d'ailleurs une Maison dans laquelle on exprime ses sentiments et où l'on espère que l'autre nous exprime aussi ses sentiments. C'est la Maison où l'on « tombe en amour ». Le flirt, la séduction, les premiers moments d'extase, les débuts fébriles et magiques, l'aventure... Voilà toutes des notions associées à la Maison 5. Et c'est peut-être pour cette raison que l'astrologie traditionnelle y a aussi ajouté les enfants et la relation aux enfants.

La Maison 5 symbolise également le domaine de la fête, de la joie et des vacances. C'est un endroit où l'idée est de s'amuser et de se relaxer plutôt que de se prendre la tête ! C'est pourquoi la Maison 5 symbolise un endroit où la vie est facile et agréable. Même si ce n'est pas toujours vrai, personne ne peut vivre une vie agréable et saine sans avoir l'impression que l'on peut s'y amuser et s'y détendre de temps en temps.

Dès qu'un symbole astrologique (planète ou point) entre dans la Maison 5, il doit prendre du temps pour explorer ce domaine et en comprendre toutes les nuances. Il doit faire de ce domaine un sujet privilégié de sa vie. Il doit « faire, développer ou utiliser » ce domaine le plus souvent possible.

Comment cela peut-il se passer ? Si vous suivez le conseil du « bon coach Maison 5 », vous allez permettre au point qui la traverse de s'exprimer véritablement et de trouver une manière créative de le faire. À tout le moins, vous allez exiger de ce point qu'il traduise en signes extérieurs ce qu'il ressent à l'intérieur. Vous allez permettre au point de se relaxer, de se détendre et de s'amuser. Ce sera le temps de cesser de se prendre au sérieux. Également, il sera possible que ce point ait à s'exprimer où à s'intégrer dans le domaine affectif. Il sera peut-être l'élément manquant pour tomber en amour ou pour renouveler la magie des débuts dans un couple existant. Sur un plan plus global, ce point devra tomber (ou retomber) en amour avec la vie et y participer gaiement.

Si vous suivez l'avis du « mauvais conseiller Maison 5 », soit vous allez refuser le challenge, soit vous irez trop loin dans le domaine. Qu'est-ce que cela veut dire exactement ? La première option est assez simple à comprendre. Vous refuserez le challenge. Vous ne vous amuserez pas. Vous êtes trop sérieux pour cela ! Vous ne vous exprimerez pas et ne chercherez pas à aimer la vie. Vous ne ferez aucun effort pour rencontrer ou pour renouveler le couple.

La seconde option est plus insidieuse. Vous allez épouser le domaine, l'embrasser, le bénir et le vénérer tellement aveuglément que vous allez faire de la fête et des aventures vos seuls maitres. Vous allez sombrer dans une ambiance de débauche durant laquelle il n'y aura que la gratification superficielle de votre ego qui comptera. Vous allez collectionner les aventures amoureuses frivoles et parfois destructrices.

Le tableau d'interprétation

LA MAISON 5
Le domaine de l'expression de l'ego

Le bon coach
Le consultant admet qu'il a besoin de se détendre et de s'amuser. Il n'hésite pas à s'exprimer et il est capable d'être créatif à sa manière. Il privilégie l'expression de son cœur et l'amour de la vie.

Le mauvais conseiller

Le consultant ferme la porte à toute expression personnelle ainsi qu'au plaisir ou à la détente.

Le consultant devient prisonnier du plaisir et de la fête. Il ne cherche qu'à gratifier son ego. Il collectionne les aventures amoureuses.

Le challenge du coach

Prendre le temps de se détendre et de s'amuser.

Tomber en amour avec la vie.

Tomber en amour avec une autre personne ou retomber en amour avec son conjoint.

Être créatif et s'exprimer.

Quelques pistes supplémentaires d'interprétation

MAISON 5 : *domaine de la créativité et du plaisir*	
L'objectif du point qui traverse la Maison	- Découvrir sa créativité et stimuler l'expression personnelle. - Expérimenter les plaisirs de la vie. - Nouer ou renouer des relations sentimentales.
Le résultat positif *(bon coach)*	- L'individu a la capacité de tomber amoureux de soi, de la vie et des autres. Il a le courage de le dire haut et fort. - L'individu a une joie de vivre et l'exprime de manière créative. - L'individu réussit à traduire ses ressentis intérieurs et intimes en symboles extérieurs et publics. - L'individu fait la fête, se détend et a du plaisir.

Si ce domaine est survalorisé *(mauvais conseiller)*	- L'individu devient imbu de lui-même et il ne cherche qu'un public pour l'écouter et le regarder se pavaner. - L'individu ne recherche que le plaisir et la facilité. - Les affaires de cœur se multiplient car il n'aime que « tomber en amour ». Il collectionne les relations éphémères. - L'individu devient un enfant incapable de devenir un adulte.
Si ce domaine est sous-valorisé *(mauvais conseiller)*	- L'individu devient terne, timide et incapable de s'exprimer. Il n'a pas de plaisir dans la vie. - L'individu a peur des relations interpersonnelles et sentimentales. Il a une difficulté à ouvrir son cœur aux autres. - L'individu est incapable de laisser libre cours à sa créativité.
Le challenge du coach lancé au point traversant la Maison	- Trouver une manière de s'exprimer personnellement, de traduire des ressentis intérieurs en signes extérieurs. - Trouver une manière de laisser libre cours à sa créativité. - Trouver une façon de prendre part au plaisir d'être en vie, de faire la fête et de s'amuser. - Trouver la manière de tomber en amour avec soi, avec d'autres et avec la vie. - Trouver une manière de renouveler le sentiment des « premiers temps » dans une relation établie.

La Maison 6 - VI

L'explication

La Maison 6, une Maison de terre tout comme la Maison 2 et la Maison 10, représente le domaine de la croissance, de l'amélioration, de la santé, du mentorat, du travail et du service. On peut comprendre adéquatement la Maison 6 si on la compare à une terre agricole symbolique que l'on travaille pour tirer le maximum de notre vie. Tout comme la terre, la Maison 6 nécessite un entretien particulier. Si on abandonne une terre, les récoltes seront absentes. Il faut veiller au grain et ne jamais hésiter à l'optimiser en retirant vaillamment les mauvaises herbes. C'est pourquoi la Maison 6 symbolise le travail sur soi, l'amélioration, la croissance personnelle et le perfectionnement. Que l'on travaille à s'améliorer intérieurement, à améliorer sa santé ou à améliorer un de nos talents, c'est dans la Maison 6 que cela se passe. Pour réussir ce processus, il nous faut de l'aide. Tout comme un agriculteur a reçu tout au long de sa vie des conseils des générations précédentes, la Maison 6 représente le fait d'aller chercher de l'aide et des conseils. La Maison 6 symbolise les mentors qui nous coachent et nous montrent comment y arriver. Ultimement, lorsque la Maison 6 est bien exploitée, le consultant va chercher tout le mentorat nécessaire et finit par devenir lui-même un mentor pour d'autres personnes. Encore une fois, à l'image d'un agriculteur qui travaille bien sa terre, en tire du bon blé et pourra ainsi le vendre au boulanger qui en fera du bon pain, la maison 6 représente la capacité d'offrir quelque chose aux autres. Pour cette raison, la Maison 6 parle de service. Autrement dit, comment développer adéquatement mes talents (qui étaient en Maison 2) pour qu'ils puissent être mis au service des autres. Dans son expression la plus pure, la Maison 6 symbolise le travail quotidien d'une personne qui lui permet de gagner sa vie parce qu'elle offre un service qui a une valeur aux yeux d'une portion de la société (nous verrons plus loin que la Maison 10 sera aussi une maison « professionnelle » dans un autre angle).

Dès qu'un symbole astrologique (planète ou point) entre dans la Maison 6, il doit prendre du temps pour explorer ce domaine et en comprendre toutes les nuances. Il doit faire de ce domaine un sujet privilégié de sa vie. Il doit « faire, développer ou utiliser » ce domaine le plus souvent possible.

Comment cela peut-il se passer ? Si vous suivez le conseil du « bon coach Maison 6 », vous allez permettre au point qui la traverse de faire un constat rigide de l'état de sa situation. Il devra pouvoir identifier ses objectifs et ce qui lui nuira ou lui manquera pour les atteindre. Il aura besoin de se sentir en contrôle de la réalité. Par la suite, ce point devra travailler à développer ses talents en allant chercher l'aide nécessaire. Finalement, le point devra trouver une façon d'offrir ce qu'il peaufinera et développera pour les autres de manière à se sentir utile et compétent à la société qui l'entoure.

Si vous suivez l'avis du « mauvais conseiller Maison 6 », soit vous allez refuser le challenge, soit vous irez trop loin dans le domaine. Qu'est-ce que cela veut dire exactement ? La première option est assez simple à comprendre. Vous refuserez le challenge. Vous ne ferez pas de bilan et ne développerez pas vos talents. Vous choisirez un rôle de subalterne ingrat et démotivant, puis vous passerez vos journées à râler contre la vie. Les petites contraintes s'accumuleront autour de vous. À un certain point, vous somatiserez toutes les frustrations de votre quotidien.

La seconde option est plus dangereuse. Vous allez épouser le domaine, l'embrasser, le bénir et le vénérer tellement aveuglément que vous allez devenir exagérément sévère et défaitiste quant à vos accomplissements. Vous confondrez le besoin de regarder la réalité en face avec de l'automatraquage. Vous pourrez aussi développer des troubles obsessifs compulsifs et de la somatisation à force d'essayer de contrôler les moindres détails de votre santé et du monde qui vous entoure !

Le tableau d'interprétation

LA MAISON 6
Le domaine du perfectionnement
Le bon coach
Le consultant comprend qu'il doit faire un bilan de sa situation et viser à améliorer certaines parties de sa vie pour atteindre des objectifs qui seront à la fois une source de sentiment de compétence et une utilité à d'autres personnes.

Le mauvais conseiller

Le consultant ferme la porte au perfectionnement, au mentorat et au développement professionnel significatif.

Le consultant devient son propre bourreau. Il finit par se noyer dans le contrôle et les détails. Rien n'est jamais assez parfait pour lui.

Le challenge du coach

Faire un bilan sans complaisance de sa vie et chercher à s'améliorer même au travers des contraintes.

Développer ses talents.

Rechercher une forme de mentorat.

Trouver ce qui peut nous rendre utile aux autres.

Travailler quotidiennement à quelque chose de significatif.

Quelques pistes supplémentaires d'interprétation

MAISON 6 : domaine du développement de soi	
L'objectif du point qui traverse la Maison	- Le développement des talents, des capacités et des habiletés. - L'identification des lacunes et la correction progressive de celles-ci. - La capacité de traverser une phase difficile et de la surmonter, entre autres parce que l'on comprend pourquoi on la traverse. - La capacité de se donner et de rendre service.
Le résultat positif *(bon coach)*	- L'individu développe patiemment un talent et une compétence qu'il met au « service » des autres. Il est satisfait de lui.

	- L'individu est en croissance, en amélioration et en évolution personnelle. Même lorsqu'il traverse une phase difficile, il s'en sert pour grandir. - Il reçoit et/ou donne un mentorat utile.
Si ce domaine est survalorisé *(mauvais conseiller)*	- L'individu n'est jamais satisfait de lui. Il ne voit que les défauts. Il développe des comportements obsessifs. Il veut tout contrôler dans son régime de vie. Il ne fait que travailler tout le temps. - L'individu multiplie les corvées. Il est un esclave. Il est incapable de se détacher de son mentor. Il est un éternel second violon.
Si ce domaine est sous-valorisé *(mauvais conseiller)*	- L'individu ne développe pas un comportement permettant l'amélioration personnelle. Son existence est futile et la vie se charge de le lui rappeler quotidiennement par d'innombrables petites contraintes. - L'individu refuse le mentorat qui pourrait être bénéfique. - L'individu nourrit et maintient ses différentes contraintes en ne passant pas à autre chose. Il traverse une phase difficile et ne pose pas de gestes significatifs. - L'individu refuse d'affronter les contraintes vécues et se met la tête dans le sable. Il développe ainsi une somatisation de ses problèmes.
Le challenge du coach lancé au point traversant la Maison	- Trouver une manière de toujours viser plus haut et de s'améliorer continuellement tout en pratiquant l'acceptation du moment présent. - Trouver les compétences qui peuvent être développées et mises au service des autres. - Trouver les mentors utiles au développement personnel et en profiter pleinement.

La Maison 7 - VII

L'explication

La cuspide de la Maison 7 étant le descendant, tout ce que nous avons dit à propos du conjoint, des personnages extérieurs et du décor idéal reste valide. Question d'alléger le texte, cette portion ne sera que répétée succinctement ici. Je vous invite à relire la définition complète à la page 96 si votre mémoire vous fait défaut.

La Maison 7 est donc en lien avec ce que l'on doit apprendre où aller chercher dans le monde extérieur. Elle symbolise tout ce qui est à l'extérieur de nous et qui peut enrichir notre vie. Elle est le domaine des relations interpersonnelles riches et agréables. La Maison 7 symbolise toutes les personnes qui sont dans notre vie, des amis jusqu'aux associés, et plus particulièrement le conjoint. La Maison 7 symbolise aussi le monde extérieur en tant que décors et accessoires : elle devient le domaine et les activités qui nous sont les plus favorables dans l'apprentissage de ce qui nous parait, de prime abord, étranger. La Maison 7 représente l'apport du domaine extérieur, mais également de ce que l'on doit y apporter par la suite. C'est pourquoi l'énergie idéale de la Maison 7 est une relation « donnant-donnant » ou « gagnant-gagnant ». L'autre nous apporte quelque chose et nous lui apportons autre chose. Ce que l'autre nous apprend, nous pouvons par la suite l'apprendre à d'autres.

Dès qu'un symbole astrologique (planète ou point) entre dans la Maison 7, il doit prendre du temps pour explorer ce domaine et en comprendre toutes les nuances. Il doit faire de ce domaine un sujet privilégié de sa vie. Il doit « faire, développer ou utiliser » ce domaine le plus souvent possible.

Comment cela peut-il se passer ? Si vous suivez le conseil du « bon coach Maison 7 », vous allez permettre au point qui la traverse d'entrer en relation avec le monde extérieur. Ce sera le moment pour faire évoluer votre vie sociale. Ce point aura de nouvelles choses à VOUS apprendre soit par la rencontre de nouvelles personnes, soit par la réalisation de nouvelles expériences de vie. Il pourra y avoir aussi de nouvelles choses à apprendre des gens qui sont déjà autour de vous. Ce sera une période ou le thème du couple deviendra important. Un changement dans le couple devra se faire ou un célibataire devra mettre l'emphase sur la rencontre. Ce point devra scruter le monde qui l'entoure à la recherche de gens et de situations lui permettant d'évoluer et d'apprendre davantage.

Si vous suivez l'avis du « mauvais conseiller Maison 7 », soit vous allez refuser le challenge, soit vous irez trop loin dans le domaine. Qu'est-ce que cela veut dire exactement ? La première option est assez simple à comprendre. Vous refuserez le challenge. Vous n'aurez pas envie d'apprendre quelque chose de nouveau. Vous serez trop timide pour rencontrer et trop buté pour évoluer. Vous maintiendrez votre cercle relationnel tel qu'il est et vous ne chercherez pas à découvrir quoi que ce soit de nouveau dans le monde. Dans le meilleur des cas, vous accepterez la rencontre, mais n'en apprendrez rien au final. Vous envierez ceux qui sont capables d'être heureux.

La seconde option est plus dangereuse. La Maison 7, comme n'importe quel point en astrologie, peut être vécue négativement. Le monde qui nous entoure possède autant la capacité d'être bon que méchant. En rencontrant, vous pouvez tomber autant sur un ange qu'un démon ! Il n'y a pas toujours une grande différence entre quelqu'un d'affirmatif et quelqu'un de contrôlant. Entre quelqu'un d'affectueux et quelqu'un de dépendant. Entre quelqu'un d'imaginatif et un menteur. Bref, vous devrez toujours faire bien attention que l'énergie que vous recherchez dans le monde extérieur soit exprimée positivement par les gens et les expériences auxquels vous vous joindrez.

Le tableau d'interprétation

LA MAISON 7
Le domaine du monde extérieur
Le bon coach
Le consultant est capable de renouveler ses relations (autant actuelles que nouvelles) de manière à apprendre de nouvelles choses. Il est ouvert à de nouvelles expériences de vie qui seront formatrices.

Le mauvais conseiller

Le consultant ferme la porte à toute nouvelle personne ou à toute nouvelle expérience de vie parce qu'il a peur.

Le consultant admire et envie des gens qui font ce qu'il aimerait être capable de faire, mais ne croit pas pouvoir y arriver. Il n'apprend rien.

Le consultant rencontre le descendant sous sa forme négative et malsaine au travers des gens et des expériences de vie.

Le challenge du coach

Rencontrer de nouvelles personnes qui ont quelque chose à nous apprendre.

Faire de nouvelles expériences de vie ayant un potentiel formateur.

Renouveler les relations actuelles pour leur permettre d'évoluer dans le temps.

Mieux se connaitre au travers des autres.

Quelques pistes supplémentaires d'interprétation

MAISON 7 (DESCENDANT) : domaine de l'autre et de l'extérieur	
L'objectif du point qui traverse la Maison	- Développer des relations aux autres, tant intimes que sociales, et y découvrir des facettes inexploitées de sa propre personnalité. Apprendre des autres.
Le résultat positif *(bon coach)*	- L'individu développe des relations d'égal à égal, ouvertes aux changements et à l'évolution. Il vit un enrichissement personnel à cause de ses relations sociales. - L'individu a la capacité de développer facilement des relations intimes, spéciales et significatives. - L'individu apprend des autres ce qu'il ne maitrise pas aisément par lui-même. Par la suite, il peut redonner ce qu'il a appris à d'autres personnes.

Si ce domaine est survalorisé *(mauvais conseiller)*	- L'individu devient dépendant des autres et de leur opinion. Il est incapable de s'affirmer personnellement sans le soutien des autres. Il est soumis et souffre de dépendance affective dans ses relations. - L'individu se dissipe dans de nombreuses activités sociales inutiles et mondaines. - L'individu a un trop grand besoin d'appartenir à un groupe ou à un couple et de se définir par ce groupe. Il y a une grande projection de soi sur les autres. - L'individu reconnait des traits, des talents et des facettes intéressantes aux autres, mais il refuse de croire qu'il peut lui-même les développer. Il entretient une relation d'admiration et de dépendance.
Si ce domaine est sous-valorisé *(mauvais conseiller)*	- L'individu n'arrive pas à socialiser. Il souffre de solitude, de timidité et parfois même d'asocialité. Il a peur de l'intimité. Il n'arrive pas à se connaitre et à se découvrir comme il aurait pu le faire à l'aide du contact avec les autres. - L'individu projette systématiquement ses défauts et ses problèmes sur les gens et les situations qui l'entourent. - L'individu ressent le besoin de dominer et de contrôler tous ceux qui l'entourent.
Le challenge du coach lancé au point traversant la Maison	- Trouver dans le monde extérieur des gens qui peuvent nous enseigner quelque chose. Développer un couple. - Trouver la façon d'établir de saines relations intimes et sociales. - Trouver une manière de rendre à la société ce qu'elle nous apprend.

La Maison 8 - VIII

L'explication

La Maison 8 représente le domaine de l'inconscient et des sujets tabous. Débutons par l'inconscient. Dans la théorie psychanalytique, on présume que la psyché d'un individu est comparable à un bocal d'eau dont la surface est constamment agitée par les pensées et les émotions (c'est cette psyché de surface que l'on a découverte au travers de la Maison 4). Au creux du bocal se trouvent les strates de l'inconscient. Un courant de fond qui influence parfois violemment la psyché de surface sans que celle-ci ne s'en aperçoive. Dans l'inconscient se retrouvent habituellement trois choses : les souvenirs douloureux et les blessures que l'on refoule, ce dont nous avons honte ou cachons et finalement les péchés commis et que nous ne voulons pas admettre. L'inconscient n'est pas que négatif, car il peut aussi comporter les désirs et les pulsions qui nous animent sans que l'on en soit conscient et/ou en contrôle. Évidemment, une navigation adéquate de la Maison 8 implique un travail intérieur de conscientisation progressive de ces strates inconscientes. C'est pourquoi la Maison 8 est toujours en lien avec une forme plus ou moins précise de thérapie.

Regardons maintenant le domaine des sujets tabous de la Maison 8. Dans cette Maison s'expriment le désir charnel, la sexualité et les pulsions sexuelles. Dans cette Maison on peut aussi ressentir l'attirance et le magnétisme presque dément pour une autre personne. S'il y a de l'électricité dans l'air lorsque deux conjoints sont ensemble dans la même pièce, on peut dire que la Maison 8 est bien présente. Un autre sujet de prédilection de la Maison est celui de la mort et de l'usure continuelle de tout ce qui existe. Le but de la Maison 8 est l'honnêteté crue même pour ce qui est tabou. Lorsque la passion n'existe plus entre deux personnes et que l'on commence à désirer d'autres gens, la Maison 8 est l'endroit où l'on est capable de se le dire. C'est pourquoi la Maison 8 est associée aux crises, aux deuils et aux grandes transformations. Voir la vérité en face et la dire tout haut même lorsqu'elle est blessante et bouleversante relève de cette Maison. Évidemment, la liste des sujets tabous et potentiellement bouleversants est longue. Le but n'est pas d'en faire la liste complète, mais mentionnons tout de même dans les principaux : la maladie, l'argent, les fantasmes, la drogue, la magie, l'occultisme, etc. Dès que vous abordez ce genre de sujet, il se crée un froid dans la pièce et pourtant la Maison 8 est convaincue qu'ils doivent être discutés !

Dès qu'un symbole astrologique (planète ou point) entre dans la Maison 8, il doit prendre du temps pour explorer ce domaine et en comprendre toutes les nuances. Il doit faire de ce domaine un sujet privilégié de sa vie. Il doit « faire, développer ou utiliser » ce domaine le plus souvent possible.

Comment cela peut-il se passer ? Si vous suivez le conseil du « bon coach Maison 8 », vous allez permettre au point qui la traverse de faire un bilan intérieur de toutes les forces inconscientes qui l'entourent. Vous allez ouvrir votre jardin le plus secret et allez être capable de le partager soit avec un thérapeute, soit avec un proche. Vous allez essayer de rendre ce point plus vrai, plus honnête même si cela implique une crise ou un bouleversement.

Si vous suivez l'avis du « mauvais conseiller Maison 8 », soit vous allez refuser le challenge, soit vous irez trop loin dans le domaine. Qu'est-ce que cela veut dire exactement ? La première option est assez simple à comprendre. Vous refuserez le challenge. Vous vous mettrez la tête dans le sable et ne ferez aucun travail intérieur et aucune ouverture de votre intimité. Les forces de votre inconscient vont continuer à forger votre existence en la remplissant de crises et de deuils et vous continuerez de vous demander pourquoi le destin s'acharne sur vous !

La seconde option est plus dangereuse. Vous allez épouser le domaine, l'embrasser, le bénir et le vénérer tellement que vous allez sombrer dans les eaux troubles de l'inconscient et ne serez plus capable d'en remonter pour respirer. Votre humeur va devenir sombre et vous allez somatiser toute cette énergie noire qui ne sera jamais compensée par le plaisir et la détente.

Le tableau d'interprétation

LA MAISON 8   **Le domaine de l'inconscient**
Le bon coach   Le consultant admet que des forces inconscientes forgent en partie sa destinée et il accepte de faire un travail thérapeutique pour les mettre à jour. Il n'a pas peur d'aborder les sujets tabous.
Le mauvais conseiller   Le consultant ferme la porte à son inconscient.   Le consultant devient prisonnier de l'inconscient. Il somatise. Il devient lunatique, agressif et anxieux.
Le challenge du coach   Prendre le temps pour explorer l'inconscient et ses effets.   Accepter d'aborder des sujets tabous.   S'ouvrir totalement à une autre personne, même si cela bouleverse et met en danger la relation.   Se transformer pour le mieux au travers des crises.

Quelques pistes supplémentaires d'interprétation

MAISON 8 : domaine du matériel inconscient	
L'objectif du point qui traverse la Maison	- Découvrir la psyché profonde et plus particulièrement l'inconscient par la thérapie classique ou alternative. Investiguer et reconnaitre ses pulsions, ses désirs et ses instincts. - Explorer l'occultisme, la magie et la métaphysique.

Le résultat positif *(bon coach)*	- L'expression des pulsions et des instincts se fait consciemment. La personne travaille sur la partie inconsciente de sa psyché et intègre peu à peu du matériel inconscient à la conscience. - L'individu accepte la présence des sujets tabous. Il est capable de les exprimer et d'y faire face. - L'individu accepte et intègre le côté métaphysique de la vie. - L'individu a une capacité de traverser des crises et des bouleversements dans sa vie et d'en renaitre différemment.
Si ce domaine est survalorisé *(mauvais conseiller)*	- L'individu est constamment en train de naviguer dans les sphères de l'inconscient et des tabous. Il n'arrive pas à remonter à la surface et à vivre une vie normale. Il développe une personnalité noire et morbide. - L'individu est dominé par ses instincts et ses pulsions. - L'individu provoque continuellement tout le monde en les confrontant à des sujets inappropriés à la situation ou au lieu. - L'individu se sent facilement attaqué par les autres. Il leur prête des motifs qui sont en fait des projections de son propre inconscient.
Si ce domaine est sous-valorisé *(mauvais conseiller)*	- L'individu refoule ses pulsions et ses désirs. Il fuit les sujets plus difficiles que sont la sexualité, la maladie et la mort. Il développe des névroses, des blocages et des peurs. - L'individu nie l'importance de la sphère intérieure et des émotions. - L'individu se ferme totalement à la métaphysique, à l'occulte, au paranormal ou à l'ésotérisme (il nie le côté magique de la vie).

Le challenge du coach lancé au point traversant la Maison	- Trouver une manière d'investiguer peu à peu le matériel inconscient de la psyché en vue d'une intégration saine à la conscience. - Trouver la meilleure manière de s'intéresser à l'occultisme, au paranormal, à l'ésotérisme ou à la métaphysique. - Trouver une façon d'être près de ses instincts, de ses pulsions et de ses ressentis de manière à pouvoir aligner sa vie sur ceux-ci de manière saine et constructive (chercher à être vrai !).

La Maison 9 - IX

L'explication

La Maison 9 représente le domaine de l'exotisme, de la quête, de la foi, des systèmes de croyances et des études philosophiques (sciences humaines).

Pour bien comprendre le domaine de la Maison 9, il faut simplement se placer dans le point de vue d'une quête. Lorsque quelqu'un est mu par une quête, il est animé par la foi en quelque chose de meilleur. Il croit qu'il y a un sens et un but à sa quête. Il est convaincu que s'il atteint sa quête, cela aura des répercussions profondes. Voilà pourquoi la substance de la Maison 9 repose plus près de la philosophie et de la confiance que des faits ou des preuves. C'est la raison pour laquelle on dit que la Maison 9 représente le système de croyances d'un individu qui anime sa vie (que ce système soit religieux, matérialiste, scientifique, athée ou spirituel).

Évidemment, dans cette quête, le héros découvrira des contrées jusqu'alors inconnues. La Maison 9 nous parle toujours de la découverte de ce qui nous est étranger autant sur un plan physique (voyages, rencontres, expériences immersives, etc.) qu'intellectuel (études, lecture, film, conférence, etc.). Ces découvertes exotiques renouvellent le quotidien et empêchent la routine de s'installer. Durant cette quête, le héros comprend des choses sur la vie, sur lui-même et sur les autres et il en tire des synthèses et des conclusions. Au travers de la Maison 9 on peut se faire une idée particulière du portrait global du sens de la vie.

Dès qu'un symbole astrologique (planète ou point) entre dans la Maison 9, il doit prendre du temps pour explorer ce domaine et en comprendre toutes les nuances. Il doit faire de ce domaine un sujet privilégié de sa vie. Il doit « faire, développer ou utiliser » ce domaine le plus souvent possible.

Comment cela peut-il se passer ? Si vous suivez le conseil du « bon coach Maison 9 », vous allez permettre au point qui la traverse de développer un sentiment de confiance et de foi en la vie. Vous allez le lancer dans une quête de découverte qui lui permettra d'entrer en contact avec des éléments étrangers. Vous allez lui permettre de se ressourcer à même les études, la philosophie ou la religion. Vous amènerez le point à faire un voyage (intérieur comme extérieur) !

Si vous suivez l'avis du « mauvais conseiller Maison 9 », soit vous allez refuser le challenge, soit vous irez trop loin dans le domaine. Qu'est-ce que cela veut dire exactement ? La première option est assez simple à comprendre. Vous refuserez le challenge. Vous ne renouvellerez pas votre quotidien et vous laisserez la routine et le « connu » éteindre toute étincelle de vie à votre âme.

La seconde option est plus glissante. Vous allez épouser le domaine, l'embrasser, le bénir et le vénérer tellement aveuglément que vous allez faire de la quête votre seul et unique maitre. Vous refuserez toute attache, même positive, de peur de ne pouvoir partir à l'aventure. De plus, vous vous laisserez aveugler par la foi en un système de croyances qui vous empêchera de voir les faits juste devant vous. Devenu illuminé, vous partirez en croisade pour convertir tous les infidèles (rappelons ici que le système de croyances peut être athée ou scientifique) !

Le tableau d'interprétation

LA MAISON 9 Le domaine de la quête
Le bon coach
Le consultant admet qu'il a besoin de se lancer dans une quête qui l'amènera à découvrir de nouvelles choses et à renouveler ses croyances dans le sens de la vie.
Le mauvais conseiller
Le consultant ferme la porte à toute nouveauté. Le consultant devient victime du besoin d'être en constante découverte ce qui rend ses relations quotidiennes difficiles. Il est tellement convaincu de détenir la vérité qu'il ne peut s'empêcher de tenter de convertir les autres.

Quelques pistes supplémentaires d'interprétation

MAISON 9 : domaine de l'archétype de la quête	
L'objectif du point qui traverse la Maison	- Investiguer les sujets que sont la religion, la philosophie, la spiritualité, la science, l'athéisme et tout autre système d'explication du monde. - Entreprendre des études, des lectures, de l'écriture ou toutes autres formes d'enseignement visant à définir le sens global de la vie. Se poser les grandes questions existentielles (D'où vient-on ? Où va-t-on ? Pourquoi sommes-nous là ? Dieu existe-t-il ? Etc.). - Faire des voyages, grands et petits, qui élargissent les horizons par l'immersion dans ce qui nous est différent (autre culture, autre croyance, autre décor, etc.).
Le résultat positif *(bon coach)*	- La vie ne devient jamais routinière. Il y a constamment un sentiment de renouvellement, de quête et de sens à l'existence. L'individu est prêt à prendre des risques pour aller de l'avant. Il a un enthousiasme et une foi dans la vie. - L'individu développe son propre sens philosophique de la vie. - L'individu rencontre ou découvre fréquemment de nouvelles choses, de nouveaux lieux, de nouvelles cultures et de nouvelles personnes. Il en profite pour élargir ses horizons et en tirer de nouvelles conclusions sur la vie.

Si ce domaine est survalorisé *(mauvais conseiller)*	- L'individu vit dans une tour d'ivoire intellectuelle construite de grands principes, mais dénuée du pragmatisme de la vie quotidienne. - L'individu peut devenir dogmatique. Il peut devenir un fanatique ou un illuminé tentant de convertir tous ceux qui l'entourent. - L'individu est prêt à tout pour saisir une occasion. Il prend des risques beaucoup trop grands et subit des pertes et des échecs importants. Il a de la difficulté à tenir en place et à rester fidèle à une personne ou à une situation.
Si ce domaine est sous-valorisé *(mauvais conseiller)*	- La vie perd de son intérêt à cause d'un aspect fortement routinier. L'enthousiasme fait place à l'ennui. - L'individu reste prisonnier de croyances qui n'évoluent jamais. Il n'apprend rien et ne cherche pas à le faire. Il demeure au même endroit toute sa vie tant sur un plan physique qu'intellectuel.
Le challenge du coach lancé au point traversant la Maison	- Trouver les quêtes nécessaires pour que la vie donne toujours le sentiment d'avoir à atteindre de nouveaux horizons. - Trouver un sens à la vie et le faire évoluer tout au long de l'existence. - Trouver le temps nécessaire au voyage (symbolique ou réel) et à l'immersion dans de nouvelles cultures.

La Maison 10 - X

L'explication

La cuspide de la Maison 10 étant le milieu du ciel, tout ce que nous avons dit à propos de la carrière, de la réputation et de la mission sociale reste valide. Question d'alléger le texte, cette portion ne sera que répétée succinctement ici. Je vous invite à relire la définition complète à la page 105 si votre mémoire vous fait défaut.

La Maison 10 est donc en lien avec le rôle social idéal d'une personne. Certains individus cumulent toujours leur rôle social avec leur carrière, mais ce n'est pas toujours le cas. Pour certains, le rôle social pourrait être écologiste, bénévole, ministre du culte, blogueur, etc. C'est pourquoi il faut voir le milieu du ciel non seulement comme la carrière, mais aussi (et surtout) comme la mission sociale, le rôle dans la communauté ou la cause pour laquelle on se dévoue. Dans un monde idéal, le natif serait payé pour le faire, mais ce n'est pas toujours possible.

Par extension, le milieu du ciel symbolise la réputation et l'identité publique. Ce que les gens connaissent de nous sans avoir à nous rencontrer dans l'intimité. Être un artiste ou un gauchiste par exemple peut se savoir même par des gens qui ne nous ont jamais parlé personnellement.

La Maison 10 représente également le domaine de l'œuvre ultime que peut être appelée à créer une personne lors de son passage sur terre. Quels sont son but le plus élevé et sa mission la plus importante ? Comment peut-elle laisser une marque dans la communauté ? On pourrait voir le milieu du ciel comme « l'emploi céleste » que confie Dieu à notre âme au moment de la naissance.

Dès qu'un symbole astrologique (planète ou point) entre dans la Maison 10, il doit prendre du temps pour explorer ce domaine et en comprendre toutes les nuances. Il doit faire de ce domaine un sujet privilégié de sa vie. Il doit « faire, développer ou utiliser » ce domaine le plus souvent possible.

Comment cela peut-il se passer ? Si vous suivez le conseil du « bon coach Maison 10 », vous allez permettre au point qui la traverse de contribuer ou de faire évoluer la mission sociale. Ce point devra contribuer à votre carrière. Il devra s'intégrer à votre réputation et à votre identité publique. Vous allez amener ce point à poser des gestes publics permettant aux autres de prendre note de votre nouvelle orientation. Ce sera le moment ou jamais pour aller de l'avant dans votre carrière et tenter de transformer vos passions en gagne-pain et ainsi mettre en œuvre votre « emploi céleste ».

Si vous suivez l'avis du « mauvais conseiller Maison 10 », soit vous allez soit refuser le challenge, soit vous irez trop loin dans le domaine. Qu'est-ce que cela veut dire exactement ? La première option est assez simple à comprendre. Vous refuserez le challenge. Vous garderez votre carrière et votre mission sociale actuelles parce que vous craindrez d'apporter des changements. Vous continuerez de jouer un rôle social ou professionnel qui ne vous conviendra plus et ne vous représentera plus.

La seconde option est plus pernicieuse. Le milieu du ciel représentant la carrière et la réputation sociale, vous en ferez la seule et unique priorité de toute votre vie. Il n'y aura que la réussite professionnelle et ce que les gens verront de vous qui comptera. Vous accumulerez les succès dans la carrière au prix du mensonge, de la perfidie et de la manipulation. Comme le veut le dicton, vous serez prêt à marcher sur des cadavres pour arriver à vos fins !

Le tableau d'interprétation

LA MAISON 10
Le domaine du rôle social
Le bon coach   Le consultant est capable de mettre à jour son rôle social et sa carrière pour que ceux-ci reflètent ses véritables passions et ses ambitions.
Le mauvais conseiller   Le consultant ne change rien et continue de jouer un rôle social ou professionnel périmé.

Le consultant devient prisonnier du succès et de la popularité. Il est prêt à tout pour réussir. Réussir devient plus important que faire ce que l'on aime.

Le challenge du coach

Mettre à jour la carrière.

Transformer sa passion en gagne-pain.

Faire évoluer son rôle social ou sa mission sociale.

Se faire voir et entendre.

Œuvrer à sa réalisation la plus importante.

Quelques pistes supplémentaires d'interprétation

MAISON 10 (MILIEU DU CIEL) : domaine de l'identité publique	
L'objectif du point qui traverse la Maison	- Établir l'identité sociale/publique et la réputation. - Trouver la carrière et l'emploi idéal pour laisser une marque. - Identifier et cheminer vers le point culminant de l'existence en termes de réussites personnelles.
Le résultat positif *(bon coach)*	- La carrière ou les activités publiques sont gratifiantes et elles permettent de laisser une marque dans la société où elles sont exécutées. - La carrière ou les activités publiques sont en adéquation avec la personnalité véritable de l'individu. Il accomplit sa destinée et non pas celle dictée par les autres.
Si ce domaine est survalorisé *(mauvais conseiller)*	- L'individu privilégie tellement la carrière ou la réussite qu'il sacrifie tout le reste. La réputation devient plus importante que l'honnêteté. Il devient fourbe et arriviste.

	- L'individu voit le monde comme une course avec un seul gagnant à la fin. Il voit des ennemis partout et il craint constamment d'être remplacé ou mis au rancart. - La réputation devient plus importante que l'authenticité. L'individu occupe des fonctions qui ne le représentent pas véritablement. Le titre est plus important que de savoir si ce titre reflète vraiment son essence personnelle.
Si ce domaine est sous-valorisé *(mauvais conseiller)*	- L'individu n'accomplit rien de significatif et le sens de sa vie s'en ressent. - La perte de sens réduit l'individu parmi des millions d'autres. Il n'est qu'un numéro. Il passe à côté de son utilité et de sa raison d'être.
Le challenge du coach lancé au point traversant la Maison	- Trouver la bonne carrière pour avoir un impact dans la communauté et obtenir un succès professionnel. - Trouver la manière de développer une identité publique qui permet d'obtenir du succès tout en étant en adéquation profonde avec sa nature véritable. - Trouver sa place et son rôle dans la société.

La Maison 11 - XI

L'explication

La Maison 11 représente le domaine des grands rêves, des grands projets, des grandes orientations de vie, des pairs et du réseautage. Une fois extirpé des attentes parentales et sociétales qui nous ont vu grandir, qu'en est-il de l'orientation véritable et profonde de notre propre destinée ? Comme tout le monde, notre ligne de vie fut déviée maintes et maintes fois par les aléas de l'existence et parfois même par notre propre ego qui cherchait une gratification personnelle plutôt que l'authenticité. Il est toujours étonnant de voir jusqu'à quel point nous sommes en grande partie responsable de notre égarement en rapport avec notre mission de vie. Dans la Maison 11, on peut retrouver le chemin véritable de cette ligne de vie au travers de nos grands rêves, de nos grands espoirs, de nos grands projets et du sentiment de s'aligner de nouveau sur notre destinée la plus authentique.

Alors que viennent faire le réseautage et les pairs dans le portrait ? Le lien est plus fondamental qu'il n'y parait à première vue. Si la destinée d'un individu réside dans la recherche longue et fastidieuse d'un remède au sida, pensez-vous que des amis, des pairs et un réseautage qui tournent autour des fêtes et de l'enivrement perpétuel risquent de l'aider ? Au contraire, le réseau qui l'entoure va le ralentir et le faire dévier de cette destinée. Donc, dans la Maison 11, nous pouvons retrouver notre propre réseau, nos propres amis et nos pairs. Et nous devons vérifier s'ils sont là pour supporter nos grands rêves, nos grands espoirs et nos grands projets où s'ils ne font que dissiper et dévier notre destinée et notre orientation fondamentale de vie.

Dès qu'un symbole astrologique (planète ou point) entre dans la Maison 11, il doit prendre du temps pour explorer ce domaine et en comprendre toutes les nuances. Il doit faire de ce domaine un sujet privilégié de sa vie. Il doit « faire, développer ou utiliser » ce domaine le plus souvent possible.

Comment cela peut-il se passer ? Si vous suivez le conseil du « bon coach Maison 11 », vous allez permettre au point qui la traverse d'identifier ses grands rêves, ses grands projets et ses grands espoirs.

Vous allez faire en sorte qu'il replace lentement, mais sûrement sa vie sur la voie de sa destinée profonde et véritable et qu'il retrouve son orientation la plus profonde et la plus authentique. Dans un second temps, vous allez permettre au point de faire une analyse de son réseau et de ses pairs pour savoir s'ils supporteront ou non les objectifs. Tout en apportant les correctifs requis, il sera aussi important d'ajouter les éléments manquants au réseau actuel.

Si vous suivez l'avis du « mauvais conseiller Maison 11 », soit vous allez refuser le challenge, soit vous irez trop loin dans le domaine. Qu'est-ce que cela veut dire exactement ? La première option est assez simple à comprendre. Vous refuserez le challenge. Vous ne chercherez pas à savoir si vous suivez votre voie véritable et vous vous laisserez voguer au gré du vent et des flots de la vie. Vos amis, vos pairs et votre réseau social ne vous aideront en rien et ne feront que dissiper encore plus profondément votre mission de vie.

La seconde option est plus surprenante. De par sa nature rêveuse et intangible, la Maison 11 vous rendra conscient de vos rêves et de vos espoirs, mais vous amènera à remettre toujours tout à plus tard. Ainsi la paresse, la procrastination et parfois même un idéalisme stérile feront en sorte que rien ne se réalisera jamais.

Le tableau d'interprétation

LA MAISON 11
Le domaine des grandes orientations
Le bon coach
Le consultant est capable de prendre la bonne orientation à long terme, car il est conscient de ses buts et de sa mission de vie. Il déploie un réseau qui le soutient dans l'accomplissement de ses rêves.
Le mauvais conseiller
Le consultant ferme la porte à sa mission de vie.

Le consultant se dissipe dans un réseau qui ne le soutient pas dans sa destinée.

Le consultant rêve beaucoup, mais il ne fait rien pour concrétiser ses espoirs.

Le challenge du coach

Identifier ses rêves et ses espoirs et arriver à aligner sa vie sur ceux-ci.

Privilégier le processus d'individuation pour apprendre à connaitre sa véritable destinée.

Déployer un réseau social qui soutient les objectifs à long terme et la mission de vie.

Quelques pistes supplémentaires d'interprétation

	MAISON 11 : domaine des pairs et des grands espoirs
L'objectif du point qui traverse la Maison	- S'orienter vers ses grands espoirs personnels et ses projets à long terme. Développer des stratégies de vie pour y arriver. - Trouver son idéal personnel seul ou au travers d'un groupe. - Trouver les groupes, les pairs et les associations significatives qui permettent de se rapprocher de son idéal.
Le résultat positif *(bon coach)*	- L'individu a une idée claire et concrète de la direction que prend son existence. Ses objectifs sont bien définis et les moyens pour qu'ils se réalisent sont activés. Il élabore des objectifs qui reflètent ses désirs profonds et véritables. Il détermine son futur en le créant au présent. Il sème les graines de son futur dans le moment présent. - Le réseautage de l'individu soutient et alimente les buts et les espoirs. Les associations sont utiles et significatives. Le choix des pairs reflète les projets et les objectifs.

Si ce domaine est survalorisé *(mauvais conseiller)*	- L'individu socialise continuellement et perd son temps. - Les amis, les groupes, les pairs et les associations éloignent l'individu de son orientation véritable. - L'individu a la folie des grandeurs et il se cache derrière ses rêves pour éviter de voir la réalité. Ses objectifs sont complètement irrationnels et toujours remis à plus tard puisque impossibles à réaliser. - L'individu est incapable de vivre et d'apprécier le moment présent. Il a toujours la tête dans le futur. - L'individu commet une identification excessive à un groupe, une association, un mouvement ou une idéologie.
Si ce domaine est sous-valorisé *(mauvais conseiller)*	- L'individu ne cherche pas l'atteinte d'un idéal et se contente de se plier à la norme ambiante. Il perd le sens profond de sa vie. Il va à la dérive. - L'individu ne va pas chercher l'aide, le support et le plaisir que les autres pourraient lui apporter. Il est seul dans la foule.
Le challenge du coach lancé au point traversant la Maison	- Trouver une orientation profonde et véritable à sa vie en dehors de la simple réussite sociale identifiée en Maison 10. - Trouver les gestes nécessaires pour semer progressivement les graines du futur dans le moment présent. - Prendre conscience de sa destinée et s'y conformer dans la joie ! - Trouver un groupe, une association ou tout simplement des pairs qui soutiennent les objectifs de vie.

La Maison 12 - XII

L'explication

La Maison 12 représente le domaine de la psyché, de la conscience, du rêve, de la dissolution de l'ego, du mysticisme, du lâcher-prise et du détachement. La Maison 12 est une Maison d'eau et je crois que l'on peut facilement la comprendre au travers de l'image suivante : une ile, symbolisant l'ego, qui baigne dans un l'océan vaste de la Maison 12. Cette ile/ego dont la surface est bien visible est baignée dans quelque chose de plus vaste, de plus profond et de plus mystérieux. D'ailleurs, de temps en temps, de la terre se détache de l'ile/ego et tombe dans la mer. Tout comme, par exemple, la nuit l'ego tombe dans le monde plus mystérieux et plus fluide du rêve. Tout comme l'ego tend à se dissoudre lors d'une méditation, d'une prière, d'un rituel chamanique ou d'un voyage astral. Tout comme l'ego devient poreux lors d'une séance d'hypnose ou même de la prise d'une drogue comme de l'alcool ! Dans toutes ces situations, l'ego est en train de visiter le domaine de la Maison 12. Une autre façon dont l'ile/ego peut se dissoudre et aller visiter l'océan de la Maison 12, c'est au travers des pratiques thérapeutiques qui visent à visiter l'inconscient collectif jungien et ses différents archétypes qui nous touchent, nous émeuvent et nous influencent plus ou moins consciemment. Nous pouvons ainsi nous rendre compte jusqu'à quel point nous sommes perméables à une autre dimension que celle de la réalité des cinq sens. Il y a aussi le fait tout simplement de rêvasser, de glisser lentement dans une forme de rêve éveillé et de perdre momentanément le contact avec la réalité. Peut-être simplement pour s'y relaxer, mais peut-être aussi pour s'y ressourcer. Et bien souvent, pour un artiste, pour s'y nourrir à même le monde imaginaire. Ultimement, cette ile/ego qui laisse tomber des morceaux de sa terre dans l'océan de la Maison 12, c'est aussi la capacité au détachement et au lâcher-prise. Est-on capable de laisser aller certaines prises de l'ego au fil du temps ? Cette capacité est garante de notre bonheur et de notre santé mentale, car tout comme l'ile, il est impossible de ne pas subir l'érosion du temps.

Dès qu'un symbole astrologique (planète ou point) entre dans la Maison 12, il doit prendre du temps pour explorer ce domaine et en comprendre toutes les nuances. Il doit faire de ce domaine un

sujet privilégié de sa vie. Il doit « faire, développer ou utiliser » ce domaine le plus souvent possible.

Comment cela peut-il se passer ? Si vous suivez le conseil du « bon coach Maison 12 », vous allez permettre au point qui la traverse d'explorer le domaine de la conscience, du rêve et du mysticisme. Vous allez l'amener à dissoudre un peu les frontières de son ego. Vous allez l'amener à faire preuve de lâcher-prise et de détachement. Il est intéressant d'ailleurs de noter qu'une planète en Maison 12 devra laisser aller des choses pour se consacrer éventuellement à de nouvelles qui viendront en Maison 1 (la prochaine Maison du transit ou de la progression).

Si vous suivez l'avis du « mauvais conseiller Maison 12 », soit vous allez refuser le challenge, soit vous irez trop loin dans le domaine. Qu'est-ce que cela veut dire exactement ? La première option est assez simple à comprendre. Vous refuserez le challenge. Vous n'explorerez pas la conscience, le rêve ou le mysticisme. Vous vous cramponnerez de manière rigide à vos acquis et vous refuserez le détachement et le lâcher-prise. À ce moment, la mauvaise réputation de la Maison 12 prendra toute son ampleur : ce que vous refuserez de laisser aller, le destin vous le reprendra au travers des accidents, des malheurs, des crimes ou des défaites douloureuses.

La seconde option est plus insidieuse. Vous allez épouser le domaine, l'embrasser, le bénir et le vénérer tellement aveuglément que vous allez passer le plus clair de votre temps dans la rêvasserie et les pratiques qui dissoudront votre ego. Vous ne serez plus fonctionnel et finirez par ressembler à une loque humaine qui voguera au gré des drogues, des dépendances et des sectes qui en feront ce qu'elles voudront.

Le tableau d'interprétation

LA MAISON 12
Le domaine de la conscience au-delà de l'ego

Le bon coach

Le consultant admet qu'il y a un monde plus large et plus mystérieux que son simple ego et il prend les moyens pour l'explorer et en tirer des leçons telles que le détachement.

Le mauvais conseiller

Le consultant se ferme à la conscience au-delà de l'ego.

Le consultant devient prisonnier des états de conscience modifiée. Il n'est plus fonctionnel. Il est dépendant.

Le consultant refuse de laisser aller et de lâcher prise. Il vit des malheurs, des douleurs et des défaites.

Le challenge du coach

Prendre le temps pour explorer des états de conscience modifiés soit par le rêve, l'imaginaire, le mysticisme, la spiritualité ou la thérapie archétypale.

Apprendre peu à peu le lâcher-prise et le détachement.

Utiliser l'imaginaire personnel et collectif à des fins créatives.

Dissoudre un peu l'ego pour le rendre plus malléable en vue des transformations à venir en Maison 1.

Quelques pistes supplémentaires d'interprétation

MAISON 12 : domaine de la conscience	
L'objectif du point qui traverse la Maison	- Explorer la conscience et tout ce qu'elle contient. Explorer les états de conscience modifiée. Débuter la dissolution de l'ego. Développer le sentiment de ne faire qu'un avec l'univers. - Accomplir des pratiques spirituelles, mystiques ou psychologiques. - Devenir conscient des choses que l'on doit abandonner pour être libre intérieurement. Accepter les événements qui forcent le lâcher-prise.
Le résultat positif *(bon coach)*	- L'individu ressent, perçoit et accepte une certaine idée de « Dieu ». - L'individu est en grande partie libéré des contraintes et des aléas de l'existence. Il sent que la malchance n'a que peu d'emprise sur lui. - L'individu vit un calme intérieur. Il nourrit ce calme par des activités permettant la retraite intérieure quotidienne (marche en solitaire, période de silence, méditation, prière, relaxation ou rêvasser). - L'individu fait preuve de créativité et d'imagination.
Si ce domaine est survalorisé *(mauvais conseiller)*	- L'individu passe plus de temps dans son monde intérieur que dans la réalité. Il n'arrive jamais à concrétiser quoi que ce soit. - L'individu cherche à s'échapper du monde réel par tous les moyens (alcool, drogue, télévision, Internet, *gambling*, cybersexe, secte, etc.). - L'individu est en « thérapie » toute sa vie sans jamais régler quoi que ce soit. Il est hypersensible, nostalgique, déprimé ou autodestructeur. - L'individu devient dépendant. Il n'arrive plus à maintenir une santé mentale adéquate. Il est confus face à lui-même.

Si ce domaine est sous-valorisé *(mauvais conseiller)*	- L'individu s'agrippe à l'image qu'il a de lui et à ce qu'il possède. Les épreuves s'accumulent forçant la personne à abandonner et à perdre ce à quoi elle s'agrippe. - L'individu refuse l'existence d'un monde intérieur et spirituel. - L'individu refoule et somatise parfois gravement ses problèmes.
Le challenge du coach lancé au point traversant la Maison	- Trouver la manière de s'intéresser au monde intérieur et spirituel. - Trouver le temps nécessaire et les activités idéales pour faire de courtes retraites intérieures. - Trouver la façon de lâcher prise et d'atteindre la transcendance progressive de l'ego et du monde matériel.

VI
La définition des aspects[1]

Un aspect en astrologie est l'équivalent dans une grande entreprise d'un agent de liaison. Si deux départements complètement différents doivent collaborer ensemble, un agent de liaison sera nommé pour s'assurer que la collaboration se passe bien et qu'elle donne des résultats souhaitables. Même si les deux départements n'ont pas envie de collaborer, ils n'auront pas vraiment le choix, mais leurs attitudes respectives détermineront en grande partie la qualité de la collaboration. Évidemment, le bon ou le mauvais travail de l'agent de liaison fera toute la différence entre une collaboration harmonieuse ou acrimonieuse. Lorsqu'un aspect relie deux planètes ou deux points lors d'un transit ou d'une progression, cela indique que ces deux planètes doivent collaborer et qu'un agent de liaison (l'aspect en tant que tel) a été nommé pour assurer leur collaboration. Les deux planètes peuvent collaborer de façon utile et harmonieuse ou malsaine et acrimonieuse. Si les deux planètes veulent obtenir un succès commun, elles doivent collaborer efficacement et utiliser adéquatement les ressources de leur agent de liaison (l'aspect).

Grosso modo, nous pouvons dire qu'un aspect est un agent de liaison que l'on utilisera efficacement et positivement ou de manière malsaine et négative.

Voyez dans le tableau suivant une illustration de cette métaphore avec les deux possibilités d'utilisation : bonne ou mauvaise.

---

1. Je rappelle au lecteur qu'un aspect est déterminé par la distance en degrés qui se trouve entre deux planètes. Si cette notion ne vous est pas familière, je vous suggère de lire le premier volume consacré à l'astrologie de coaching où ce sujet est traité en détail.

ASPECT / AGENT DE LIAISON

MAL UTILISÉ

L'aspect et son énergie sont utilisés négativement.

Des problèmes sont créés, une frustration surgit et un accomplissement est compromis.

Le sujet est malheureux.

BIEN UTILISÉ

L'aspect et son énergie sont utilisés positivement.

Des solutions sont trouvées, une satisfaction est ressentie et un accomplissement est réussi.

Le sujet est heureux.

La conjonction - ♂ - 0°

L'explication

La conjonction, c'est comme nommer un agent de liaison pour deux départements qui vont se synchroniser parfaitement. Le département A va prendre les couleurs du département B et vice versa. Quand un département va ouvrir les lumières et débuter la production, l'autre département fera de même. Quand un département va fermer les lumières et arrêter la production, l'autre l'imitera.

Autrement dit, les deux énergies se mélangent et se synchronisent. Elles agissent ensemble au même rythme et elles se colorent l'une et l'autre si bien qu'elles finissent par devenir indissociables. Comme on dit au Québec : « Quand le Bon Dieu s'amène, le petit Jésus n'est jamais loin ! »

À première vue, cela semble être une bonne idée et ce l'est souvent, mais attention, pas toujours. Imaginons que le département A soit un groupe d'artistes ayant comme mission de créer et le département B un groupe d'experts-comptables ayant comme mission d'être rationnels et terre à terre. Est-ce une très bonne idée que nos artistes créateurs redescendent sur terre et cessent d'être imaginatifs ? Est-ce une bonne idée que nos experts-comptables oublient les règles financières élémentaires pour voler dans les nuages ? La coloration mutuelle peut se faire de manière à enrichir, mais elle peut aussi appauvrir comme nous venons de le voir. Il faudra traiter une conjonction avec conscience pour aller dans le sens de l'enrichissement plutôt que de l'appauvrissement.

Même chose en ce qui concerne la synchronisation. C'est bien beau d'ouvrir les lumières et de démarrer la production en même temps, puis de les fermer et d'arrêter la production de manière synchrone, mais que fait-on si le département A travaille de jour et le département B de nuit ? Voilà une synchronisation qui n'est pas très efficiente et utile ! Donc la synchronisation peut apporter une belle synergie, mais elle peut aussi handicaper les deux points. Il faudra là aussi gérer la conjonction de manière intelligente et consciente.

Le tableau d'interprétation

LA CONJONCTION Le principe de la fusion	
L'agent de liaison	- Il y a une fusion entre les deux points. Quand un s'active, l'autre s'active également. La nature de l'un colore l'autre et vice versa.
La bonne utilisation	- Les deux points se sollicitent mutuellement en joignant leurs forces et leurs natures de façon logique et utile.
La mauvaise utilisation	- Les deux points se sollicitent mutuellement et se colorent l'un et l'autre dans un mélange illogique, inutile ou nuisible.

Le sextile - ✳ - 60°

L'explication

Le sextile, c'est comme nommer un agent de liaison pour deux départements qui vont se stimuler l'un et l'autre sans toutefois passer
beaucoup de temps ensemble. Le département A va commercialiser
un produit qui va exciter et stimuler le département B à trouver
un slogan de vente. Le slogan du département B va attiser la fibre
créative du département A et susciter un nouveau produit. Quand
un département va ouvrir les lumières, l'autre est content et a envie
d'ouvrir les siennes lui aussi, même si c'est pour faire autre chose
de complètement différent. Quand un département va fermer les
lumières, l'autre aura moins envie d'aller de l'avant, car il manquera
d'excitation et de stimulation.

Autrement dit, les deux énergies s'excitent, s'attisent et se stimulent
sans toutefois être dans un suivi constant. Elles peuvent susciter
une étincelle et partir chacune de leur côté pour réaliser leurs trucs
sans le soutien et la supervision de l'autre. Pour faire une analogie
sensuelle, Brad Pitt peut bien attiser toutes les femmes dans la salle
de cinéma, il faudra bien qu'elles fassent sans lui à la fin du film !

À première vue, cela semble être une bonne idée et ce l'est souvent,
mais attention, pas tout le temps. Un des problèmes que peut vivre
le sextile réside justement dans son manque de soutien et de supervision à long terme. Une étincelle peut jaillir, mais est-ce que
les deux départements seront capables d'assurer la motivation des
troupes au-delà du début excitant ? Le sextile peut montrer une
forme d'étincelle et d'excitation, mais aussi un manque de travail et
d'assiduité par la suite qui fait que rien ne se réalise jamais. Un peu
comme quelqu'un qui voit une publicité pour un centre d'entraine-
ment et qui est très excité à l'idée de se remettre en forme, mais qui
ne va jamais réellement s'entrainer.

Même chose en ce qui concerne l'ouverture des lumières qui stimule
l'autre à faire de même. C'est bien beau de susciter l'autre département à démarrer la production, mais que fait-on si le produit est
mauvais ou même dangereux ? On donne quand même le feu vert à
l'autre département ? Voilà une stimulation qui n'est pas très intelligente et saine ! Il ne faut jamais oublier qu'un sextile montre deux

points qui se stimulent l'un et l'autre pour le meilleur et pour le pire. Un alcoolique repenti n'a besoin que d'un imbécile qui l'excite et le stimule à prendre un verre pour retomber de nouveau en enfer ! Il faut toujours se poser la question de savoir si la stimulation du sextile se fait pour une raison saine et intelligente ou pour encourager un comportement destructeur.

Le tableau d'interprétation

LE SEXTILE Le principe de l'excitation	
L'agent de liaison	- Il y a une incitation et une stimulation entre les deux points. L'un *allume* l'autre et vice versa.
La bonne utilisation	- Les deux points se motivent à utiliser leurs énergies pour accomplir quelque chose d'utile et/ou de positif.
La mauvaise utilisation	- Les deux points se motivent à utiliser leurs énergies pour accomplir quelque chose d'inutile et/ou de négatif. - Les deux points ne font que *s'allumer* sans jamais passer à l'action.

Le carré - □ - 90°

L'explication

Le carré, c'est comme nommer un agent de liaison pour deux départements qui vont se concurrencer et s'affronter. La haute direction veut réduire les couts d'exploitation et le département A propose une réduction du personnel, alors que le département B propose l'utilisation de matériaux de construction plus économiques. Les deux départements entrent en guerre !

Autrement dit, les deux énergies ne sont pas d'accord sur la façon d'arriver à faire quelque chose, alors l'une voit la situation comme un combat et l'autre comme un adversaire. L'idée devient de trouver un moyen de terrasser l'ennemi en le mettant hors d'état de nuire un peu comme un boxeur qui cherche le KO ! Tout comme à la boxe, le vaincu rentre chez lui pour panser ses plaies et se prépare pour le combat revanche et ainsi se vit un cycle sans fin d'affrontements et de bagarres.

À première vue, cela semble être une mauvaise idée et cela peut effectivement être une énergie violente et malsaine à cause du combat, de l'affrontement et de la concurrence qui se créent entre les deux points. Mais ce n'est pas obligatoirement le cas. Imaginons que l'entreprise annonce son objectif de réduire les couts d'exploitation et que le département A et le département B sont tous les deux convoqués pour un « brainstorming ». En discutant l'un et l'autre de leur stratégie respective, ils s'aperçoivent qu'un certain nombre d'employés vont partir à la retraite cette année et qu'il serait possible de ne pas les remplacer. Pour éviter d'avoir à faire des coupes dans les employés qui restent, il serait possible d'utiliser des matériaux plus économiques sans nuire au produit final. Les deux départements gagnent et personne n'est affecté négativement par la décision.

Voyez-vous comment deux points de vue différents qui s'affrontent dans une optique gagnant-perdant sont devenus deux points de vue différents qui s'écoutent dans une optique gagnant-gagnant ? L'idée étant qu'un carré représente deux points de vue possédant chacun une part de vérité. En s'écoutant et en acceptant d'évoluer et de changer, on finit par obtenir une victoire pour les deux plutôt que pour un seul !

Le tableau d'interprétation

LE CARRÉ Le principe du combat	
L'agent de liaison	- Les deux points sont en désaccord sur la façon d'arriver à obtenir un but ou à fonctionner dans la vie quotidienne. Ils ne sont pas nécessairement en désaccord avec le but à atteindre, mais vraiment plus sur la façon d'atteindre ce but.
La bonne utilisation	- Les deux points se parlent et écoutent l'argumentation de l'autre. À la fin, ils élaborent une stratégie commune qui tient compte à la fois des arguments de l'un et des arguments de l'autre. Ils ont évolué.
La mauvaise utilisation	- Les deux points tentent de terrasser l'autre comme s'il était un adversaire. Ils sont comme deux boxeurs sur un ring cherchant inlassablement le *knock-out*. Quand un des deux remporte une victoire, l'autre se tait et devient inactif. Le gagnant savoure sa victoire en attendant le prochain combat.

Le trigone - △ - 120°

L'explication

Le trigone, c'est comme nommer un agent de liaison pour deux départements qui vont s'encourager et se supporter l'un et l'autre tout au long du processus. Le département A va encourager le département B à créer un produit et va apporter ses forces pour contribuer quotidiennement à l'élaboration du projet. Quand un département va ouvrir les lumières, l'autre va venir le soutenir et lui prêter main-forte pour accomplir les tâches. Quand un département va fermer les lumières, l'autre va le féliciter pour la journée de travail et va l'encourager et l'accompagner pour aller prendre une bière au bistrot du coin.

Autrement dit, les deux énergies s'encouragent, se soutiennent et s'accompagnent mutuellement. Elles deviennent des partenaires qui ont envie d'aller de l'avant en profitant des talents de l'un et de l'autre et n'hésitent jamais à pousser le partenaire à développer encore plus ses capacités. On pourrait imager le processus par un groupe rock dont chacun des membres encourage les autres quotidiennement dans leur créativité musicale dans le but d'obtenir le meilleur album possible.

À première vue, cela semble être une bonne idée et ce l'est souvent, mais attention, pas tout le temps. Un des problèmes que peut vivre le trigone réside dans sa capacité de s'endormir sur ses lauriers. Reprenons l'exemple du groupe rock. Tout le monde s'encourage, se trouve talentueux, voit la vie comme étant facile et agréable. Puis arrive l'album avec des ventes décevantes. Au moment où il faudrait être capable de relever ses manches et de regarder honnêtement ce qui cloche, tout le monde s'encourage, se trouve talentueux, voit la vie comme étant facile et agréable ! Le confort, la facilité et la paresse font en sorte que le talent brut du groupe n'est jamais amené à son maximum, ni perfectionné ou poli comme il le devrait. C'est un des grands dangers du trigone d'être éteint par la paresse et la facilité.

Même chose en ce qui concerne l'encouragement à ouvrir et à fermer des lumières. C'est bien beau de soutenir l'autre département quand il travaille ou quand il se relaxe, mais que fait-on si le travail ou la relaxation sont mauvais ou même dangereux ? On encourage quand même l'autre département ? Voilà un support qui n'est pas très intelligent et sain ! Il ne faut jamais oublier qu'un trigone montre deux points qui s'encouragent et se supportent l'un et l'autre pour le meilleur et pour le pire. Un homme violent n'a besoin que de quelques idiots qui l'encouragent et le soutiennent pour prendre part à une bagarre dans un bar ! Il faut toujours se poser la question de savoir si l'encouragement du trigone se fait pour un but sain et intelligent ou pour un objectif malsain et destructeur.

Le tableau d'interprétation

LE TRIGONE Le principe de l'encouragement	
L'agent de liaison	- Il y a un encouragement et un soutien constant entre les deux points. L'un encourage et soutient l'autre et vice versa.
La bonne utilisation	- Les deux points s'encouragent et se soutiennent de façon à utiliser leurs énergies pour accomplir quelque chose d'utile et/ou de positif.
La mauvaise utilisation	- Les deux points s'encouragent et se soutiennent de façon à utiliser leurs énergies pour accomplir quelque chose d'inutile et/ou de négatif. - Les deux points ne font que parler, théoriser et planifier sans jamais passer à l'action. Ils souffrent de paresse et se laissent aller à la facilité.

L'opposition - ☍ - 180°

L'explication

L'opposition, c'est comme nommer un agent de liaison pour deux départements qui vont dans des directions complètement opposées. Le logo du département A est en noir et blanc et le logo du département B est en couleur. Quand le département A ouvre les lumières et débute la production, le département B ferme les siennes et rentre à la maison !

Autrement dit, les deux énergies contraires sont aux antipodes et sont la contrepartie l'une de l'autre. Elles agissent différemment dans une direction opposée. Elles sont polarisées et déchirées entre deux extrémités opposées. Comme le veut le dicton : « Si un dit blanc, l'autre dit noir ! »

À première vue, cela semble être une mauvaise idée et cela peut effectivement être une énergie pénible à cause de la polarisation, de l'opposition et du déchirement qui se crée. Mais ce n'est pas obligatoirement le cas. Imaginons que l'entreprise veuille élaborer un logo commun à tous les départements. Le département A avec le logo en noir et blanc pourrait apporter son expérience en sobriété et en lignes de force. Le département B pourrait apporter son expérience en couleurs et en visibilité. Le résultat final pourrait être un logo de couleurs sobres aux lignes de force qui marquent l'esprit du consommateur. Même chose pour l'horaire de travail. Puisque le département A travaille de jour et le département B de nuit, il serait possible de mettre des effectifs en commun et pouvoir répondre à la clientèle vingt-quatre heures sur vingt-quatre en devenant ainsi l'entreprise la plus performante au sein de sa catégorie. Voyez-vous comment la différence est devenue une richesse et une plus-value ? L'idée étant qu'une opposition représente les deux parties d'une médaille. En réussissant à mettre les deux ensemble, on obtient une médaille complète !

Et même si à certains moments il n'est pas toujours possible d'unir les deux points d'une opposition, il est toujours possible d'alterner pour nourrir l'un et l'autre successivement et faire en sorte que tout le monde soit content. L'erreur à éviter à tout prix est de nourrir un seul point au détriment de l'autre. Comme on dit au Québec :

« Ce n'est pas une bonne idée de déshabiller Pierre pour habiller Paul. Vaut mieux habiller Pierre cette semaine et Paul la semaine prochaine ! » Une autre façon de voir cette solution serait d'imaginer un couple dont le mari aime la montagne et l'épouse la mer. La solution ultime est de trouver la montagne à la mer, mais si ce n'est pas possible, allons à la montagne en hiver et à la mer en été...

Le tableau d'interprétation

L'OPPOSITION Le principe de la polarisation et du challenge	
L'agent de liaison	- Les deux points sont en désaccord sur le but à atteindre ou sur la manière de fonctionner dans la vie quotidienne. Ils sont systématiquement à l'opposé l'un de l'autre.
La bonne utilisation	- Les deux points se parlent et écoutent l'argumentation de l'autre. À la fin, ils trouvent une solution qui tient compte à la fois des besoins de l'un et des besoins de l'autre. Ils ont évolué et sont devenus plus riches et plus complets. - S'il n'y a pas de solution qui réunit les deux besoins différents, ils acceptent de faire temporairement une chose, puis d'en faire une autre plus tard.
La mauvaise utilisation	- Les deux points agissent comme deux étrangers dans la même maison. Ils préparent chacun leurs buts et partent chacun de leur côté se privant de l'apport de l'autre. - Les deux points tentent de remporter la bataille à savoir qui des deux verra son but réalisé. Un but étant nécessairement fait au détriment de l'autre. Ils développent une relation où ils se challengent l'un et l'autre. - Devant l'impossibilité d'une entente, aucun des points ne va réaliser quoi que ce soit. Aucun des buts ne verra le jour.

VII
Interprétation d'un transit
et d'une progression

Ce chapitre vous explique la méthode pour lire les différents transits et progressions que vous pouvez retrouver en astrologie. Chaque section débute par la méthodologie d'interprétation du transit ou de la progression spécifiques, puis est illustrée avec trois exemples en plus d'un fait vécu.

Si la philosophie de l'astrologie de coaching ou la mécanique astronomique d'un transit et d'une progression vous échappent, je vous renvoie aux deux premiers chapitres de ce livre qui vous en donnent toutes les explications. Même chose pour la définition des planètes, des signes, des Maisons et des aspects qui sont expliqués en détail dans les chapitres précédents. Pour favoriser la clarté et l'aspect pédagogique, rien de tout cela ne sera répété ici. C'est pourquoi il est important de comprendre que l'interprétation des exemples durant ce chapitre est donnée de manière très succincte pour faciliter la lecture. Vous devez toujours vous référer aux chapitres des définitions pour analyser l'ensemble de la signification d'une planète, d'un signe ou d'une Maison.

Les différents transits

.

Comment interpréter un transit d'une planète qui fait un aspect à une planète natale

1 - Que symbolise la planète en transit ?

Que représente la planète en transit ? Qu'apporte-t-elle comme défi ? Quel sujet amène-t-elle sur la table ? Quelles sont les possibilités positives de cette planète (le bon coach) ? Quelles sont les possibilités négatives de cette planète (le mauvais conseiller) ?

2 - Quel aspect fait cette planète en transit ?

Quel aspect relie la planète en transit à la planète natale ? Quelle énergie amène cet aspect ? Quel défi apporte l'aspect ? Quelles sont les possibilités positives de cet aspect (bonne utilisation) ? Quelles sont les possibilités négatives de cet aspect (mauvaise utilisation) ?

3 - Que symbolise la partie du thème natal qui est transitée ?

Que représentent la planète natale, son signe et sa Maison dans la vie du consultant ? Interprétez le « schéma imprimé à la naissance » qui habite le consultant et qui est touché et activé actuellement par le transit.

4 - Synthèse et création d'un futur positif.

Comment la combinaison de la planète en transit et de la planète natale peut-elle se vivre ? Quelles sont les possibilités positives qui peuvent ressortir de cette rencontre ? Quelles sont les possibilités négatives qui peuvent ressortir de cette rencontre ? Que doit faire le consultant pour que le résultat soit positif plutôt que négatif ? De quoi doit-il se méfier et à quoi doit-il faire attention ?

Trois exemples d'interprétation

A - Neptune en transit fait une conjonction à Mercure natal qui est en Gémeaux et en Maison 3. (Ψt♂☿ⅡM3)

Neptune en transit nous parle du besoin de faire de la place à la spiritualité et à l'imagination. Positivement, cela amène la possibilité d'obtenir une « vision » et d'être mu par l'inspiration obtenue. Négativement, Neptune peut prendre ses fantasmes pour la réalité et perdre pied complètement avec le monde réel.

La conjonction nous fait comprendre que cette énergie spirituelle et imaginative va se fusionner avec l'énergie de Mercure pour le meilleur et pour le pire.

Mercure natal en Gémeaux et en Maison 3 nous indique que le natif a un grand besoin d'apprendre, de s'informer et de communiquer.

En synthèse, nous pourrions dire à notre consultant qu'il a actuellement un besoin d'apprendre et de s'informer sur des sujets spirituels. S'il fait l'effort de lire sur le sujet, d'assister à des conférences ou des cours, il pourrait en retirer une vision et une inspiration profonde sur le sens de la vie. Une fois cet apprentissage fait, il serait aussi intéressant qu'il parle de spiritualité, qu'il communique son ressenti à ce sujet. Il y a aussi tout le sujet de l'imagination. Le consultant doit laisser libre cours à l'expression de son imagination par l'écriture, la parole ou tout autre moyen de communication. Encore une fois, des ateliers ou un livre sur le sujet pourraient l'aider à libérer ses facultés imaginatives. Négativement, Neptune peut faire perdre le sens de la réalité à Mercure. Le consultant doit rester vigilant tout au long de ses apprentissages en spiritualité de ne pas entrer dans un mouvement sectaire ou simplement dans une vision farfelue et parfois dangereuse de la réalité. Sur le plan de l'imagination, il pourrait y avoir un effort à faire pour concrétiser les élans créatifs puisque Neptune et Mercure peuvent être vécus complètement dans le monde intérieur sans jamais être extériorisés sous une forme tangible.

Sous un transit semblable, un de mes consultants a commencé à prendre des cours de méditation transcendantale et un autre à écrire des contes pour sa petite fille de trois ans. Deux belles façons de réagir à ce transit et de créer un futur positif.

B - *Jupiter en transit fait une opposition à Vénus natale qui est en Balance et en Maison 7.* (♃t ☍ ♀ ♎ M7)

Jupiter en transit nous parle du besoin de saisir les opportunités qui se présentent. Positivement, cela amène la possibilité d'obtenir une « expansion » dans notre vie et de pouvoir voyager vers de nouveaux horizons. Négativement, Jupiter peut laisser passer des opportunités sous son nez par manque d'effort ou par trop de patience.

L'opposition nous fait comprendre que ces opportunités vont se présenter avec une énergie de polarisation où Jupiter s'oppose à Vénus en voulant lui forcer la main. Les deux planètes devront s'écouter et tenir compte du point de vue de l'autre pour réussir le défi.

Vénus natale en Balance et en Maison 7 nous indique que le natif a un grand besoin de vivre une relation sentimentale harmonieuse et respectueuse.

En synthèse, nous pourrions dire à notre consultant qu'il a actuellement un besoin d'ouvrir ses horizons sur le plan affectif et que des opportunités de rencontre sont au rendez-vous. À cause de l'opposition, on peut s'attendre à ce que ces opportunités viennent chambouler l'existence et qu'il y ait un effort à faire pour les saisir. Le destin cogne à la porte, mais il demande un compromis et une évolution ! S'il fait l'effort d'écouter ce que l'autre (et la vie) lui propose, il pourrait bien établir une relation amoureuse très bénéfique. Négativement, Jupiter et l'opposition peuvent faire rater la chance par manque de capacité à mettre de l'eau dans son vin. À l'autre extrême, Jupiter et l'opposition peuvent donner un élan pour embarquer dans une histoire complètement folle sans réfléchir. La solution est simple, lorsque l'opportunité se présente, il faut dormir une nuit (mais une seule !) sur le sujet avant de voir s'il est vraiment positif. Si oui, il faut foncer et voir ce qu'il faut faire comme effort pour surmonter les obstacles.

Sous un transit semblable, une de mes consultantes a rencontré l'amour de sa vie, mais il habitait à trois heures de route de chez elle. Elle a tout de même dit oui à l'aventure et six mois plus tard elle a déménagé ! Une belle façon de réagir à ce transit et de créer un futur positif.

C - *Pluton en transit fait un sextile à la Lune natale qui est en Cancer et en Maison 4.* (♇t ✶ ☽ ♋ M4)

Pluton en transit nous parle du besoin d'ausculter ce qui nous ronge intérieurement. Positivement, cela amène la possibilité d'obtenir une régénération et une guérison de l'âme. Négativement, Pluton peut refuser le travail intérieur à faire ou encore devenir d'humeur glauque à force de toujours investiguer les blessures psychiques.

Le sextile nous fait comprendre que cette énergie d'investigation de l'inconscient va venir exciter la Lune avec des incitations à débuter le travail.

La Lune natale en Cancer et en Maison 4 nous indique que le natif a un grand besoin de naviguer dans son monde intérieur, ses racines et son passé s'il veut en être le capitaine plutôt que l'esclave.

En synthèse, nous pourrions dire à notre consultant qu'il a actuellement besoin de faire une thérapie, qu'elle soit entreprise de manière officielle avec un professionnel ou tout simplement vécu quotidiennement au travers des gestes et des réflexions du consultant. Peu importe qu'elle soit de type classique ou mystique, médicale ou ésotérique, mais elle doit se faire. Il y a des secrets, des émotions négatives refoulées et des blessures qui dorment dans le monde intérieur et plus particulièrement de l'enfance. Si ces blessures sont conscientisées, elles peuvent guérir et surtout elles vont cesser d'avoir un pouvoir sur les humeurs du consultant. Le sextile montre que différentes opportunités de le faire vont se présenter. Il faudra ne pas en rester uniquement sur l'élan initial et aller au bout du processus thérapeutique. Négativement, Pluton peut faire descendre aux enfers sans jamais en remonter. Son effet sur la Lune devient terrible : déprime, lunatisme et humeur noire. Malgré les exigences de ce transit, le consultant doit être capable de s'accorder des pauses loisirs et des moments de détente.

Sous un transit semblable, une de mes consultantes a commencé une thérapie de deux ans qui a mené à une réconciliation avec sa mère à qui elle n'avait plus parlé depuis dix ans. Elle a pu faire la paix avec elle quelques mois avant sa mort. Elle n'a jamais regretté les deux années de thérapie ! Une belle façon de réagir à ce transit et de créer un futur positif.

Un fait vécu

Sean Connery ne sera plus James Bond !

En avril 1967, le tournage de *On ne vit que deux fois* se termine et Sean Connery annonce qu'il ne reviendra plus dans le rôle de James Bond qui l'a rendu célèbre[1]. Il veut amener sa carrière d'acteur dans des directions plus « sérieuses » et solides. Il veut montrer qu'il est capable de jouer autre chose que l'agent secret. Un choix surprenant, mais qui le mènera de succès en récompenses et ce, pour plusieurs années.

À ce moment, voici un transit que vivait l'acteur...

Saturne en transit fait un carré à Saturne natal qui est en Capricorne et en Maison 10. (♄t □ ♄ ♑ M10)

Saturne en carré à lui-même amène l'individu à se questionner, parfois difficilement, sur ses choix de vie. Et ici, avec le signe du Capricorne et de la Maison 10, on parle bien sûr de choix de vie concernant la carrière et les ambitions professionnelles. C'est une configuration où le consultant peut être franc et réaliste en admettant qu'il peut faire plus que ce qu'il ne fait déjà. À ce moment, avec un travail acharné, il peut obtenir de belles récompenses et un respect de soi (sentiment d'intégrité). À l'inverse, Saturne peut laisser croire faussement que la cellule dans laquelle le consultant se trouve (le rôle de James Bond) ne peut être ouverte et qu'il faut la subir comme on fait son temps en prison.

On peut donc féliciter Sean Connery d'avoir relevé positivement le défi de Saturne. Il en a récolté bien des récompenses...

---

1. Sean Connery reviendra par deux fois à ce rôle quelques années plus tard, mais entre-temps il s'est établi comme un acteur à part entière et non plus uniquement comme étant la personnification de James Bond.

Comment interpréter un transit d'une planète qui traverse une Maison natale

1 - Que symbolise la planète en transit ?

Que représente la planète en transit ? Qu'apporte-t-elle comme défi ? Quel sujet amène-t-elle sur la table ? Quelles sont les possibilités positives de cette planète (le bon coach) ? Quelles sont les possibilités négatives de cette planète (le mauvais conseiller) ?

2 - Que symbolise la Maison natale qui est traversée ?

Que représentent la Maison natale et son signe dans la vie du consultant ? Interprétez le « schéma imprimé à la naissance » qui habite le consultant et qui est traversé et activé actuellement par la planète.

3 - Synthèse et création d'un futur positif.

Comment la combinaison de la planète en transit et de la maison traversée peut-elle se vivre ? Quelles sont les possibilités positives qui peuvent ressortir de cette traversée ? Quelles sont les possibilités négatives qui peuvent ressortir de cette traversée ? Que doit faire le consultant pour que le résultat soit positif plutôt que négatif ? De quoi doit-il se méfier et à quoi doit-il faire attention ?

Trois exemples d'interprétation

A - *Jupiter en transit qui traverse la Maison 10 qui est en Capricorne.* (♃t in M10 ♑)

Jupiter en transit nous parle du besoin de donner un sens nouveau à sa vie et de saisir les opportunités d'aller vers des horizons différents pour y trouver réussite et succès. Négativement, Jupiter peut complètement oublier qui il est, privilégier uniquement le succès et la reconnaissance, au prix de la vérité ou de l'honnêteté. Et il ne faut pas oublier aussi le revers de la médaille où Jupiter ne se fait tout simplement pas assez confiance pour saisir l'opportunité d'aller de l'avant vers la réussite.

La Maison 10 et le Capricorne symbolisent la carrière du natif, ses ambitions, ses objectifs à long terme et le rôle qu'il joue dans la communauté. Cette configuration implique que ces sujets sont importants pour le consultant et qu'il doit les honorer s'il veut avoir l'impression de « réussir » sa vie.

En synthèse, nous pourrions dire à notre consultant qu'il a actuellement besoin de faire de la place pour un renouveau dans sa carrière et/ou le rôle qu'il joue dans la communauté. Les ambitions et les projets à long terme qui l'habitent peuvent prendre un élan réel vers leur manifestation s'il sait saisir les opportunités qui se présentent à lui durant cette période. Il doit faire attention à ce que ces « coups de chance » et ces « portes qui s'ouvrent » soient véritablement en lien avec ses ambitions et pas juste une façon d'obtenir une gratification de l'ego. Négativement, il existe le danger de ne pas se faire assez confiance pour se lancer dans l'aventure et tout simplement laisser passer le train en privilégiant plutôt le connu, la routine et la sécurité.

Sous un transit semblable, un de mes consultants, écrivain, s'est vu invité à une émission de télévision pour parler de la vie d'auteur. Son premier roman était presque terminé, alors il a mis les bouchées doubles pour que l'impression du livre soit complétée le jour du passage sur les ondes. Il a ainsi profité d'une tribune très importante pour le lancement de son roman. Au fil des mois, il a pu se lancer dans le métier d'écrivain à temps plein. Il est important de préciser qu'il était tout à fait terrifié à l'idée de passer à la télévision.

Cela aura été pour lui l'équivalent de faire un saut en parachute. C'est pourquoi les transits de Jupiter fonctionnent mieux lorsque l'on prend un risque et que l'on saute !

B - *Saturne en transit qui traverse la Maison 2 qui est en Taureau.* (♄t in M2 ♉)

Saturne en transit nous parle du besoin de regarder sa vie avec réalisme et de pouvoir se fixer des objectifs en conséquence dans le but de structurer et de pallier les carences actuelles. Négativement, Saturne peut passer du réalisme au défaitisme en ne voyant que les obstacles, les lacunes et les problèmes. Il perd de vue ce qu'il y a à accomplir et sombre dans l'amertume.

La Maison 2 et le Taureau symbolisent les talents et les ressources que possède une personne et qu'elle peut faire fructifier (souvent pour obtenir de l'argent, mais aussi pour le simple sentiment de satisfaction de soi et de confiance en ses capacités). Cette configuration implique que le consultant doit absolument faire fructifier des talents significatifs pour lui s'il veut obtenir l'estime de soi et des autres ainsi qu'une forme de richesse.

En synthèse, nous pourrions dire à notre consultant qu'il a actuellement besoin de regarder avec réalisme l'étendue de ses talents et surtout comment il les a exploités jusqu'à ce jour. Invariablement, ce transit amène à penser que le consultant peut structurer et développer un de ses talents à son plein potentiel par l'effort, la discipline et la rigueur. Évidemment, il doit faire attention de ne pas confondre rigueur et discipline avec « se tuer à la tâche » ou pire « se tuer au travail pour une tâche insignifiante que l'on accomplit comme une corvée ». S'il peut relever positivement ce transit, il a de bonnes chances qu'une forme de fortune l'attende en fin de parcours.

Sous un transit semblable, une de mes étudiantes s'est serré la ceinture pendant plusieurs mois pour être capable de se lancer professionnellement dans le Tarot. Elle avait terminé ses cours avec moi et elle était prête à commencer, mais son emploi régulier lui prenait tout son temps et son énergie. Elle a donc demandé de réduire ses heures de travail, ce qui a temporairement mis son budget sous pression. Elle a utilisé ses nouvelles heures libres pour commencer à recevoir des clients en Tarot. Au bout d'un certain moment, le régime monétaire a pu se terminer et après deux années de travail acharné, elle gagnait même plus d'argent que lorsqu'elle était à temps plein !

C - *Uranus en transit qui traverse la Maison 5 qui est en Lion.* (♅t in M5 ♌)

Uranus en transit nous parle du besoin de faire une mise à jour de sa vie pour qu'elle corresponde de plus en plus à la personnalité profonde et véritable qui a été compromise au fil du temps. Négativement, Uranus peut apporter des changements trop drastiques sans réfléchir aux conséquences ou à l'inverse ne rien faire du tout de peur de déplaire.

La Maison 5 et le Lion symbolisent l'expression personnelle, la créativité et la capacité de tomber en amour avec les autres et avec la vie. Si le consultant ne vit pas ces facettes de la vie, il risque de se sentir las, morne et sans vie.

En synthèse, nous pourrions dire à notre consultant qu'il a actuellement besoin de faire une mise à jour et d'apporter des changements significatifs à son expression personnelle et à sa créativité. Il doit cesser de dire et d'être ce que les autres veulent et commencer à rayonner celui qu'il est vraiment, même si cela choque ou éloigne des gens. Il doit se donner de droit de tomber à nouveau en amour et probablement de manière totalement différente qu'auparavant. Il doit faire attention de ne pas changer des choses juste pour les changer, pour choquer ou pour provoquer, mais bien pour se recentrer sur sa véritable voie. Négativement, il existe toujours le danger de refuser cette mise à jour de peur de déplaire.

Sous un transit semblable, une de mes étudiantes a décidé de vivre son homosexualité au grand jour. Elle a avoué son orientation sexuelle à sa famille, ses amis et ses collègues et a commencé à militer ouvertement dans des associations pour le droit des gays. Ce fut à la fois le début d'un grand renouveau dans son expression personnelle, mais aussi le début d'une relation de couple heureuse et stable. Arrêter de se cacher lui a permis de rencontrer quelqu'un aisément et sainement.

Un fait vécu

Tom Cruise tourne un film pendant près de deux ans !

En novembre 1996 débute le tournage de *Eyes Wide Shut* réalisé par Stanley Kubrick et mettant Tom Cruise en vedette. Kubrick est réputé pour ses tournages longs et exigeants, mais aussi pour être un réalisateur sérieux et important de l'histoire du cinéma. Tom Cruise voulant depuis quelque temps prouver qu'il est un acteur sérieux et compétent, finance en partie le film et se plie aux volontés de Kubrick. Le tournage durera deux ans (un record) et sera particulièrement éprouvant. Pour Tom Cruise, ce film lui permettra d'obtenir l'estime de ses pairs et de relancer sa carrière vers plusieurs projets aux retombées artistiques importantes (*Magnolia, Le Dernier Samouraï* et *Collatéral*).

Du début du tournage en novembre 1996 jusqu'à la fin en juin 1998, voici un transit que vivait l'acteur...

Saturne en transit traverse la Maison 6 natale qui est en Bélier. (♄t in M6 ♈)

Saturne (la discipline et les ambitions) en Maison 6 (le travail au quotidien) nous montre une période d'effort et de discipline au travail qui peut mener à une réalisation importante et à une croissance de soi accélérée. Avec un travail acharné, tout devient possible. À l'inverse, Saturne en Maison 6 pourrait être utilisé à se tuer à la tâche sur des projets sécuritaires, mais peu motivants. À la longue, malgré les récompenses monétaires, on devient blasé et déprimé d'un travail qui est plus une corvée qu'autre chose.

On peut donc féliciter Tom Cruise d'avoir relevé positivement le défi de Saturne. Il en a récolté un deuxième élan dans une carrière encore aujourd'hui florissante...

Comment interpréter un transit d'une planète qui fait un aspect à un angle natal

1 - Que symbolise la planète en transit ?
Que représente la planète en transit ? Qu'apporte-t-elle comme défi ? Quel sujet amène-t-elle sur la table ? Quelles sont les possibilités positives de cette planète (le bon coach) ? Quelles sont les possibilités négatives de cette planète (le mauvais conseiller) ?

2 - Quel aspect fait cette planète en transit ?
Quel aspect relie la planète en transit à l'angle natal ? Quelle énergie amène cet aspect ? Quel défi apporte l'aspect ? Quelles sont les possibilités positives de cet aspect (bonne utilisation) ? Quelles sont les possibilités négatives de cet aspect (mauvaise utilisation) ?

3 - Que symbolise la partie du thème natal qui est transitée ?
Que représentent l'angle natal et son signe dans la vie du consultant ? Interprétez le « schéma imprimé à la naissance » qui habite le consultant et qui est touché et activé actuellement par le transit.

4 - Synthèse et création d'un futur positif.
Comment la combinaison de la planète en transit et de l'angle natal peut-elle se vivre ? Quelles sont les possibilités positives qui peuvent ressortir de cette rencontre ? Quelles sont les possibilités négatives qui peuvent ressortir de cette rencontre ? Que doit faire le consultant pour que le résultat soit positif plutôt que négatif ? De quoi doit-il se méfier et à quoi doit-il faire attention ?

Trois exemples d'interprétation

A - Neptune en transit fait une conjonction à l'ascendant natal qui est en Sagittaire. (Ψt ♂ AS ♐)

Neptune en transit nous parle du besoin de faire de la place à la spiritualité et à quelque chose de plus grand que soi. Positivement, cela amène la possibilité d'obtenir une « vision » et d'être mu par l'inspiration obtenue. Négativement, Neptune peut prendre ses fantasmes pour la réalité et perdre pied complètement avec le monde réel.

La conjonction nous fait comprendre que cette énergie spirituelle et inspirante va se fusionner avec l'énergie de l'ascendant pour le meilleur et pour le pire.

L'ascendant en Sagittaire nous indique que si le natif veut être capable d'interagir avec le monde extérieur de manière saine et authentique, il doit être animé par une quête, un enthousiasme et dire « oui » à la vie, quotidiennement.

En synthèse, nous pourrions dire à notre consultant qu'il a actuellement besoin que son comportement reflète le sentiment d'une quête inspirée par une forme ou une autre de spiritualité. S'il se laisse inspirer par une philosophie spirituelle pour apporter des changements à sa vie quotidienne et personnifier cet élan face aux autres, il sera couronné d'une des formes de succès les plus appréciables : le bonheur d'être en vie et le sentiment d'obtenir des réponses aux grandes questions existentielles ! Le consultant doit se laisser emporter par une vague spirituelle avec confiance et optimisme. Il peut, à sa manière, devenir un exemple pour les autres et les encourager à changer pour le mieux. Négativement, Neptune peut faire perdre le sens de la réalité à l'ascendant. Le consultant doit rester vigilant face aux courants qui l'emportent pour être certain qu'ils ne sont pas dangereux (à la manière d'une secte, par exemple). Il faut aussi se méfier de la rêvasserie qui nous éloigne de tout accomplissement tangible. Cet aspect est très abstrait et il peut amener le consultant à juste « dormir » le temps qu'il passe plutôt que de vraiment apporter un changement à sa vie quotidienne.

Sous un transit semblable, une de mes consultantes, très sensible à la cause animale, est devenue végétarienne par conviction. Une autre a décidé qu'elle voulait intégrer officiellement une congrégation chrétienne ouverte à l'homosexualité et aux femmes. Deux belles façons de réagir à ce transit et de créer un futur positif.

B - Uranus en transit fait un carré au milieu du ciel natal qui est en Vierge. (♅t □ MC ♍)

Uranus en transit nous parle du besoin de faire une mise à jour de certains secteurs de notre vie pour que ceux-ci correspondent plus profondément à qui nous sommes. Positivement, cela amène la possibilité d'affirmer sa différence et de gérer adéquatement les bouleversements de la vie. Négativement, Uranus peut apporter des changements de manière trop drastique ou à l'opposé, se cramponner à l'ancien rôle de peur de déplaire aux autres.

Le carré nous dit que cette énergie disruptive va entrer en conflit avec le milieu du ciel soit pour entamer un dialogue et une négociation, soit pour tenter de terrasser l'adversaire.

Le milieu du ciel natal (la carrière) en Vierge nous indique que le natif doit développer patiemment ses talents et les améliorer pour pouvoir en faire un métier.

En synthèse, nous pourrions dire à notre consultant qui a fait de ses talents une carrière, qu'il doit actuellement réfléchir à ce qui n'est plus correct pour lui professionnellement. Certains aspects de son métier qui étaient positifs à l'époque sont maintenant révolus, dépassés et désuets. Ils doivent être mis à jour. Dans ce combat entre Uranus et le milieu du ciel, si ce dernier cherche à terrasser son adversaire pour l'empêcher de faire des changements, il va souffrir parce qu'il va continuer d'habiter une situation professionnelle qu'il saura intérieurement fausse et caduque. À l'inverse, le danger du carré, c'est aussi de laisser Uranus aller trop vite et trop fort. À force de tout vouloir changer, la planète pourrait détruire complètement la carrière. On comprend ici que la solution réside dans un dialogue réaliste et intelligent dans lequel deux points sont capables de comprendre ce qui peut être changé et de procéder à la mise à jour avec prudence et circonspection.

Sous un transit semblable, un de mes consultants qui travaillait depuis longtemps dans une coopérative d'artistes a décidé de poursuivre son métier, mais dans son propre local où il n'aurait plus à négocier tout et rien chaque jour. Un autre, un étudiant, a commencé à faire de l'astrologie professionnellement à temps partiel. Deux belles façons de réagir à ce transit et de créer un futur positif.

C - Pluton en transit fait un trigone au descendant natal qui est en Poissons. (♇t △ DS ♓)

Pluton en transit nous parle du besoin de guérir de vieilles blessures pour pouvoir renaître plus heureux et plus libre. Positivement, cela amène la possibilité de repartir à zéro en privilégiant l'essentiel. Négativement, Pluton peut nous faire entrer dans une ambiance de souffrance et de deuil et ne jamais en sortir.

Le trigone nous dit que cette énergie de guérison et de purge va encourager et être encouragée par le descendant.

Le descendant natal en Poissons nous indique que le natif a un besoin de fusionner avec les autres et qu'il a une grande empathie, spécialement pour le conjoint. Il devrait également chercher des partenaires qui démontrent des qualités d'empathie et de fusion.

En synthèse, nous pourrions dire à notre consultant qu'il a actuellement un besoin de faire un grand ménage dans ses relations aux autres et plus particulièrement dans sa vie intime. Des blessures trainent depuis longtemps et concernent la vie amoureuse et la capacité à faire assez confiance à quelqu'un pour s'engager profondément avec lui. Le consultant doit être capable d'ausculter sa vie amoureuse présente et passée pour pouvoir guérir honnêtement les zones d'ombre qui l'habitent. Avec le trigone et le descendant, il va y avoir de l'aide de l'extérieur pour y arriver. Le consultant va faire des rencontres marquantes ou redécouvrira sous un nouveau jour des relations existantes. Il doit se servir de ces gens pour évoluer, conscientiser et guérir. Négativement, Pluton peut emmener le consultant dans un remous émotif plutôt noir et ne plus lui permettre d'en ressortir. Il devra faire attention d'alterner l'introspection avec des moments plus légers et souriants. Aussi, surtout si le consultant refuse de faire le travail demandé par Pluton, il risque de voir entrer dans sa vie des gens à problèmes qui viennent foutre le bordel et lui briser le cœur. C'est un signe qui ne fait pas assez d'introspection au goût de Pluton !

Sous un transit semblable, une de mes consultantes a commencé une thérapie de couple pour régler une problématique sexuelle importante avec son conjoint. Une autre a repris brièvement avec son amour d'enfance pour s'apercevoir que cet homme qu'elle avait attendu toute sa vie n'était que l'ombre du mythe qu'elle s'était créé dans sa tête. Elle a mis fin à la relation et a rencontré quelqu'un d'autre beaucoup plus adapté à sa personnalité. Deux belles façons de réagir à ce transit et de créer un futur positif.

Un fait vécu

Mick Jagger se décide à écrire des paroles de chansons.

Fait peu connu du grand public, aux débuts des Rolling Stones, Mick Jagger n'était pas le leader du groupe. Il n'arrivait pas à prendre sa place, il était plutôt effacé et n'écrivait ni les musiques, ni les paroles. Avec les années, il finit par sortir peu à peu de sa coquille et réclame son droit d'existence en tant que membre influent. En 1964, Mick Jagger exige même de pouvoir s'exprimer en écrivant les paroles des chansons du groupe. *The Last Time* et *Satisfaction* suivront en 1965 et le reste fait partie de l'histoire !

Entre 1964 et 1965 voici un transit que vivait le chanteur...

Uranus en transit fait un carré à l'ascendant natal qui est en Gémeaux. (♅t □ AS ♊)

Uranus propose le défi de l'individuation. Il pousse Mick Jagger à s'exprimer et à réclamer une place à part entière. Le carré montre que cela peut causer des frictions, mais qu'il faut tout de même trouver une façon de négocier le virage. L'ascendant en Gémeaux, qui est le point sollicité ici, résonne particulièrement bien : l'ascendant, c'est le rôle que l'on joue au quotidien et les Gémeaux concernent l'écriture et les paroles ! Si Mick Jagger peut montrer qui il est vraiment et jouer un rôle à part entière dans le groupe par l'écriture, c'est une promesse de succès. Mais cette configuration aurait très bien pu mal tourner. En effet, Uranus et le carré peuvent être explosifs et se mettre tout le monde à dos. Ils peuvent aussi pousser le groupe à la rupture en convainquant Jagger de quitter pour une carrière en solo. Finalement, Uranus peut ne pas avoir le courage de s'affirmer et tout simplement rester dans l'ombre.

On peut donc féliciter Mick Jagger d'avoir relevé positivement le défi d'Uranus. Cinquante ans plus tard, il en reçoit encore les récompenses...

Les différentes progressions

Comment interpréter une planète progressée qui fait un aspect à une planète natale

1 - Que symbolise la planète en progression ?

Que représente la planète en progression ? Qu'apporte-t-elle comme défi d'évolution ? Quel sujet amène-t-elle sur la table ? Quelles sont les possibilités d'apprentissages positifs de cette planète (le bon coach) ? Quelles sont les possibilités d'apprentissages négatifs de cette planète (le mauvais conseiller) ?

2 - Quel aspect fait cette planète progressée ?

Quel aspect relie la planète en progression à la planète natale ? Quelle énergie amène cet aspect ? Quel défi apporte l'aspect ? Quelles sont les possibilités positives de cet aspect (bonne utilisation) ? Quelles sont les possibilités négatives de cet aspect (mauvaise utilisation) ?

3 - Que symbolise la partie du thème natal qui est aspectée ?

Que représentent la planète natale, son signe et sa Maison dans la vie du consultant ? Interprétez le « schéma imprimé à la naissance » qui habite le consultant et qui demande à être intégré actuellement par la progression.

4 - Synthèse et création d'un futur positif.

Comment la combinaison de la planète en progression et de la planète natale peut-elle se vivre ? Quelles sont les possibilités d'évolution positive qui peuvent ressortir de cette rencontre ? Quelles sont les possibilités d'évolution négative qui peuvent ressortir de cette rencontre ? Que doit faire le consultant pour que le résultat soit positif plutôt que négatif ? De quoi doit-il se méfier et à quoi doit-il faire attention ?

Trois exemples d'interprétation

A - *Mercure progressé fait un sextile à Jupiter natal qui est en Sagittaire et en Maison 9.* (☿p ✶ ♃ ⚔ M9)

Mercure progressé nous parle des idées et des concepts en évolution. Positivement, cela amène la possibilité d'apprendre de nouvelles choses qui peuvent avoir un impact sur notre compréhension du monde. Négativement, Mercure progressé peut virevolter à gauche et à droite sans prendre le temps de vraiment approfondir un sujet important.

Le sextile nous fait comprendre que cette énergie d'apprentissage va stimuler et être stimulée par Jupiter en Sagittaire et en Maison 9.

Jupiter natal en Sagittaire et en Maison 9 nous indique que le natif a un grand besoin de s'intéresser aux questions existentielles et philosophiques qui occupent l'humanité depuis la nuit des temps.

En synthèse, nous pourrions dire à notre consultant qu'il a actuellement la possibilité d'apprendre sur de sujets philosophiques ou de se consacrer à l'éducation en général. Est-ce le temps de retourner à l'école pour enfin obtenir ce diplôme tant désiré ? Ou peut-être simplement sur les bancs d'une conférence ou d'un atelier ? Une chose est certaine, le consultant est prêt à faire évoluer sa compréhension du monde par un nouvel élan plus tourné vers une vision globale, synthétique, philosophique ou religieuse de l'univers. Le consultant est habité de questions et s'il fait l'effort de chercher un peu, il y a des réponses autour de lui. Elles peuvent avoir un impact significatif sur sa vie et sur son bonheur. Négativement, Mercure et le sextile peuvent aller trop vite, se lasser rapidement et ne rien apprendre de réellement significatif. Au moment où une réponse va apparaitre, l'individu est déjà ailleurs ! Un risque que partagent à la fois Mercure, Jupiter, le Sagittaire et la Maison 9, c'est le fanatisme. Le consultant doit faire attention que les réponses qu'il trouve aux questions ne deviennent pas une source de conflits avec le monde qui l'entoure parce qu'il essaie de convertir les infidèles ! Une autre caractéristique négative de cette configuration est tout simplement la paresse intellectuelle et la fermeture. Le consultant se dit qu'il sait déjà tout et il n'apprend rien de nouveau malgré les opportunités que lui amène le sextile.

Sous un transit semblable, un de mes consultants, dentiste de profession, a terminé son doctorat et un autre, avocat, a réorienté sa carrière en retournant sur les bancs d'école pour devenir psychologue ! Une de mes étudiantes s'est inscrite à l'école de Bouddhisme de Montréal. Trois belles façons de réagir à ce transit et de créer un futur positif.

B - Mars progressé fait une opposition au Soleil natal qui est en Lion et en Maison 5. (♂p ☍ ☉ ♌ M5)

Mars progressé nous parle du besoin de s'affirmer et de réclamer son dû. Positivement, cela amène la possibilité de prendre sa place et d'être capable de défendre son droit d'exister. Négativement, Mars peut entrer dans des conflits inutiles et créer lui-même des guerres plutôt que d'affronter sa colère intérieure.

L'opposition nous fait comprendre que cette énergie d'affirmation viendra challenger le Soleil en Lion et en Maison 5 pour le meilleur ou pour le pire selon la gestion de l'aspect.

Le Soleil natal en Lion et en Maison 5 nous indique que le natif a besoin d'être créatif et d'arriver à exprimer son identité pour pouvoir se sentir pleinement vivant.

En synthèse, nous pourrions dire à notre consultant qu'il doit réfléchir actuellement sur son expressivité. Est-il toujours en train d'écouter et de faire ce que les autres lui disent ? Il arrive à un moment de sa vie où il est important de dire qui il est et de faire ce qui lui plait plus souvent. Il arrive aussi à un moment de sa vie où il doit être capable de dire « non » et être capable de dire « Voilà ce que moi j'aime. » et « Voilà le film que nous irons voir ce soir. » ou « Ceci est ma propriété. », ainsi que « Je veux ce poste. », etc. L'idée étant que Mars viendra bousculer le natif pour le forcer à s'affirmer. Il y a le danger de ne pas répondre au challenge et d'essayer de supprimer la fonction martienne en devenant une victime sur laquelle tout le monde s'essuie les pieds. À l'inverse, il y a aussi le risque de crier trop fort que l'on existe et de chercher les conflits plutôt que de seulement répondre à ceux qui se présentent. Autrement dit, l'opposition peut amener à devenir un chasseur cherchant des proies ! L'idée étant de trouver le juste milieu entre s'affirmer et détruire. Si le consultant est créatif, cette opposition l'amènera aussi certainement à la possibilité d'affirmer son art. La vie lui présentera le défi de le faire et il faudra voir s'il trouvera le courage de répondre à l'ultimatum.

Sous un transit semblable, un de mes consultants a vécu un conflit au bureau et cela l'a amené à cesser de faire des heures supplémentaires non payées en plus d'accomplir sans rien dire la tâche des collègues en retard. Un autre de mes consultants, peintre, s'est vu offrir une exposition dans une galerie à la condition d'en faire la promotion et l'animation ce qui l'effrayait au plus haut point. L'exposition fut un succès malgré son mal de ventre ! Deux belles façons de réagir à ce transit et de créer un futur positif.

C - Vénus progressée fait un trigone à Uranus natal qui est en Verseau et en Maison 7. (♀p △ ♅ ♒ M7)

Vénus progressée nous parle du besoin d'avoir du plaisir et de rencontrer des gens nouveaux tout en faisant place à la créativité dans sa vie. Positivement, cela amène de belles relations amicales ou amoureuses et un sentiment d'être heureux. Négativement, Vénus peut vouloir des amis et du plaisir à tout prix, au point parfois de prendre n'importe quoi et de jouer un rôle.

Le trigone nous dit que cette énergie affective et créative va être encouragée par Uranus en Verseau et en Maison 7 pour le meilleur et pour le pire.

Uranus en Verseau et en Maison 7 nous indique que le natif a besoin de partager sa vie avec des gens originaux qui n'ont pas peur de sortir des sentiers battus. Le natif peut apprendre beaucoup de gens comme ceux-là.

En synthèse, nous pourrions dire à notre consultant qu'il doit faire de la place à des gens originaux et hors-normes dans sa vie. Le trigone confirme que les occasions vont se présenter pour le faire, mais lui seul peut décider s'il ouvre la porte ou non. S'il ouvre la porte, il pourra apprendre avec eux comment s'exprimer, comment avoir du plaisir et comment être créatif. Sa créativité est prête à être infusée avec une dose d'anticonformisme et de liberté. Autour de lui des occasions se présenteront pour développer cette liberté créative.

Négativement, cette configuration peut amener des changements trop drastiques. Le consultant doit faire attention, en nouant des relations différentes et en expérimentant des situations hors de l'ordinaire, de ne pas non plus mettre son ancienne vie À LA poubelle d'un seul coup. Il y a toujours un besoin d'aller progressivement avec une énergie pareille. Même chose pour la fonction plaisir. Il y a une différence entre s'accorder le droit au plaisir et entrer dans une orgie débridée où l'on perd tout pour un moment de plaisir. Un autre risque pour Vénus est de vouloir plaire à des gens hors-normes à tout prix et pour cela mentir sur ses véritables gouts. Si vous rencontrez un photographe qui vous plait beaucoup, mais dont vous n'aimez pas les photos, il faut vous méfier de commencer à mentir pour le séduire. Vénus doit garder son intégrité. Être séduite pour les bonnes raisons et séduire pour les bonnes raisons. Finalement, mentionnons que si le consultant est en couple, cette position symbolise aussi un besoin profond de renouveler les plaisirs du couple en ajoutant de l'imprévu et de l'électricité dans l'air. Attention toutefois d'agir en équipe là-dessus, pour éviter que tout ce besoin de renouvellement ne crée des bouleversements et une incompréhension.

Sous un transit semblable, une de mes consultantes a renouvelé ses vœux de mariage en Inde au moment d'un voyage survenant immédiatement après le départ des enfants pour les études. Une autre a rencontré un étranger au Mexique et a développé une relation (qui dure toujours) avec lui malgré les inquiétudes des amis et de la famille. Deux belles façons de réagir à ce transit et de créer un futur positif.

Un fait vécu

Ronald Reagan deviendra président !

En 1980, l'ancien acteur Ronald Reagan est dans la course à la présidence et jamais un candidat, depuis Richard Nixon, n'avait tant été décrié par l'élite et plébiscité par la foule. Il semble connecté directement avec la psyché des gens. Comme s'il ressentait les peurs collectives, les blessures et les désirs. Chacun de ses discours insiste sur les craintes, les transformations profondes à apporter et l'économie qui devient la nouvelle idole...

À ce moment, voici un transit que vivait l'acteur...

Le Soleil progressé fait un sextile à Pluton natal qui est en Gémeaux et en Maison 7. (⊙p ⚹ ♇ Ⅱ M7)

La Maison 7 symbolise les autres, le monde extérieur et la société qui entourent Ronald Reagan. Pluton dans cette Maison donne déjà cette tendance à partager les blessures, les peurs profondes et les instincts du groupe. Sans compter que les Gémeaux sont un signe qui connecte à tous ceux qui l'entourent. Comme le Soleil progressé représente l'identité en évolution, on voit jusqu'à quel point l'identité profonde de Reagan s'abreuvait au collectif. C'était comme si la foule devenait lui-même et que lui-même devenait la foule. C'est une configuration où le consultant peut faire des enjeux et des préoccupations des autres ses propres enjeux et ses propres préoccupations. Ronald Reagan est un des rares présidents à avoir quitté leur poste plus populaires qu'à leur entrée en fonction. Pour expliquer ce fait étonnant, Barack Obama a déclaré que Reagan avait ressenti le besoin du peuple pour le changement et pour la prise de responsabilités. Selon Obama, Reagan s'était connecté directement sur ce que le peuple ressentait ! Sur un plan plus négatif, c'est aussi une configuration qui peut amener un individu à influencer la foule en la contaminant avec ses peurs et ses blessures personnelles. Il est difficile de juger ici lequel des deux pôles a été réellement activé, mais à tout le moins on peut féliciter Ronald Reagan d'avoir su exploiter la progression pour devenir président.

Comment interpréter une planète progressée qui traverse une Maison natale

1 - Que symbolise la planète progressée ?

Que représente la planète en progression ? Qu'apporte-t-elle comme défi d'évolution ? Quel sujet amène-t-elle sur la table ? Quelles sont les possibilités d'apprentissages positifs de cette planète (le bon coach) ? Quelles sont les possibilités d'apprentissages négatifs de cette planète (le mauvais conseiller) ?

2 - Que symbolise la Maison natale qui est traversée ?

Que représentent la Maison natale et son signe dans la vie du consultant ? Interprétez le « schéma imprimé à la naissance » qui habite le consultant et qui est traversé et activé actuellement par la planète en progression.

3 - Synthèse et création d'un futur positif.

Comment la combinaison de la planète en progression et de la Maison traversée peut-elle se vivre ? Quelles sont les possibilités d'évolution positive qui peuvent ressortir de cette traversée ? Quelles sont les possibilités d'évolution négative qui peuvent ressortir de cette traversée ? Que doit faire le consultant pour que le résultat soit positif plutôt que négatif ? De quoi doit-il se méfier et à quoi doit-il faire attention ?

Trois exemples d'interprétation

A - *La Lune progressée traverse la Maison 11.* ($\mathfrak{D}$p in M11)

La Lune progressée nous parle de l'endroit où devraient se trouver notre cœur et notre âme durant une période donnée. Elle symbolise les besoins, pas toujours rationnels, qui doivent être comblés. C'est pourquoi on doit consacrer du temps au domaine symbolisé par la maison qu'elle traverse. Ce serait une erreur de ne pas le faire. Négativement, la Lune progressée peut se complaire intérieurement dans un domaine, mais sans jamais l'actualiser ou y vivre des actions concrètes, un peu comme une personne couchée sur son sofa en train de rêver de devenir une rock star plutôt que de prendre sa guitare et jouer.

Positivement, la Maison 11 symbolise la capacité de prendre une bonne orientation dans sa vie parce que l'on est conscient des objectifs à long terme que l'on veut atteindre. Elle représente aussi le réseau des amis, des pairs et des collègues qui peuvent soutenir cette orientation à long terme ou lui nuire selon les choix relationnels faits par le consultant. Finalement, la Maison 11 bien réussie symbolise le processus d'individuation par lequel le consultant arrive à déterminer sa véritable destinée sans égard aux attentes des autres.

En synthèse, nous pourrions dire à notre consultant qu'il a actuellement besoin de mettre son cœur et son âme sur ses objectifs de vie et ses rêves à long terme. Les connait-il ? Doivent-ils être clarifiés ou précisés ? Ces rêves sont-ils vraiment les siens ou ceux des parents et de l'entourage ? Dans un second temps, il doit s'assurer que le réseau de personnes qui l'entourent peut l'aider à atteindre éventuellement ses objectifs de vie. Si des gens, même bien intentionnés, l'éloignent de ses rêves et de ses aspirations, il doit être capable de faire le tri et l'élagage. Il doit aussi se méfier de la paresse et de la rêverie qui ne font pas avancer sa vie vers ses grands espoirs. Bien exécutée, cette configuration peut amener le consultant à la réalisation de ses plus grands rêves au bout de quelques années.

Sous un transit semblable, un de mes consultants qui avait toujours voulu écrire un livre, s'est inscrit dans une école de rédaction et a appris l'art de l'écriture pendant près de deux années. À la fin de son cours, la moitié de son livre était déjà écrit et révisé par son professeur. Il a eu besoin d'une année supplémentaire pour terminer son livre et il a eu l'immense satisfaction de le voir publié l'année suivante. Un périple de quatre années qui a mené à une des grandes réalisations de sa vie. Une autre de mes consultantes a débuté des traitements de fertilité et a complètement changé son mode de vie pour favoriser une maternité. Malgré ses quarante et un ans, elle a pu tomber enceinte deux ans plus tard. Deux belles façons de réagir à ce transit et de créer un futur positif.

B - Le Soleil progressé traverse la Maison 2. (☉p in M2)

Le Soleil progressé nous parle du sentiment que l'identité est devenue un peu figée et rigide au fil des ans. Il est temps d'enrichir cette identité par de nouvelles expériences de vie. Le Soleil progressé est une invitation à modifier ses habitudes de vie, son caractère et son ego. Lorsqu'il traverse une maison, il doit prendre du temps pour vivre des expériences reliées au domaine de cette Maison de façon à évoluer. Ne pas le faire serait une grave erreur. Négativement, le Soleil progressé peut aller vers les changements de façon trop drastique en ne tenant pas compte des autres besoins de la psyché.

Positivement, la Maison 2 symbolise les talents et les ressources que l'on doit faire fructifier pour en tirer des fruits juteux et nourrissants ! Bien réussie, elle représente aussi la confiance en soi et l'estime de soi qui viennent d'un sentiment de solidité et d'abondance. Mal exploitée, la Maison 2 deviendra simplement matérialiste, sans égard à l'exploitation d'un talent réellement significatif pour le consultant.

En synthèse, nous pourrions dire à notre consultant qu'il a actuellement besoin de faire évoluer son identité en développant des talents et des ressources hautement personnelles et significatives pour lui. Il doit être capable d'accumuler une certaine réserve de ressources pour développer un sentiment de sécurité et de stabilité. Il doit être capable d'être fier de lui en faisant de l'argent au travers de quelque chose qu'il aime vraiment. Il doit se méfier de la simple volonté d'accumuler et de se pavaner dans des richesses qui serviraient uniquement à pallier un manque de confiance et d'estime de soi. Il doit faire très attention de ne pas se définir (Soleil) par la valeur de son compte en banque (Maison 2).

Sous un transit semblable, une jeune consultante, passionnée par les animaux, s'est trouvé son premier emploi dans une animalerie. Non seulement elle a commencé à être indépendante financièrement, mais elle s'est rendu compte qu'elle avait un réel talent avec les animaux et elle a décidé qu'elle poursuivrait ses études en médecine vétérinaire. Un autre consultant, attiré par la menuiserie, s'est lancé dans la restauration de vieux meubles. Après quelques mois d'apprentissage, il a commencé à accepter des contrats le week-end en arrondissant ainsi ses fins de mois et en faisant quelque chose qui le passionnait. Deux belles façons de réagir à ce transit et de créer un futur positif.

C - *Mercure progressé traverse la Maison 8.* (☿p in M8)

Mercure progressé nous parle du besoin d'apprendre, de lire et de s'informer sur de nouvelles choses. La planète symbolise la capacité de faire évoluer des concepts et des schémas de pensée que nous avons à propos de la vie. C'est pourquoi le consultant doit en apprendre plus sur le domaine symbolisé par la Maison que Mercure traverse. Ce serait une erreur de ne pas le faire, car le consultant a quelque chose à apprendre et à dire sur ce sujet. Négativement, Mercure progressé peut ne rien vouloir apprendre et se cacher derrière ses préjugés et ses idées toutes faites. Il peut aussi ne pas passer assez de temps et faire assez d'efforts pour réellement approfondir ce qu'il apprend.

Positivement, la Maison 8 symbolise la capacité de plonger dans les sphères de l'inconscient pour en faire émerger une partie dans le conscient. Elle représente aussi la capacité d'aborder des sujets tabous. Finalement, la Maison 8 bien réussie symbolise la capacité de se transformer malgré ou au travers d'une crise existentielle.

En synthèse, nous pourrions dire à notre consultant qu'il a actuellement besoin d'en apprendre plus sur l'inconscient et sur les blessures que l'on porte dans son âme et dans son cœur. Il devrait s'intéresser à la psychologie, aux sciences occultes, à la magie, à la sexualité, à la mort, à la maladie ou à tout autre sujet tabou pertinent à sa vie. Il doit être capable de faire évoluer ses idées sur la vie. Il doit aussi arriver à apprendre ce qui est nécessaire pour traverser les crises existentielles. Il doit se méfier de la fermeture à ces sujets ou d'un simple surf sur ces thèmes. À l'inverse, il doit faire attention de ne pas vivre vingt-quatre heures sur vingt-quatre dans ces idées et ces sujets plus noirs sous peine de devenir dépressif ! Il doit se souvenir que la vie c'est aussi parfois juste écouter de la musique et jaser entre amis sur une plage.

Sous un transit semblable, une de mes consultantes, qui venait de perdre son mari, a débuté plusieurs lectures sur le deuil et la traversée du désert qui s'ensuit. Ces lectures l'ont amenée à vivre une profonde transformation personnelle qui a changé complètement l'allure de sa vie depuis ce temps. Un autre de mes consultants, un psychologue, a débuté un travail de thérapie avec d'anciens violeurs. Malgré toute la difficulté et le dégout de la chose, il a su aborder le phénomène non pas pour l'excuser, mais pour le comprendre. Grâce à ses travaux, il a pu prévenir d'autres incidents en permettant de reconnaitre plus tôt les symptômes du « violeur ». Deux belles façons de réagir à ce transit et de créer un futur positif.

Un fait vécu

George Harrison convainc les Beatles d'aller en Inde pour apprendre la méditation.

En 1968, l'intérêt de George Harrison pour la spiritualité grandit de plus en plus au point de convaincre le groupe des Beatles d'aller faire une retraite en Inde pour apprendre la méditation. Grande évolution spirituelle pour Harrison et période hautement fertile et créative, elle mènera à certains des meilleurs albums des Beatles. Paradoxalement, ce sera aussi le point de départ qui mènera à la dissolution du groupe trois ans plus tard...

À ce moment, voici un transit que vivait le musicien...

La Lune progressée traverse la Maison 12 natale qui est en Balance. (☽p in M12 ♎)

La Lune progressée montre toujours l'endroit où se trouvent le cœur et l'âme d'une personne à un moment donné de sa vie. La Maison 12 étant la Maison mystique et spirituelle par excellence, il n'est pas étonnant de voir l'attrait qu'avait le sujet pour George Harrison.

Mais la Maison 12 et la Lune sont aussi des symboles représentant l'imaginaire et la créativité. On voit que les membres du groupe ont su catalyser cette énergie. Finalement, la Maison 12 représente aussi ce qui doit se terminer pour permettre une nouvelle naissance. La dissolution du groupe était probablement la meilleure chose qui pouvait arriver pour Harrison à ce moment de sa vie. En négatif, la Maison 12 peut symboliser l'incapacité à la dissolution qui entraine malheurs et dépression. Elle peut aussi mener à la drogue et à l'abus de substances addictives.

On peut donc féliciter George Harrison d'avoir relevé positivement le défi de la Maison 12 en apprenant à méditer plutôt que de se perdre dans une dépendance. On peut aussi le féliciter d'avoir accepté la dissolution nécessaire du groupe malgré l'insécurité créée. Finalement, on peut le féliciter d'avoir canalisé l'énergie imaginative de la Maison 12 à des fins artistiques.

Comment interpréter une planète progressée qui traverse un signe natal

1 - Que symbolise la planète progressée ?

Que représente la planète en progression ? Qu'apporte-t-elle comme défi d'évolution ? Quel sujet amène-t-elle sur la table ? Quelles sont les possibilités d'apprentissages positifs de cette planète (le bon coach) ? Quelles sont les possibilités d'apprentissages négatifs de cette planète (le mauvais conseiller) ?

2 - Que symbolise le signe natal qui est traversé ?

Que représentent le signe natal et la ou les Maisons qu'il occupe dans la vie du consultant ? Interprétez le « schéma imprimé à la naissance » qui habite le consultant et qui est traversé et activé actuellement par la planète en progression.

3 - Synthèse et création d'un futur positif.

Comment la combinaison de la planète en progression et du signe traversé peut-elle se vivre ? Quelles sont les possibilités d'évolution positive qui peuvent ressortir de cette traversée ? Quelles sont les possibilités d'évolution négative qui peuvent ressortir de cette traversée ? Que doit faire le consultant pour que le résultat soit positif plutôt que négatif ? De quoi doit-il se méfier et à quoi doit-il faire attention ?

Trois exemples d'interprétation

A - *La Lune progressée traverse le Bélier.* (☽p in ♈)

La Lune progressée nous parle de l'énergie et du rythme qui devraient animer notre cœur et notre âme durant une période donnée. Elle symbolise les besoins, pas toujours rationnels, qui doivent être comblés. C'est pourquoi on doit consacrer du temps à l'énergie du signe qu'elle traverse. Ce serait une erreur de ne pas le faire. Négativement, la Lune progressée peut être paresseuse et lunatique, c'est-à-dire changeante, inconstante et souvent sujette aux sautes d'humeur !

Positivement, le Bélier symbolise la capacité de s'affirmer, de donner du support à un pan de sa vie qui mérite d'être développé et de démarrer de nouvelles entreprises. Il représente un peu l'idée pour le consultant d'une renaissance dans une version améliorée, plus solide, plus combative et plus affirmative de lui-même. Négativement, le Bélier peut chercher la bagarre pour les mauvaises raisons et ne vivre qu'un conflit après l'autre. À l'autre bout du spectre des possibilités, il peut se terrer dans sa cachette et refuser toute forme d'affirmation et de combat.

En synthèse, nous pourrions dire à notre consultant qu'il a actuellement besoin de faire vibrer son cœur et son âme au rythme de l'affirmation de soi et de la défense saine et intelligente de ce qui est son territoire. Peut-être aussi veut-il acquérir et asservir de nouveaux territoires ? C'est le bon moment pour le faire. Il doit être plus combatif dans l'âme et être prêt à se battre pour suivre ses désirs intérieurs. Il doit arriver à construire une image de soi solide et une confiance intérieure plus forte qu'auparavant. Il doit être maitre de ses émotions. Il doit se méfier des deux extrêmes que sont la paresse ou la lâcheté et la rage ou la violence gratuite.

Sous un transit semblable, un de mes consultants, très timide, s'est engagé dans une thérapie comportementale pour vaincre étape par étape sa timidité. À la fin du processus, il était enfin parvenu à tenir tête à ses parents et à certains collègues de travail qui profitaient de lui depuis des années. Une autre de mes consultantes a pris une retraite anticipée de la fonction publique pour se consacrer à sa passion pour la photographie. Après quelques mois de pratique intensive, elle a même fini par vendre ses photographies par Internet. Deux belles façons de réagir à ce transit et de créer un futur positif.

B - Le Soleil progressé traverse le Taureau. (☉p in ♉)

Le Soleil progressé nous parle du sentiment que l'identité s'est développée au fil des années et qu'elle est mûre pour quelques changements. Il est temps d'enrichir cette identité par de nouvelles expériences de vie et l'acquisition de nouvelles habitudes. Le Soleil progressé est donc une invitation à modifier ses habitudes de vie, son caractère et son ego. Lorsqu'il traverse un signe, il doit prendre du temps pour se synchroniser avec l'énergie de ce signe. Ne pas le faire serait une grave erreur. Négativement, le Soleil progressé peut aller vers les changements de façon trop drastique en ne tenant pas compte des autres besoins de la psyché.

Positivement, le Taureau symbolise le plaisir et la détente nécessaires à la relaxation et à l'apaisement du corps nerveux et physique. Il représente aussi la capacité d'acquérir une confiance en soi par la fructification des talents et des ressources. Mal vécu, le Taureau deviendra matérialiste, paresseux et dépendant des plaisirs du corps.

En synthèse, nous pourrions dire à notre consultant qu'il a actuellement besoin de faire évoluer son identité en faisant fructifier ses talents et ses ressources. Il a besoin d'un sentiment de sécurité et de stabilité dans sa vie. Aussi, il devient beaucoup plus sensible au stress de la vie quotidienne et doit être capable de trouver des façons de se relaxer et d'apprécier la vie. Des sorties dans la nature, respirer l'air frais, un massage, un bon verre de vin, la pratique d'un art, etc. Toutes les solutions doivent être envisagées pour s'apaiser. Il doit se méfier du moment où la relaxation devient de la paresse et où la sécurité matérielle devient plus importante que tout le reste. Il pourrait tomber dans un travers important : sacrifier l'évolution sur l'autel de la stabilité !

Sous un transit semblable, une de mes étudiantes s'est simplement donné comme objectif de faire une marche par semaine dans la nature. Elle a pris un abonnement au mont Saint-Hilaire (à trente minutes de Montréal) et une fois par semaine, elle grimpe la montagne. Même si cela peut paraître très simpliste, elle avoue ne jamais s'être sentie mieux dans toute sa vie ! Un autre de mes étudiants a décidé de mettre de côté dix pour cent de tous ses revenus question d'avoir un coussin de sécurité. Deux années après avoir commencé à épargner, il s'est retrouvé avec une belle somme qu'il place à la bourse et fait fructifier. Il a l'esprit en paix car il a maintenant réussi non seulement à accumuler des provisions en cas de coup dur, mais aussi lorsqu'il veut se payer un voyage ou une grosse dépense, il va chercher les fonds dans sa réserve et ne met plus en jeu son budget hebdomadaire. Deux belles façons de réagir à ce transit et de créer un futur positif.

C - *Mars progressé traverse le signe de la Vierge.* (♂p in ♍)

Mars progressé nous parle du besoin de se mettre en action et d'apporter une énergie et un effort concret à quelque chose. Positivement, cela amène la possibilité de prendre sa place, d'être capable de défendre son droit d'exister et de s'affirmer. Négativement, Mars peut aller trop vite et trop fort dans ses revendications ou à l'opposé ne pas oser mettre les choses en action. C'est pourquoi les astrologues disent souvent de Mars qu'il est soit un chasseur, soit une proie !

La Vierge symbolise la croissance personnelle, le peaufinage des talents et la capacité d'offrir ses compétences aux autres de façon à devenir utile. Négativement, la Vierge peut tomber exclusivement dans la critique et le négativisme. À ce moment, elle n'est jamais contente, ni d'elle ni de personne et se cantonne dans un rôle de subalterne ou elle s'efface peu à peu et s'éteint.

En synthèse, nous pourrions dire à notre consultant qu'il a actuellement besoin de mettre ses efforts et son énergie à sa croissance personnelle. Il doit être prêt à bouger et à poser des actions concrètes pour se développer, corriger ses défauts et ses lacunes et peaufiner ses talents. Il doit aussi, dans un second temps, avoir le courage d'affirmer haut et fort ses talents pour les mettre au service des autres. Le pire qu'il pourrait arriver ici serait le manque de courage et d'initiative pour réaliser cela. Toutefois, à l'inverse, le consultant doit faire attention que sa volonté de croître et de corriger ses lacunes ne devienne pas une entreprise d'autoflagellation ou de critique incessante !

Sous un transit semblable, un de mes consultants, professeur à l'université, en était à une étape cruciale de sa carrière. S'il n'améliorait pas l'aspect oratoire de ses cours, il pourrait perdre son poste. Il a accepté que malgré toute son expertise, il devait tout de même apprendre à être divertissant devant sa classe et il s'est inscrit à des ateliers de communication. Une autre, qui avait passé toute sa vie à corriger les manuscrits des autres, s'est enfin lancée dans l'aventure de l'écriture romanesque. Deux belles façons de réagir à ce transit et de créer un futur positif.

Un fait vécu

Blair s'en va-t-en guerre !

De 2002 à 2004, Tony Blair convainc tout le pays d'aller en guerre contre l'Irak et de suivre la politique des États-Unis...

À ce moment, voici un transit que vivait le Premier ministre britannique...

La Lune progressée traverse le signe du Sagittaire natal. ($\mathcal{D}$p in $\nearrow$)

L'entourage de Tony Blair a certainement été surpris de cette décision et de cette ferveur. Astrologiquement par contre, son comportement se comprend mieux. Son cœur et son âme (la Lune progressée) traversaient alors le signe du Sagittaire qui est associé à la foi, aux croyances et à la quête. Ce signe qui ne cherche pas à s'encombrer des détails se demande surtout ce qui est bien et juste et il fonce tête baissée vers le but envisagé. Il est clair que pour Tony Blair, les attentats du 11 septembre ont ébranlé sa foi en la démocratie et la diplomatie. Il était soudainement aux prises avec le mandat de préserver la liberté et le système politique occidental. Son ascendant Gémeaux, qui habituellement questionne et cherche continuellement les faits, fut renversé par la foi, le système de croyances et le besoin de partir en croisade du signe du Sagittaire. Ce trait est à la fois sa qualité et son défaut le plus dangereux. Était-ce la bonne chose à faire ou non ? Je laisse le soin au lecteur de décider en fonction de son propre système de croyances, mais à tout le moins on peut créditer Tony Blair d'avoir suivi ses valeurs et ses certitudes...

Comment interpréter une planète progressée qui fait un aspect à un angle natal

1 - Que symbolise la planète progressée ?

Que représente la planète en progression ? Qu'apporte-t-elle comme défi ? Quel sujet amène-t-elle sur la table ? Quelles sont les possibilités positives de cette planète (le bon coach) ? Quelles sont les possibilités négatives de cette planète (le mauvais conseiller) ?

2 - Quel aspect fait cette planète progressée ?

Quel aspect relie la planète en progression à l'angle natal ? Quelle énergie amène cet aspect ? Quel défi apporte l'aspect ? Quelles sont les possibilités positives de cet aspect (bonne utilisation) ? Quelles sont les possibilités négatives de cet aspect (mauvaise utilisation) ?

3 - Que symbolise la partie du thème natal qui est aspectée ?

Que représentent l'angle natal et son signe dans la vie du consultant ? Interprétez le « schéma imprimé à la naissance » qui habite le consultant et qui est touché et activé actuellement par la progression.

4 - Synthèse et création d'un futur positif.

Comment la combinaison de la planète en progression et de l'angle natal peut-elle se vivre ? Quelles sont les possibilités d'évolution positive qui peuvent ressortir de cette rencontre ? Quelles sont les possibilités d'évolution négative qui peuvent ressortir de cette rencontre ? Que doit faire le consultant pour que le résultat soit positif plutôt que négatif ? De quoi doit-il se méfier et à quoi doit-il faire attention ?

Trois exemples d'interprétation

A - *Vénus progressée fait un carré au descendant qui est en Capricorne.* (♀p □ DS ♑)

Vénus progressée nous parle du besoin d'avoir du plaisir et de rencontrer des gens nouveaux tout en faisant place à la créativité dans sa vie. Positivement, cela amène de belles relations amicales ou amoureuses et un sentiment d'être heureux. Négativement, Vénus peut vouloir des amis et du plaisir à tout prix, au point parfois de prendre n'importe quoi et de jouer un rôle.

Le carré nous dit que cette énergie de rencontre et de plaisir va entrer en conflit avec le descendant en Capricorne soit pour entamer un dialogue et une négociation, soit pour tenter de terrasser l'adversaire.

Le descendant en Capricorne nous indique que le natif a besoin de prendre son temps avant de rencontrer. Il est préférable pour lui de privilégier les gens sérieux et les atmosphères sérieuses. Il est même possible que cette personne préfère la solitude au plaisir éphémère ou superficiel.

En synthèse, nous pourrions dire à notre consultant qu'il a actuellement besoin de rencontrer et d'avoir du plaisir. Il faut qu'il soit capable de mettre un peu d'eau dans son vin et d'accepter que l'apparente superficialité d'une première rencontre est parfois nécessaire à l'établissement d'une relation sérieuse. Il y a lieu de revoir certains traits de sa vie relationnelle, car elle est peut-être devenue trop sérieuse et trop prévisible. Il est temps de s'amuser et de faire de la place à l'improvisation. Négativement, Vénus peut aller trop loin dans cette direction et négliger complètement le besoin du Capricorne pour un certain respect et une certaine intégrité. La timidité et le classicisme du Capricorne peuvent être diminués, mais vouloir les anéantir serait une grave erreur. Comme toujours avec le carré, c'est la solution du juste milieu (gagnant-gagnant) qui doit être privilégiée.

Sous un transit semblable, une de mes consultantes, célibataire, s'est inscrite sur un site de rencontres avec une règle stricte : elle s'obligeait à un souper au restaurant avec tous les candidats qui correspondaient à ses demandes, mais elle s'accordait le droit de quitter après le souper sans se revoir pour une deuxième rencontre. Au bout de seize rencontres (et quatorze mois de recherches), elle a rencontré l'homme qui est maintenant son mari ! Un autre consultant, un homme marié depuis dix ans, s'est obligé à recommencer à courtiser sa femme comme s'il venait de la rencontrer. Après quelques semaines seulement, le couple avait l'impression d'avoir rajeuni de plusieurs années. Deux belles façons de réagir à ce transit et de créer un futur positif.

B - Le Soleil progressé fait une conjonction au milieu du ciel qui est en Scorpion. (☉ p ♂ MC ♏)

Le Soleil progressé nous parle du sentiment que l'identité est mûre pour quelques changements. Il est temps de fusionner cette identité à de nouvelles sphères de vie. Il est temps que l'identité s'abreuve à de nouvelles énergies et les reflète. Le Soleil progressé est donc une invitation à modifier sa vie. Négativement, le Soleil progressé peut devenir tellement imbu de lui-même, qu'il ne se préoccupe que de ses nouveaux besoins et ne tient pas compte de tous les autres.

La conjonction nous fait comprendre que cette identité profonde va se fusionner avec l'énergie de milieu du ciel en Scorpion pour le meilleur et pour le pire.

Le milieu du ciel en Scorpion nous indique que le natif doit arriver à jouer un rôle de chaman, de guérisseur ou de détective dans la communauté. Il est celui qui peut voir la vérité en face, même difficile, et arriver ainsi à guérir et à purger le mal. Une configuration que l'on voit fréquemment chez les thérapeutes et les médecins par exemple.

En synthèse, nous pourrions dire à notre consultant qu'il possède le potentiel d'être un guérisseur ou un thérapeute. Possiblement de manière officielle et professionnelle, mais peut-être pas non plus. Cela importe peu. Il a une capacité à pouvoir comprendre les blessures que porte une personne et par son empathie et son honnêteté, il peut aider cette personne à guérir ses blessures. Peut-être, par exemple, étudie-t-il l'astrologie dans ses temps libres ? Il est maintenant temps pour lui d'assumer officiellement son rôle. Il doit le dire, le clamer, l'afficher et le vivre. Il faut que lorsque l'on parle de

lui, on puisse dire : « Voilà le chaman (ou peu importe le titre) ! »
Négativement, le Soleil et le milieu du ciel peuvent faire tout un plat
de la réputation, au point pour le natif de devenir arrogant et carriériste. C'est un travers auquel il doit faire attention actuellement.
Toutefois, le risque le plus fréquent dans cette configuration reste
plutôt l'incapacité à jouer publiquement le rôle pour lequel il est né.
Souvent le consultant sait qu'il aimerait être un thérapeute, mais il
n'ose pas le dire haut et fort. Voilà pourtant le moment idéal pour
remédier à la situation.

Sous un transit semblable, une de mes étudiantes est officiellement
devenue psychothérapeute humaniste après trois années d'études à
temps plein. Une autre a lancé son blog sur les sciences occultes et
a osé mettre son nom et sa photo sur le blog malgré la crainte de la
réaction de ses proches. Deux belles façons de réagir à ce transit et
de créer un futur positif.

C - Vénus progressée fait un sextile au fond du ciel qui est en Poissons. (♀p ✶ FC ♓)

Vénus progressée nous parle du besoin de faire place à la créativité
dans sa vie. Positivement, cela amène une expression de ses talents
par l'art. Négativement, Vénus peut tomber facilement dans la
paresse et l'indolence. À ce moment, le plaisir et la détente deviennent plus importants que la créativité et le natif ne fait que boire et
manger toute la journée !

Le sextile nous fait comprendre que cette énergie créative va stimuler et être stimulée par le fond du ciel en Poissons.

Le fond du ciel en Poissons nous indique une psyché très imaginative, très riche, très sensible et très influencée par les rêves et
les images intérieures. C'est un puits dans lequel le consultant doit
puiser son inspiration.

En synthèse, nous pourrions dire à notre consultant qu'il a actuellement besoin d'exprimer sa créativité au travers d'un art, d'un talent
ou d'une forme d'expression personnelle associés à un des cinq sens
(la cuisine pour le gout par exemple, la parfumerie pour l'odorat,
etc.). Il y aura un foisonnement d'images intérieures, de rêves et de

vagues d'inspiration qui vont surgir, mais lui seul peut réellement mettre en marche ce qu'il faut pour que ces vagues éphémères deviennent concrètes et durables. Négativement, Vénus comme le fond du ciel en Poissons peuvent passer beaucoup de temps à rêver, à paresser, à ressentir et à recevoir des visions sans jamais passer à l'action et réaliser quoi que ce soit.

Sous un transit semblable, un de mes consultants, chef cuisinier, a laissé son imagination lui dicter des plats et des mélanges de saveurs complètement révolutionnaires et un autre, parfumeur, a laissé son inspiration lui dicter une nouvelle fragrance mystique et spirituelle. Deux étudiantes se sont aussi inscrites à des ateliers d'artisanat où elles ont appris à fabriquer des bijoux et des bougies. Trois belles façons de réagir à ce transit et de créer un futur positif.

Un fait vécu

Agatha Christie écrit son premier roman.

En 1910, la mère d'Agatha Christie est clouée au lit par la maladie. Cherchant à occuper sa fille, elle la met au défi d'écrire un roman, ce dont elle n'arrête pas de parler depuis des années. Roman écrit, mais jamais publié ! Il faudra attendre dix années pour qu'elle publie son premier roman. Dans les deux cas, la même progression est effective (rétrograde en premier, puis directe en second) !

À ce moment, voici un transit que vivait la romancière...

Mercure progressé fait une conjonction à l'ascendant natal qui est en Balance. (☿p ♂ AS ♎)

Quand on sait que Mercure est associé à l'écriture et la Balance à l'expression créative, cette synchronicité ne surprend même pas. Et quand on ajoute que l'ascendant symbolise les gestes et les actions que l'on pose quotidiennement et qui composent notre *persona*, on comprend pourquoi, dans un cas comme dans l'autre, l'écriture est devenue le mode de vie et le rôle d'Agatha Christie. Il ne faut pas oublier que cette configuration aurait très bien pu s'exprimer simplement par du bavardage superficiel sur les dernières tendances à la mode.

On peut donc féliciter Agatha Christie d'avoir relevé ses manches et fait de cette configuration un réel travail artistique d'écriture et d'expression de soi. Sans sa ténacité, nous nous serions passés d'Hercule Poirot, Miss Marple et bien d'autres...

Comment interpréter un angle progressé qui fait un aspect à une planète natale

1 - Que symbolise l'angle progressé ?
Que représente l'angle en progression ? Qu'apporte-t-il comme défi d'évolution ? Quel sujet amène-t-il sur la table ? Quelles sont les possibilités d'apprentissages positifs de cet angle (le bon coach) ? Quelles sont les possibilités d'apprentissages négatifs de cet angle (le mauvais conseiller) ?

2 - Quel aspect fait cet angle progressé ?
Quel aspect relie l'angle en progression à la planète natale ? Quelle énergie amène cet aspect ? Quel défi apporte l'aspect ? Quelles sont les possibilités positives de cet aspect (bonne utilisation) ? Quelles sont les possibilités négatives de cet aspect (mauvaise utilisation) ?

3 - Que symbolise la partie du thème natal qui est aspectée ?
Que représentent la planète natale, son signe et sa Maison dans la vie du consultant ? Interprétez le « schéma imprimé à la naissance » qui habite le consultant et qui demande à être intégré actuellement par la progression.

4 - Synthèse et création d'un futur positif.
Comment la combinaison de l'angle en progression et de la planète natale peut-elle se vivre ? Quelles sont les possibilités d'évolution positive qui peuvent ressortir de cette rencontre ? Quelles sont les possibilités d'évolution négative qui peuvent ressortir de cette rencontre ? Que doit faire le consultant pour que le résultat soit positif plutôt que négatif ? De quoi doit-il se méfier et à quoi doit-il faire attention ?

Trois exemples d'interprétation

A - L'ascendant progressé fait une conjonction à Mars natal qui est en Bélier et en Maison 1. (ASp ☌ ♂ ♈ M1)

L'ascendant progressé a comme mission d'intégrer le point qu'il touche au comportement et au style d'une personne pour que ceux-ci reflètent l'évolution profonde du natif. Négativement, l'ascendant progressé peut refuser le défi. Il peut aussi accepter le défi, mais ne pas traduire un véritablement trait du consultant : il joue un rôle.

La conjonction nous fait comprendre que ce comportement et ce nouveau style vont se fusionner avec l'énergie de Mars en Bélier et en Maison 1 pour le meilleur comme pour le pire.

Mars natal en Bélier et en Maison 1 nous indique que le natif a un grand besoin de s'affirmer, de défendre son droit d'exister et d'être un pionnier par sa propre volonté.

En synthèse, nous pourrions dire à notre consultant qu'il a actuellement besoin d'intégrer l'affirmation, la combativité et le volontarisme à son comportement et à son style. Il est temps que les gens autour sachent ce qu'il pense, ce qu'il veut et voient ce qu'il fait. Il doit devenir prompt, fonceur, courageux, affirmatif, combatif et volontaire. Négativement, l'ascendant conjoint à Mars peut aller trop loin et chercher la bagarre en bousculant les gens. Il peut vouloir arriver premier partout quitte à pousser les autres sur le bas-côté. Il peut prendre des décisions téméraires et agir imprudemment sans égard à sa sécurité et à celle des autres. À l'inverse, il peut refuser le défi et se terrer dans son coin bien à l'abri du regard des gens et de toute affirmation personnelle.

Sous un transit semblable, une de mes étudiantes qui avait peur de venir à ses cours d'astrologie le soir a pris des cours d'autodéfense et a développé sa musculature mentale et physique ! Une autre qui avait le vertige s'est donné comme objectif d'affronter progressivement sa peur en montant des escaliers de plus en plus hauts. Un troisième a décidé de cesser d'être l'esclave de service dans sa famille et a commencé à refuser les innombrables demandes de ses proches qui abusaient de lui. Trois belles façons de réagir à ce transit et de créer un futur positif.

B - Le descendant progressé fait un trigone à Vénus natal qui est en Taureau et en Maison 5. (DSp △ ♀ ♉ M5)

Le descendant progressé a comme mission de renouveler ses relations pour apprendre de nouvelles choses et pour rencontrer de nouvelles personnes. Négativement, le descendant progressé peut rencontrer systématiquement de mauvaises personnes ou encore admirer béatement les autres sans rien apprendre d'eux. Sans compter la possibilité du refus qui entraîne une éternelle solitude.

Le trigone nous dit que cette énergie de rencontre va encourager et être encouragée par Vénus en Taureau et en Maison 5 pour le meilleur et pour le pire.

Vénus en Taureau et en Maison 5 nous indique que le natif a un grand besoin de tomber en amour, de séduire, d'être séduit et de se sentir cajolé au travers d'une relation.

En synthèse, nous pourrions dire à notre consultant qu'il a actuelle-ment besoin de rencontrer de nouvelles personnes et de tomber en amour avec elles et avec la vie. S'il est déjà en couple, il a besoin de retrouver les plaisirs et l'électricité des débuts. Dans tous les cas, il a besoin de sortir, de s'amuser, de faire des loisirs et de socialiser. Il doit privilégier les plaisirs associés aux cinq sens. Au-delà de l'amour, il doit rencontrer de nouvelles personnes pouvant lui apprendre à jouir de la vie, à pratiquer des activités plaisantes et à satisfaire le corps. Négativement, le descendant en trigone à Vénus peut aller trop loin dans le plaisir et tomber dans la luxure. Elle peut nuire à son couple actuel ou s'il est célibataire, nuire à sa capacité de dé-velopper une relation honnête et significative. La luxure peut aussi l'amener à rencontrer de mauvaises personnes. Elle peut nuire à sa personne en favorisant l'embonpoint, les maladies ou simplement la paresse. Et comme toujours, il peut aussi refuser de rencontrer et de se divertir en continuant à s'ennuyer à mourir !

Sous un transit semblable, une de mes étudiantes a demandé aux autres élèves de sa classe de se voir en amis un week-end par mois. Après plusieurs sorties et activités, ils ont développé des relations amicales qui dureront probablement très longtemps. Un autre étudiant, célibataire, a enfin décidé de rencontrer et il a avisé ses amis de son objectif. Après quelques mois, un couple d'amis lui a présenté une femme avec qui il partage actuellement sa vie. Deux belles façons de réagir à ce transit et de créer un futur positif.

C - *Le milieu du ciel progressé fait un carré à Jupiter natal qui est en Scorpion et en Maison 8.* (MCp □♃♏ M8)

Le milieu du ciel progressé a comme mission de renouveler le rôle social et la carrière d'une personne pour que ceux-ci reflètent la véritable personnalité du natif. Négativement, le milieu du ciel progressé peut développer avec succès une carrière ou un rôle social qui ne ressemblent en rien aux fondements de l'individu, mais qui sert uniquement une tendance carriériste ou le besoin de faire de l'argent.

Le carré nous dit que cette énergie de renouvellement de carrière va entrer en conflit avec Jupiter en Scorpion et en Maison 8 soit pour entamer un dialogue et une négociation, soit pour tenter de terrasser l'adversaire.

Jupiter en Scorpion et en Maison 8 nous indique que le natif a un grand besoin de s'intéresser aux domaines de l'occultisme, de la sexualité, de la mort et des sujets tabous en général. Au travers de ces domaines, il peut trouver un sens à la vie et inspirer d'autres gens.

En synthèse, nous pourrions dire à notre consultant que ses gouts pour l'occultisme, la sexualité, la mort et les sujets tabous risquent de lui ouvrir des portes actuellement sur un plan professionnel. Il y a un appel à aller de l'avant dans ces sujets pour faire en sorte qu'ils deviennent associés à l'identité publique et professionnelle du consultant. Le statut professionnel du consultant risque de résister à cette tentative d'intégration, car il peut avoir peur pour sa réputation. Si Jupiter en Scorpion peut comprendre les réticences du milieu du ciel et y aller doucement avec son désir d'expansion et si le milieu du ciel peut comprendre l'importance d'être intègre et transparent face aux autres, cette combinaison peut amener une évolution professionnelle non seulement profitable, mais souhaitable et saine. Si Jupiter veut remporter le combat, il va devoir terrasser le milieu du ciel et il risque de se planter en allant trop vite et en bouleversant la société. Si le milieu du ciel veut remporter le combat, il va devoir faire taire Jupiter et continuer d'occuper un rôle qui n'est pas en adéquation avec la personnalité véritable du natif.

Sous un transit semblable, un de mes consultants, un écrivain qui publiait des contes pour enfants sous son nom et des romans d'horreur sous un pseudonyme a commencé à révéler sa véritable identité pour l'ensemble de son œuvre. Un de mes étudiants qui n'avait dit à personne qu'il prenait des cours de Tarot a fait une sortie publique car il venait de faire imprimer des cartes d'affaires, des dépliants et un site web. Il ne pouvait plus se cacher ! Deux belles façons de réagir à ce transit et de créer un futur positif.

Un fait vécu

Jules Verne publie son premier roman.

En 1851, Jules Verne écrit et publie ses premières œuvres dont *Le Voyage en ballon*.

À ce moment, voici un transit que vivait l'écrivain...

Le milieu du ciel progressé fait un sextile à Mercure natal qui est en Verseau et en Maison 8. (MCp ✶ ☿ ♒ M8)

Mercure, nous le savons, c'est l'écriture. Le Verseau c'est tout ce qui est hors-norme et original. La Maison 8 est une maison capable de s'abreuver au monde des fantasmes et de l'inconscient. Voilà les différents morceaux que vient rencontrer le milieu du ciel dans sa progression. Le défi de Jules Vernes était d'arriver à s'abreuver à son imaginaire futuriste pour écrire une œuvre disponible pour le public. Une œuvre qui allait bouleverser l'époque et le genre. C'est une réussite sur toute la ligne !

Quand on pense que la même configuration aurait pu servir simplement pour écrire exactement ce que les éditeurs attendaient, on ne peut qu'admirer le courage et la résolution dont a fait preuve Jules Vernes lorsqu'il s'est aventuré dans les contrées de la science-fiction...

Comment interpréter un angle progressé qui traverse une Maison natale

1 - Que symbolise l'angle progressé ?

Que représente l'angle en progression ? Qu'apporte-t-il comme défi d'évolution ? Quel sujet amène-t-il sur la table ? Quelles sont les possibilités d'apprentissages positifs de cet angle (le bon coach) ? Quelles sont les possibilités d'apprentissages négatifs de cet angle (le mauvais conseiller) ?

2 - Que symbolise la Maison natale qui est traversée ?

Que représentent la Maison natale et son signe dans la vie du consultant ? Interprétez le « schéma imprimé à la naissance » qui habite le consultant et qui est traversé et activé actuellement par l'angle en progression.

3 - Synthèse et création d'un futur positif.

Comment la combinaison de l'angle en progression et de la maison traversée peut-elle se vivre ? Quelles sont les possibilités d'évolution positive qui peuvent ressortir de cette traversée ? Quelles sont les possibilités d'évolution négative qui peuvent ressortir de cette traversée ? Que doit faire le consultant pour que le résultat soit positif plutôt que négatif ? De quoi doit-il se méfier et à quoi doit-il faire attention ?

Trois exemples d'interprétation

A - *L'ascendant progressé traverse la Maison 2.* (ASp in M2)

L'ascendant progressé a comme mission d'intégrer le point qu'il touche au comportement et au style d'une personne pour que ceux-ci reflètent l'évolution profonde du natif. Négativement, l'ascendant progressé peut refuser le défi. Il peut aussi accepter le défi, mais ne pas traduire véritablement un trait du consultant : il joue un rôle.

La Maison 2 symbolise les talents et les ressources que possède naturellement le natif et qu'il doit développer pour les faire fructifier et prendre confiance en ses capacités.

En synthèse, nous pourrions dire à notre consultant qu'il a actuellement besoin que son comportement reflète ses véritables talents et ses véritables capacités. Il a besoin de prendre confiance en lui en développant ses ressources et cela doit se refléter dans ses gestes et ses actions au quotidien. Il doit pouvoir être identifié facilement par ses capacités. Négativement, il existe le danger de ne pas se faire assez confiance et de privilégier la routine, le connu et la sécurité même si tous ces sujets n'ont rien à voir avec les talents véritables du consultant.

Sous un transit semblable, un de mes consultants, qui travaille dans une banque et est un très bon orateur, s'est vu offrir la possibilité d'animer les réunions du personnel et de l'assemblée annuelle des actionnaires. Un autre, jardinier amateur, a décidé de créer un blog sur le sujet et est maintenant plus connu pour son blog que pour son emploi régulier ! Deux belles façons de réagir à ce transit et de créer un futur positif.

B - *Le milieu du ciel progressé traverse la Maison 11.* (MCp in M11)

Le milieu du ciel progressé a comme mission de renouveler le rôle social et la carrière d'une personne pour que ceux-ci reflètent la véritable personnalité du natif. Négativement, le milieu du ciel progressé peut développer avec succès une carrière ou un rôle social qui ne ressemblent en rien aux fondements de l'individu, mais qui servent uniquement une tendance carriériste ou le besoin de faire de l'argent.

La Maison 11 symbolise les grands rêves, les grandes aspirations et la possibilité que possède un individu de s'individuer. Autrement dit, la possibilité qu'il a de se défaire progressivement des influences extérieures sur ses choix de vie pour se recentrer sur son ressenti véritable et sa mission de vie profonde.

En synthèse, nous pourrions dire à notre consultant qu'il a actuellement besoin de réfléchir sur sa carrière et son rôle social. Sont-ils véritablement ce qu'il veut ? Si l'argent et le talent n'étaient pas en jeu, est-ce qu'il continuerait de faire son métier et de jouer son rôle communautaire ? Une fois ces questions posées et des réponses obtenues, le natif doit commencer à apporter des changements correspondants à sa réflexion. Négativement, il existe le danger de continuer à faire exactement ce que l'on fait, même si ce n'est pas significatif et représentatif de sa mission de vie.

Sous un transit semblable, un de mes consultants a carrément remis toute sa carrière en question pour se tourner vers le milieu infirmier qui l'avait toujours attiré, mais dont les parents refusaient l'option lorsqu'il était adolescent. Un autre a décidé de fonder un club de lecture et plusieurs dizaines de personnes se réunissent avec lui chaque vendredi pour discuter des romans qu'ils ont lus. Il a même fini par ouvrir une petite librairie en ligne pour faciliter l'achat des coups de cœur du groupe ! Deux belles façons de réagir à ce transit et de créer un futur positif.

C - Le fond du ciel progressé traverse la Maison 5. (FCp in M5)

Le fond du ciel progressé a comme mission d'explorer la vie intérieure pour comprendre l'influence de celle-ci sur la réalité qui entoure le natif. C'est aussi dans le fond du ciel que l'on explore l'imaginaire, le passé, l'enfance et sa mythologie personnelle. Le but étant toujours d'évoluer et de prendre conscience de tout ce qui se vit à l'intérieur de nous pour être « sain d'esprit ». Négativement, le fond du ciel progressé peut se perdre dans les méandres du passé, de l'enfance et du monde intérieur en général. À l'inverse, un individu peut refuser systématiquement cette investigation un peu comme s'il en niait l'existence.

La Maison 5 symbolise l'expression personnelle et la créativité. C'est aussi la Maison où l'on peut tomber en amour avec une autre personne.

En synthèse, nous pourrions dire à notre consultant qu'il a actuellement besoin d'exprimer tout son monde intérieur et son imaginaire de manière créative. De plus, après avoir bien exploré sa propre psyché, il est maintenant prêt à rencontrer une autre personne en étant assez solide, sain d'esprit et à l'aise pour le partager avec elle. Négativement, il existe le danger de ne pas avoir vraiment passé le test du fond du ciel et de chercher à exprimer quelque chose qui ne nous appartient pas véritablement et profondément. Un peu comme un peintre qui ne fait que des copies de maitres plutôt que de peindre sa véritable inspiration. Dans le même ordre d'idée, une personne pourrait chercher uniquement à tomber en amour à répétition pour venir panser des blessures d'enfance qui n'ont pas été guéries ni conscientisées.

Sous un transit semblable, une de mes étudiantes qui avait débuté une thérapie quelques années auparavant s'est sentie prête à en parler à son conjoint. Après quelques mois de discussion, il en a conclu qu'il voulait assister aux séances pour faire progresser le couple. Une autre étudiante dans la même situation, mais célibataire, n'avait fait que des rencontres désastreuses dans sa vie amoureuse. Après sa thérapie, elle a beaucoup mieux compris comment elle avait influencé ces événements malheureux. Elle a décidé de se remettre à la recherche de l'être aimé, mais de la bonne manière cette fois ! À ce moment-là, elle a enfin rencontré quelqu'un de positif et sain. Deux belles façons de réagir à ce transit et de créer un futur positif.

Un fait vécu

Andy Warhol commence à travailler.

En 1950, Andy Warhol termine ses études et commence à travailler officiellement en graphisme...

À ce moment, voici un transit que vivait l'artiste...

L'ascendant progressé traverse la Maison 2 qui est en Gémeaux.
(ASp in M2 ♊)

L'ascendant c'est le rôle que l'on joue au quotidien et la Maison 2 symbolise les talents que l'on doit exploiter pour gagner sa vie. Et ici, avec le signe des Gémeaux, on parle bien sûr de la communication, de la capacité à faire passer un message par les mots et les images. Une configuration très appropriée pour celui qui évoluera sans cesse vers une expression artistique de ses talents commerciaux. À ce moment de sa vie, la configuration indiquait qu'il était temps de laisser la théorie des études pour le monde réel où l'on doit gagner un salaire et répondre aux contingences. Il ne faut pas oublier que cette configuration pourrait aussi être vécue comme l'ambition de sécuriser uniquement ses revenus au détriment des talents véritables et du message profond que l'on veut communiquer.

On peut donc féliciter Andy Warhol d'avoir entrepris un travail qui lui ressemblait vraiment et de ne pas s'être compromis pour de l'argent dans son art et son expression personnelle.

Comment interpréter un angle progressé qui traverse un signe natal

1 - Que symbolise l'angle progressé ?

Que représente l'angle en progression ? Qu'apporte-t-il comme défi d'évolution ? Quel sujet amène-t-il sur la table ? Quelles sont les possibilités d'apprentissages positifs de cet angle (le bon coach) ? Quelles sont les possibilités d'apprentissages négatifs de cet angle (le mauvais conseiller) ?

2 - Que symbolise le signe natal qui est traversé ?

Que représentent le signe natal et la ou les Maisons qu'il occupe dans la vie du consultant ? Interprétez le « schéma imprimé à la naissance » qui habite le consultant et qui est traversé et activé actuellement par l'angle en progression.

3 - Synthèse et création d'un futur positif.

Comment la combinaison de l'angle en progression et du signe traversé peut-elle se vivre ? Quelles sont les possibilités d'évolution positive qui peuvent ressortir de cette traversée ? Quelles sont les possibilités d'évolution négative qui peuvent ressortir de cette traversée ? Que doit faire le consultant pour que le résultat soit positif plutôt que négatif ? De quoi doit-il se méfier et à quoi doit-il faire attention ?

Trois exemples d'interprétation

A - *Le descendant progressé traverse le signe du Verseau.*
(DSp in ♒)

Le descendant progressé a comme mission de renouveler ses relations pour apprendre de nouvelles choses et pour rencontrer de nouvelles personnes. Négativement, le descendant progressé peut rencontrer systématiquement de mauvaises personnes ou encore admirer béatement les autres sans rien apprendre d'eux. Sans compter la possibilité du refus qui entraine une éternelle solitude.

Le Verseau symbolise le fait de se défaire des compromis socioculturels de façon à vivre libre et le plus près possible de sa nature véritable.

En synthèse, nous pourrions dire à notre consultant qu'il a actuellement besoin de rencontrer des gens libres. Des gens qui sont en marge de la société. Des gens qui ne font pas et ne pensent pas systématiquement la même chose que tout le monde. Des gens qui n'ont pas peur de le dire et d'agir en conséquence. Le consultant se sent attiré par ces gens et il doit arrêter de freiner cette attirance de peur d'être jugé par ses pairs. L'idée ultime étant évidemment de rencontrer ces gens pour pouvoir apprendre d'eux. Si le consultant est célibataire, il pourrait carrément nouer une relation amoureuse avec l'archétype du Verseau. S'il est en couple, il est temps de faire évoluer le couple en dehors des sentiers battus. Négativement, il existe le danger du refus et on garde les choses exactement comme elles sont. Il faut aussi se méfier d'aller trop loin, trop vite dans cette quête de marginalité qui peut apporter des rencontres et des expériences problématiques.

Sous un transit semblable, un de mes étudiants dans la trentaine, qui avait toujours été attiré par des femmes plus vieilles, a enfin décidé d'assumer son attirance et a rencontré une femme de quinze ans son aîné. Il forme actuellement un couple heureux malgré le regard des autres ! Un autre étudiant, qui avait toujours été passionné par les tatous mais n'avait jamais osé en avoir un, a décidé d'écrire un reportage sur le milieu. Après quelques mois de recherches, de rencontres et d'écriture, il est passé à l'action et s'est fait faire son propre tatou qu'il arbore avec fierté. Deux belles façons de réagir à ce transit et de créer un futur positif.

B - Le milieu du ciel progressé traverse le signe des Gémeaux. (MCp in ♊)

Le milieu du ciel progressé a comme mission de renouveler le rôle social et la carrière d'une personne pour que ceux-ci reflètent la véritable personnalité du natif. Négativement, le milieu du ciel progressé peut développer avec succès une carrière ou un rôle social qui ne ressemblent en rien aux fondements de l'individu, mais qui servent uniquement une tendance carriériste ou le besoin de faire de l'argent.

Les Gémeaux symbolisent la curiosité et la communication qui permettent une diversification des expériences de vie. Ce signe symbolise aussi le fait de trouver sa propre « voix » au travers de ce que l'on apprend et rencontre.

En synthèse, nous pourrions dire à notre consultant qu'il a actuellement besoin de faire place à la diversité dans sa carrière. Il est important qu'il s'ouvre à de nouvelles possibilités. Il doit rencontrer des gens, surfer sur le web, lire des journaux et des magazines, voir des reportages, etc. Le tout dans le but de lui faire découvrir sa véritable voie qui au fil des enseignements pourrait devenir sa véritable voix ! Au mieux, il y a un appel à diversifier sa vie professionnelle et au minimum à renouveler l'enthousiasme que l'on a pour elle. Il faut s'orienter le plus possible vers l'aspect communicatif. Négativement, il existe le danger de se perdre au milieu de cette mer d'informations. Le natif peut sauter du coq à l'âne sans trouver de fil conducteur. Sans compter évidemment la possibilité de ne rien renouveler du tout malgré l'appel à le faire.

Sous un transit semblable, une de mes consultantes, qui travaillait au gouvernement, s'est vu offrir la possibilité d'une promotion à la condition d'aller chercher un baccalauréat en cours du soir au fil des années à venir. Une autre qui avait une école de yoga a décidé qu'il était temps de mettre ses enseignements sous forme vidéo pour les diffuser partout dans le monde. Deux belles façons de réagir à ce transit et de créer un futur positif.

C - L'ascendant progressé traverse le signe du Scorpion.
(ASp in ♏)

L'ascendant progressé a comme mission d'intégrer le signe qu'il traverse au comportement et au style d'une personne pour que ceux-ci reflètent l'évolution profonde du natif. Négativement, l'ascendant progressé peut refuser le défi. Il peut aussi l'accepter, mais en personnifiant les traits négatifs du signe plutôt que les traits positifs.

Le Scorpion symbolise le besoin d'être vrai, même si cela ne fait pas toujours l'affaire des autres. Il représente la capacité de suivre ses pulsions et ses désirs et de voir la vérité bien en face, même quand elle touche de sujets sensibles comme l'occultisme, la sexualité, la maladie, la mort et les sujets tabous en général.

En synthèse, nous pourrions dire à notre consultant qu'il doit cesser de vouloir faire plaisir aux autres et qu'il doit commencer à intégrer à son comportement ses véritables ressentis. Il doit devenir celui qui dit la vérité, celui qui ne se cache pas derrière la diplomatie quand vient le temps de discuter des sujets sensibles. Celui que l'on va voir quand on ne va pas bien, car il peut affronter les sujets du malheur, du deuil, de la frustration, etc. Un être humain est toujours un être de passions, de désirs, de pulsions et de contradictions et il est grand temps que le natif assume cela et les vive à visage découvert. Négativement, l'ascendant progressé en Scorpion peut devenir agressif, toujours à la recherche d'une manière d'offenser les gens sans égard aux blessures qu'il cause. Il peut devenir noir, morbide, glauque et sarcastique s'il va trop loin dans la démarche. Surtout s'il refoule l'ascendant progressé en Scorpion, le natif devient lunatique, angoissé, anxieux, en panique sans savoir pourquoi, et il somatise le tout.

Sous un transit semblable, un de mes étudiants, photographe, a accepté de montrer toutes ses créations sur son site web incluant des photos choquantes, controversées et dérangeantes. Avant, il ne montrait que des couchers de soleil et des cartes postales et il taisait le reste de sa production. Un autre a fait une thérapie et a commencé pour la première fois de sa vie à exprimer sa colère face aux autres. Deux belles façons de réagir à ce transit et de créer un futur positif.

Un fait vécu

Sylvester Stallone refuse des milliers de dollars pour vendre le scénario de Rocky.

En 1975, Sylvester Stallone est inspiré par un combat de Mohamed Ali et écrit *Rocky* en vingt heures. Il se colle sur la mythologie américaine en s'inspirant de la quête qui habite les habitants de ce pays. Pauvre, inconnu à l'époque, il refuse pourtant beaucoup d'argent pour son scénario, car les producteurs veulent engager un autre que lui pour jouer le rôle. Il est convaincu que ce rôle est la chance de sa vie et il acceptera trois fois rien pour son scénario à la condition qu'il soit l'interprète de Rocky Balboa. La suite appartient à l'histoire !

À ce moment, voici un transit que vivait l'acteur...

Le milieu du ciel progressé traverse le Sagittaire natal. (MCp in ♐)

Le milieu du ciel progressé symbolise la carrière et aussi la façon dont un individu peut marquer la communauté qui l'entoure. Le signe du Sagittaire représente la quête, l'aventure et surtout, ici, la prise de risque parce que l'on croit en sa chance. Par le Sagittaire, quelqu'un dit oui à la vie, rêve en grand et fait un pari de réussir avec éloquence. Toutefois, le Sagittaire peut aussi symboliser le gout du faste et la réussite facile. Devant l'offre de plusieurs centaines de milliers de dollars des producteurs, Stallone aurait pu choisir la richesse et la gloire éphémère d'un scénario vendu à Hollywood.

On peut donc féliciter Sylvester Stallone d'avoir personnifié l'énergie positive du Sagittaire en refusant les dollars pour plutôt croire en sa chance et en ses capacités d'acteur. Son gout du risque lui procure encore aujourd'hui une carrière prolifique et bien plus d'argent que son scénario initial.

VIII
Faire le tri
et préparer une consultation

Devant tous ces transits et toutes ces progressions, il peut arriver que l'on se sente désorienté. Par quoi commencer ? Quel conseil donner en premier ? Comment faire de tout cela un message cohérent que le consultant peut comprendre et appliquer dans sa vie. Voilà ce que nous allons apprendre dans ce chapitre.

Je vais vous proposer deux schémas d'interprétation. Un premier pour une consultation « courte ». Ce schéma d'interprétation qui va à l'essentiel va prendre moins de temps et pourra être inséré à l'intérieur d'une consultation où vous analyserez également la carte du ciel natale de votre consultant. Ce schéma sera parfait par exemple pour une première consultation qui couvre un ensemble de sujets.

Le second schéma sera pour une consultation « longue ». Ce schéma d'interprétation ira chercher autant les détails que l'essentiel. Cette consultation prendra plus de temps et vous devrez probablement ne pas y ajouter d'autres sujets. C'est pourquoi c'est la consultation parfaite à offrir à un client qui revient vous voir pour une deuxième fois. Il est fréquent, et recommandable, qu'après la première consultation, un consultant revienne vous voir une fois par année pour que vous lui expliquiez les défis à relever pour les mois à venir. C'est cette consultation « longue » que vous ferez avec lui année après année.

Prenez note que les indications sur le sens des points astrologiques sont ici données de manière très succincte pour faciliter la lecture. Vous devez toujours vous référer aux chapitres des définitions pour analyser l'ensemble de la signification d'une planète, d'un signe ou d'une Maison.

La consultation courte

Il nous faut tout d'abord débuter avec les transits et les progressions qui prennent beaucoup de temps à s'accomplir. Ces transits et ces progressions lentes vont nous renseigner sur le climat souhaitable des années futures. C'est un peu comme essayer de déterminer le sujet et le style d'un roman avant de commencer l'écriture détaillée des personnages. Ces différents items vont planter le décor le plus idéal et les grandes orientations à prendre pour les années à venir.

Les grandes orientations à prendre pour les années à venir

– Le signe et la Maison que traverse la Lune progressée :
Le signe et la Maison natale que traverse la Lune progressée nous montre là où le « cœur » du consultant doit se trouver. Là où il doit mettre son âme. Le sujet sur lequel il doit y avoir une emphase pour qu'il se sente bien.

– La Maison que traverse Saturne en transit :
La Maison natale que traverse Saturne en transit doit être vue comme une montagne que l'on doit escalader si l'on veut structurer quelque chose de solide et de durable dont nous pourrons être fiers.

– Le signe ou la cuspide que franchissent le Soleil, Mercure, Vénus ou Mars progressés :
Le signe ou la cuspide que franchissent le Soleil, Mercure, Vénus ou Mars progressés représentent une évolution importante pour chacune de ces planètes durant la vie d'un être humain. Chacune à leur manière, elles devront intégrer ce nouveau sujet (le signe ou la Maison natale qu'elles franchissent) à leur nature et à leurs comportements.

– La cuspide que franchissent Uranus, Neptune ou Pluton en transit :
La cuspide que franchissent Uranus, Neptune ou Pluton en transit représente une évolution importante pour chacune de ces Maisons natales durant la vie d'un être humain. Chacune à leur manière, ces Maisons natales devront intégrer la planète progressée qui les pénètre à leur nature et à leurs comportements.

– Toutes les conjonctions, les oppositions et les carrés que font Neptune et Pluton en transit :
Les conjonctions, les oppositions et les carrés que font Neptune ou Pluton représentent une évolution importante pour chacun des points natals touchés durant la vie d'un être humain. Chacun à leur manière, ces points touchés (planètes natales ou angles natals) devront intégrer positivement la planète en transit qui les aspecte.

– Toutes les conjonctions, les oppositions et les carrés que font le Soleil, Mercure, Vénus et Mars progressés :
Les conjonctions, les oppositions et les carrés que font le Soleil, Mercure, Vénus et Mars progressés représentent une évolution importante tant pour la planète progressée que pour le point natal qui est touché. Chacun à leur manière, ils devront évoluer dans leur nature et dans leurs comportements.

Maintenant qu'on a compris le climat idéal et les grandes orientations à prendre, il est temps de se concentrer sur les gestes précis à poser cette année. Ces transits et ces progressions un peu plus rapides vont nous renseigner sur ce qui doit être fait dès maintenant et au cours des mois à venir. Souvent les conseils seront plus concrets et orientés vers des événements précis.

Les actions à poser cette année

– La Maison que traverse Jupiter en transit cette année :
La Maison natale que traverse Jupiter en transit doit être vue comme un secteur à favoriser et auquel il faut donner de l'expansion avec joie et certitude. Pour faire une métaphore, c'est l'endroit sur la table du casino où il faut parier avec confiance.

– Toutes les conjonctions que fait Jupiter en transit cette année :
Les conjonctions que fait Jupiter représentent une possibilité d'accroissement, d'opportunités et de réussites pour chacun des points natals touchés cette année. Chacun à leur manière, ces points touchés (planètes natales ou angles natals) devront aller de l'avant et saisir la balle au bond lorsqu'elle se présentera.

– Toutes les conjonctions que fait la Lune progressée cette année :
Les conjonctions que fait la Lune progressée représentent des points

natals qui doivent être nourris et pris en compte un peu comme si on voulait en prendre soin cette année. Chacun à leur manière, ces points touchés (planètes natales ou angles natals) peuvent rendre le consultant heureux s'il leur accorde le temps et l'attention nécessaires.

– Toutes les conjonctions, les oppositions et les carrés que font Saturne et Uranus en transit cette année :
Les conjonctions, les oppositions et les carrés que font Saturne et Uranus en transit représentent des gestes importants à poser pour chacun des points natals touchés cette année. Chacun à leur manière, ces points touchés (planètes natales ou angles natals) devront réagir positivement à la planète en transit qui les aspecte.

La consultation *longue* ou consultation annuelle

Il nous faut tout d'abord débuter avec les transits et les progressions qui prennent beaucoup de temps à s'accomplir. Ces transits et ces progressions lentes vont nous renseigner sur le climat souhaitable des années futures. C'est un peu comme essayer de déterminer le sujet et le style d'un roman avant de commencer l'écriture détaillée des personnages. Ces différents items vont planter le décor le plus idéal et les grandes orientations à prendre pour les années à venir.

Les grandes orientations à prendre pour les années à venir

– Le signe et la Maison que traverse la Lune progressée :
Le signe et la Maison natale que traverse la Lune progressée nous montre là où le « cœur » du consultant doit se trouver. Là où il doit mettre son âme. Le sujet sur lequel il doit y avoir une emphase pour qu'il se sente bien.

– La maison que traverse Saturne en transit :
La Maison natale que traverse Saturne en transit doit être vue comme une montagne que l'on doit escalader si l'on veut structurer quelque chose de solide et de durable dont nous pourrons être fiers.

– Le signe ou la cuspide que franchissent le Soleil, Mercure, Vénus ou Mars progressés :
Le signe ou la cuspide que franchissent le Soleil, Mercure, Vénus ou Mars progressés représentent une évolution importante pour chacune de ces planètes durant la vie d'un être humain. Chacune à leur manière, elles devront intégrer ce nouveau sujet (le signe ou la Maison natale qu'elles franchissent) à leur nature et à leurs comportements.

– La cuspide que franchissent Uranus, Neptune ou Pluton en transit :
La cuspide que franchissent Uranus, Neptune ou Pluton en transit représente une évolution importante pour chacune de ces Maisons natales durant la vie d'un être humain. Chacune à leur manière, ces Maisons natales devront intégrer la planète progressée qui les pénètre à leur nature et à leurs comportements.

– Tous les aspects que font Neptune et Pluton en transit :
Les aspects que font Neptune ou Pluton représentent une évolution importante pour chacun des points natals touchés durant la vie d'un être humain. Chacun à leur manière, ces points touchés (planètes natales ou angles natals) devront intégrer positivement la planète en transit qui les aspecte.

– Tous les aspects que font le Soleil, Mercure, Vénus et Mars progressés :
Les aspects que font le Soleil, Mercure, Vénus et Mars progressés représentent une évolution importante tant pour la planète progressée que pour le point natal qui est touché. Chacun à leur manière, ils devront évoluer dans leur nature et dans leurs comportements.

Maintenant qu'on a compris le climat idéal et les grandes orientations à prendre, il est temps de se concentrer sur les gestes précis à poser cette année. Ces transits et ces progressions un peu plus rapides vont nous renseigner sur ce qui doit être fait dès maintenant et au cours des mois à venir. Souvent les conseils seront plus concrets et orientés vers des événements précis.

Les actions à poser cette année

– La Maison que traverse Jupiter en transit cette année :
La Maison natale que traverse Jupiter en transit doit être vue comme un secteur à favoriser et auquel il faut donner de l'expansion avec joie et certitude. Pour faire une métaphore, c'est l'endroit sur la table du casino où il faut parier avec confiance.

– Toutes les conjonctions, les oppositions et les carrés que fait Jupiter en transit cette année :
Les conjonctions, les oppositions et les carrés que fait Jupiter représentent une possibilité d'accroissement, d'opportunités et de réussites pour chacun des points natals touchés cette année. Chacun à leur manière, ces points touchés (planètes natales ou angles natals) devront relever le défi lancé et saisir la balle au bond lorsqu'elle se présentera.

– Toutes les conjonctions, les oppositions et les carrés que fait la Lune progressée cette année :
Les conjonctions, les oppositions et les carrés que fait la Lune pro-

gressée représentent des points natals qui doivent être nourris et pris en compte un peu comme si on voulait en prendre soin cette année. Chacun à leur manière, ces points touchés (planètes natales ou angles natals) peuvent rendre le consultant heureux s'il leur accorde le temps et l'attention nécessaires. Le consultant devra être capable de trouver le temps et la motivation pour le faire.

– Tous les aspects que font Saturne et Uranus en transit cette année : *Les aspects que font Saturne et Uranus en transit représentent des gestes importants à poser pour chacun des points natals touchés cette année. Chacun à leur manière, ces points touchés (planètes natales ou angles natals) devront réagir positivement à la planète en transit qui les aspecte.*

IX
Comment un logiciel peut vous aider

Tous les transits et toutes les progressions de ce livre peuvent être calculés à la main à l'aide d'une éphéméride, mais cela est extrêmement fastidieux et très sensible à l'erreur humaine. Pour être honnête, je ne connais plus d'astrologues qui le font de cette manière et j'ai moi-même arrêté il y a au moins six ou sept ans. Maintenant, les logiciels d'astrologie sont devenus extrêmement fiables (beaucoup plus qu'un être humain) en ce qui concerne les calculs et ils peuvent vous dispenser de cette tâche. Bien entendu, un logiciel ne va pas interpréter les transits et les progressions à votre place, mais il va les calculer et faire le tri. Une fois le calcul terminé, il ne vous restera qu'à jouer le rôle fondamental de l'astrologue : l'interprétation et le conseil.

Je vais vous montrer un exemple visuel de ce qu'un logiciel peut faire. Imaginons que Marianne vienne me consulter au mois de novembre pour avoir un aperçu des défis à relever pour les douze prochains mois. J'entre la date, l'heure et la ville de naissance de Marianne et je demande au logiciel de me faire le calcul et le tri d'une consultation courte.[1]

---

1. Voir le chapitre précédent pour la liste de tout ce que contient une consultation courte.

Voilà ce que mon logiciel[1] affiche.

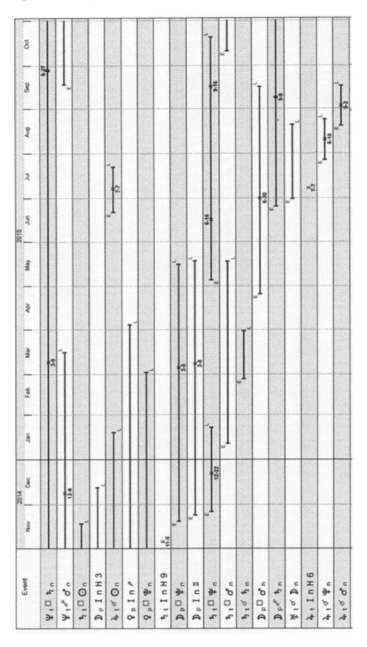

1. Toutes les illustrations de ce livre ont été obtenues à l'aide du logiciel REGULUS PLATINUM que j'utilise professionnellement pour mes cours et mes consultations.

294

Comme vous le voyez, le logiciel me fait une liste dans la colonne de droite de tous les transits et progressions de la consultation courte pour ma consultante et ce pour les douze mois à venir. Il m'indique par un X le moment où le transit ou la progression seront exacts. Il m'indique également par la ligne à partir de quel mois le transit ou la progression commenceront à faire effet (marqué par la lettre E) à partir de quel mois ils cesseront de faire effet (marqué par la lettre L). C'est pourquoi sur le graphique on remarque que certains transits (celui de Saturne qui fait un carré au Soleil, par exemple) ont débuté avant notre rencontre et qu'ils sont à la fin alors que d'autres (celui de Saturne qui fait un carré à Pluton) vont débuter plus tard dans l'année.

Ainsi en quelques clics, j'obtiens la liste de tout ce dont j'ai besoin pour commencer ma consultation. Il y a un prix à payer pour un logiciel (*Regulus Platinum* coute 200 $ US au moment où j'écris ces lignes), mais je crois que l'investissement en vaut la peine.

Si c'est la première fois que vous voyez un tableau comme celui-ci, il est possible que vous ne compreniez pas tout de suite ce qu'il révèle. Regardons-le ensemble pour le décortiquer...

La ligne tout en haut est une ligne du temps. Vous pouvez y distinguer douze colonnes représentant chacun des douze mois à partir de la date de rencontre avec la cliente (rencontre tenue le 1er novembre 2014).

Par la suite vous retrouvez complètement à gauche, la première colonne qui fait la liste des transits et des progressions par ordre d'entrée en effet. Regardons ensemble les quatre premières lignes et ce qu'elles veulent dire.

1 - (♆t □ ♄n) = Neptune en transit fait un carré à Saturne natal.
2 - (♆t ☍ ♂n) = Neptune en transit fait une opposition à Mars natal.
3 - (♄t □ ☉n) = Saturne en transit fait un carré au Soleil natal.
4 - (☽p in M3) = La Lune progressée entre en Maison 3.

Maintenant, grâce aux colonnes de la ligne du temps, je peux savoir de quand à quand ont lieu ces éléments. Regardons les deux premières lignes pour comprendre.

– Neptune en transit fait un carré à Saturne natal :
Ici nous voyons qu'il m'indique également par une ligne à partir de quel mois il traverse les douze mois, ce qui nous indique que le transit est en effet durant toute la période. Les deux X nous indiquent que l'aspect sera exact le 9 mars et le 27 septembre, mais ce qui est surtout important c'est que le transit est en effet lors des douze mois.

– Neptune en transit fait une opposition à Mars natal :
Ici nous voyons qu'il m'indique également par une ligne à partir de quel mois il débute : dès novembre 2014 et se termine à la mi-mars 2015. Elle reprend plus loin à la mi-septembre 2015 et se poursuit en octobre 2015. Cela nous indique que ce transit est en effet de novembre 2014 à la mi-mars 2015, puis s'arrête. Il reprendra son effet dès le mois de septembre 2015 (à la mi-septembre pour être exact). Le X nous indique que le transit sera exact le 8 décembre 2014, mais encore une fois ce qui est important c'est surtout la période durant laquelle le transit est en effet.

Comme vous le voyez, la lecture de ce type de tableau est assez simple une fois qu'on a compris le principe.

X
Un exemple de consultation

Restons avec le cas de Marianne et regardons ensemble comment nous pourrions la recevoir et lui offrir une consultation d'astrologie en ce qui concerne les transits et les progressions. Marianne vient nous consulter le 1er novembre 2014 pour mieux comprendre les défis à relever pour elle au fil des douze prochains mois. Les deux documents visuels dont nous avons besoin pour établir la liste des transits et des progressions sont le tableau vu au chapitre précédent ainsi que la carte du ciel de naissance de Marianne.

Voici une copie de ces deux documents.

La carte du ciel de naissance de Marianne.

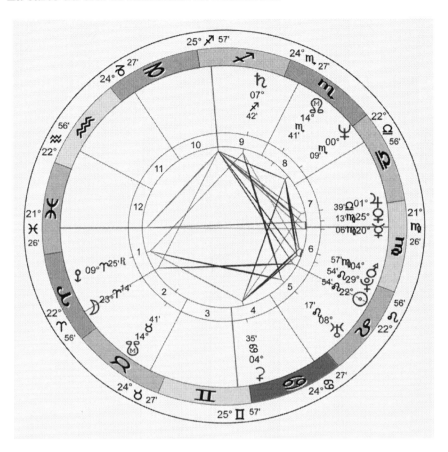

Le tableau des transits et des progressions du mois de novembre 2014
à octobre 2015 vu au chapitre précédent.

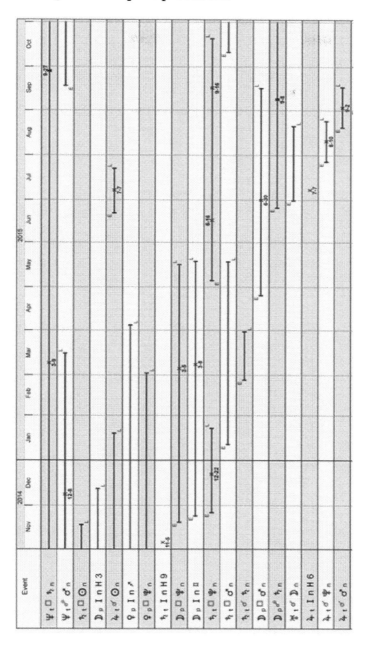

Il nous faut tout d'abord débuter avec les transits et les progressions qui prennent beaucoup de temps à s'accomplir. Ces transits et ces progressions lentes vont nous renseigner sur le climat souhaitable des années futures. C'est un peu comme essayer de déterminer le sujet et le style d'un roman avant de commencer l'écriture détaillée des personnages. Ces différents items vont planter le décor le plus idéal et les grandes orientations à prendre pour les années à venir.

Les grandes orientations à prendre pour les années à venir

– Le signe et la Maison que traverse la Lune progressée :
Le signe et la Maison natale que traverse la Lune progressée nous montre là où le « cœur » du consultant doit se trouver. Là où il doit mettre son âme. Le sujet sur lequel il doit y avoir une emphase pour qu'il se sente bien.

La Lune progressée de Marianne traverse sa Maison natale 3 qui inclut le signe du Taureau et des Gémeaux...

Nous pourrions dire que Marianne doit mettre son cœur et son âme sur les nouveaux apprentissages et tout ce qui permet de se relaxer le corps et l'esprit. C'est au travers de la curiosité, de la découverte et de la communication que Marianne peut le mieux se découvrir et se réinventer au fil des prochaines années. Marianne doit trouver sa véritable voix et l'exprimer soit par la parole, l'écrit ou d'autres moyens de communication.

– La Maison que traverse Saturne en transit :
La Maison natale que traverse Saturne en transit doit être vue comme une montagne que l'on doit escalader si l'on veut structurer quelque chose de solide et de durable dont nous pourrons être fiers.

Saturne en transit traverse la Maison natale 9 de Marianne...

Nous pourrions dire que Marianne doit mettre de l'effort et de la discipline dans ce qui concerne l'enseignement, la philosophie ou la spiritualité. Je remarque ici une répétition (les répétitions sont toujours importantes en astrologie) sur le thème de l'apprentissage qui a déjà été soulevé par la Lune progressée en Maison 3. Si elle veut structurer quelque chose de solide dont elle pourra être fière pendant plusieurs années, Marianne doit s'ouvrir à une nouvelle quête et voyager vers quelque chose qui lui est encore étranger. Un voyage, réel ou symbolique, qui lui permettrait ultimement de partager sa foi et sa vision de la vie (voici un autre thème qui se répète : la communication).

Marianne précise : « Je comprends parfaitement ce que vous dites. Après avoir pratiqué le yoga pour mon plaisir pendant des années, j'ai décidé il y a quelques mois d'entreprendre une formation pour devenir professeur de yoga. C'est effectivement beaucoup d'apprentissage et beaucoup d'efforts. C'est un voyage vers quelque chose qui ne m'est pas familier : enseigner et parler aux autres. Mais je suis convaincue que cela en vaut la peine, car j'aimerais diffuser les bienfaits du yoga. »

Nous voyons déjà pourquoi la Lune progressée traverse la Maison 3 (apprentissage) et pourquoi Saturne est en Maison 9 (les études spécialisées à tendance spirituelle). Il est très important de confirmer à Marianne qu'elle est sur la bonne voie puisqu'elle accomplit positivement les symboles astrologiques actuels.

– Le signe ou la cuspide que franchissent le Soleil, Mercure, Vénus ou Mars progressés :
Le signe ou la cuspide que franchissent le Soleil, Mercure, Vénus ou Mars progressés représentent une évolution importante pour chacune de ces planètes durant la vie d'un être humain. Chacune à leur manière, elles devront intégrer ce nouveau sujet (le signe ou la Maison natale qu'elles franchissent) à leur nature et à leurs comportements.

La planète Vénus progressée de Marianne traverse le signe du Sagittaire...

Nous pourrions dire que la planète Vénus de Marianne doit intégrer le gout de la philosophie et de l'enseignement du Sagittaire. Vénus symbolise notre relation aux autres et notre capacité à séduire par nos talents. Le Sagittaire dit que Marianne doit apprendre à séduire par ses connaissances, sa philosophie et sa spiritualité. Elle pourra le faire à la condition d'être motivée par l'enthousiasme du Sagittaire et sa capacité à prendre des risques calculés. Elle va devoir développer une confiance en ses talents et en ses capacités si elle veut arriver à enseigner le yoga à des débutants.

– La cuspide que franchissent Uranus, Neptune ou Pluton en transit :
La cuspide que franchissent Uranus, Neptune ou Pluton en transit représente une évolution importante pour chacune de ces Maisons natales durant la vie d'un être humain. Chacune à leur manière, ces Maisons natales devront intégrer la planète progressée qui les pénètre à leur nature et à leurs comportements.

Ni Uranus, ni Neptune, ni Pluton ne franchissent de cuspide de Maison...

– Toutes les conjonctions, les oppositions et les carrés que font Neptune et Pluton en transit :
Les conjonctions, les oppositions et les carrés que font Neptune ou Pluton représentent une évolution importante pour chacun des points natals touchés durant la vie d'un être humain. Chacun à leur manière, ces points touchés (planètes natales ou angles natals) devront intégrer positivement la planète en transit qui les aspecte.

Neptune en transit fait un carré à Saturne natal qui est en Sagittaire et en Maison 9...

Encore une fois, nous retrouvons un transit important qui touche le Sagittaire et la Maison 9 avec les sujets de l'enseignement, de la philosophie et de la quête ! Comme je le disais plus tôt, toute répétition souligne l'importance du point dont on parle. Ici, Neptune, qui représente la spiritualité et le monde intérieur, entre dans un combat avec Saturne qui représente le tangible, l'effort et la structure. Neptune veut juste méditer et surfer dans son monde intérieur et Saturne veut des résultats concrets sur le plan des enseignements. On sait que le carré peut amener les deux planètes à chercher à se mettre KO, mais que son but le plus noble est d'amener les deux adversaires à travailler ensemble plutôt que l'un contre l'autre. Ici, Neptune doit tenir compte du besoin de Saturne d'être réaliste et d'obtenir des résultats concrets. Par exemple, Neptune peut faire un compromis et profiter des séances de yoga pour parfaire ses postures. Saturne, de son côté, doit comprendre le besoin de Neptune de s'évader et permettre qu'une portion de chaque séance de yoga puisse être réservée à de « l'improvisation libre ». On structure ainsi sa spiritualité pour la rendre plus forte et plus riche.

Neptune en transit fait une opposition à Mars natal qui est en Vierge et en Maison 6...

Neptune qui représente la relaxation et la méditation entre dans un challenge avec Mars qui représente l'énergie et l'affirmation de soi. Mars étant en Vierge et Maison 6, on sent un grand besoin chez Marianne d'affirmer et de développer ses talents pour pouvoir les mettre au service des autres. Mars en Maison 6 devrait toujours, dans un monde idéal, travailler à faire ce qu'il aime et ce pour quoi il est réellement doué. Il a besoin d'un travail significatif. On comprend pourquoi Neptune s'y oppose. Avec son gout pour la relaxation et pour l'exploration du monde intérieur, Neptune peut ne vouloir que méditer sans vraiment chercher à réaliser quelque chose de significatif. Cette opposition amène un défi : est-ce que Marianne peut arriver à canaliser son talent inné pour la spiritualité ? Est-ce que Marianne peut développer ce talent inné pour le perfectionner ? Et finalement, est-ce que Marianne peut s'affirmer assez avec ce talent pour le mettre au service des autres ? En quelques mots, ce transit demande à Marianne si elle peut joindre sa pratique spirituelle à son travail dans les prochaines années plutôt que de séparer les deux sujets.

– Toutes les conjonctions, les oppositions et les carrés que font le Soleil, Mercure, Vénus et Mars progressés :
Les conjonctions, les oppositions et les carrés que font le Soleil, Mercure, Vénus et Mars progressés représentent une évolution importante tant pour la planète progressée que pour le point natal qui est touché. Chacun à leur manière, ils devront évoluer dans leur nature et dans leurs comportements.

Vénus en progression fait un carré à Pluton natal qui est en Lion et en Maison 6...

Cette combinaison peut paraitre déroutante de prime abord. Pluton en Lion et en Maison 6 nous indique que pour pouvoir s'exprimer personnellement au travers de son travail, Marianne doit faire un travail d'introspection important. Elle doit découvrir ses blessures et tout ce qui l'empêche de rayonner pleinement dans ses activités et dans ses talents. Vénus, la planète du plaisir des cinq sens et de l'apaisement vient se mettre en combat avec Pluton. Est-ce à dire que le goût d'avoir du plaisir et de juste s'amuser pourrait venir contrecarrer le travail thérapeutique de Pluton ?

Marianne nous donne la solution : « Vous avez tout à fait raison ! J'ai commencé une thérapie sur plusieurs niveaux il y a de cela quelques années et j'arrive vers la fin. Il me reste encore un coup à donner, mais j'avoue que je commence à être fatiguée de cela. J'aimerais arrêter les différentes thérapies et juste sortir avec des amis à la place ! Je sais bien que je dois persister, je suis tellement près du but... »

Nous pouvons confirmer à Marianne que ce carré l'enjoint à poursuivre le travail thérapeutique de Pluton, mais rappelons tout de même qu'un carré peut montrer deux planètes qui cherchent à se mettre KO. Ce qui veut dire que si Vénus peut empêcher Pluton de faire son travail, l'inverse est aussi vrai ! Il faut que Marianne poursuivre le travail thérapeutique, mais elle a droit à des vacances, même courtes, de temps en temps. Et si elle visait un objectif sans les prochaines années : à la fois continuer la thérapie et sortir un peu plus souvent avec ses amis...

SYNTHÈSE ET COMMENTAIRES DE MARIANNE

Nous pouvons affirmer que Marianne doit poursuivre ses études pour devenir professeur de yoga. Ce sera difficile et cela prendra du temps, mais cela en vaudra largement la peine. En bout de ligne, Marianne se retrouvera fière d'elle et elle pourra exprimer ses talents tout en se sentant utile pour les autres. Une belle carrière dans l'enseignement et la communication des bienfaits du yoga s'annonce si elle persiste dans cette voie.

D'autre part, le travail de thérapie commencé ces dernières années doit être poursuivi jusqu'à la fin même si cela pourrait encore prendre quelques années avant de le terminer définitivement. Encore une fois, les résultats finaux en valent largement la peine. Marianne se sentira plus heureuse, plus épanouie et plus libre.

Marianne précise : « Je suis très contente que vous me disiez cela, car malgré tout mon plaisir avec le yoga, je me questionnais récemment sur la pertinence de poursuivre mes études pour devenir professeur de yoga et sur la pertinence de continuer ma thérapie. Je me demandais si je ne devais pas juste me relaxer et pratiquer le yoga pour mon plaisir personnel. Vous me confirmez que c'est ma paresse et ma peur qui parlaient ! Je ne dois pas écouter ces deux voix et plutôt me concentrer sur les voix de la réussite, de la guérison et de la fierté d'accomplir quelque chose de significatif. »

Maintenant qu'on a compris le climat idéal et les grandes orientations à prendre, il est temps de se concentrer sur les gestes précis à poser cette année. Ces transits et ces progressions un peu plus rapides vont nous renseigner sur ce qui doit être fait dès maintenant et au cours des mois à venir. Souvent les conseils seront plus concrets et orientés vers des événements précis.

Les actions à poser cette année

— La Maison que traverse Jupiter en transit cette année :
La Maison natale que traverse Jupiter en transit doit être vue comme un secteur à favoriser et auquel il faut donner de l'expansion avec joie et certitude. Pour faire une métaphore, c'est l'endroit sur la table du casino où il faut parier avec confiance.

Jupiter en transit traverse la Maison natale 6 de Marianne...

Nous pourrions dire que Marianne doit favoriser et donner de l'expansion à son travail ou aux opportunités professionnelles cette année. Elle aura l'occasion de faire valoir ses talents, de les perfectionner et d'aller de l'avant vers le succès et la confiance. Il faut faire attention de ne pas dire non par peur ou par manque de courage. Il vaut mieux dire oui, foncer et voir ce que cela donne après coup !

Marianne sourit : « Je sais déjà de quoi vous parlez. Voyez-vous, je pratique la photographie pour mon plaisir personnel depuis quelques années. J'ai reçu une offre la semaine dernière pour photographier des gens lors d'événements sociaux. Cela m'excite, mais me fait peur en même temps, car je ne suis pas certaine d'avoir toutes les compétences. Je comprends maintenant que je dois tenter le coup et voir ce que cela donnera. »

– Toutes les conjonctions que fait Jupiter en transit cette année :
Les conjonctions que fait Jupiter représentent une possibilité d'accroissement, d'opportunités et de réussites pour chacun des points natals touchés cette année. Chacun à leur manière, ces points touchés (planètes natales ou angles natals) devront aller de l'avant et saisir la balle au bond lorsqu'elle se présentera.

Jupiter en transit fait une conjonction au Soleil natal qui est en Lion et en Maison 6...

Voilà l'opportunité photo qui se précise. Jupiter offre l'opportunité aux talents (Maison 6) créatifs (Lion) de Marianne (Soleil) de s'exprimer (Lion et Soleil) et de se perfectionner (Maison 6) durant le processus...

Jupiter en transit fait une conjonction à Mars natal qui est en Vierge et en Maison 6...

... Et par le fait même, d'affirmer (Mars) ses talents (Maison 6) et de devenir meilleure et plus expérimentée (Vierge).

Jupiter en transit fait une conjonction à Pluton natal qui est en Lion et en Maison 6...

Cette combinaison peut surprendre, mais si nous la replaçons dans le contexte de thérapie vu précédemment, les choses s'expliquent plus facilement. Marianne qui a longtemps souffert de timidité a dû faire une thérapie pour vraiment devenir elle-même sans gêne ni barrière. Pendant plusieurs années, elle a utilisé beaucoup d'énergie pour refouler et supprimer ses envies de briller, de créer et de s'exprimer. Maintenant, Jupiter lui dit d'utiliser toute cette énergie récupérée par le processus thérapeutique pour s'exprimer pleinement et surtout pour révéler publiquement qui elle est avec confiance et joie. Et surtout, Jupiter précise qu'elle en aura l'opportunité si elle la saisit.

– Toutes les conjonctions que fait la Lune progressée cette année :
Les conjonctions que fait la Lune progressée représentent des points natals qui doivent être nourris et pris en compte un peu comme si on voulait en prendre soin cette année. Chacun à leur manière, ces points touchés (planètes natales ou angles natals)

peuvent rendre le consultant heureux s'il leur accorde le temps et l'attention nécessaires.

La Lune progressée ne fait pas de conjonction cette année. Elle ne fait que des carrés et des oppositions qui ne sont traités que lors d'une consultation longue.

– Toutes les conjonctions, les oppositions et les carrés que font Saturne et Uranus en transit cette année :
Les conjonctions, les oppositions et les carrés que font Saturne et Uranus en transit représentent des gestes importants à poser pour chacun des points natals touchés cette année. Chacun à leur manière, ces points touchés (planètes natales ou angles natals) devront réagir positivement à la planète en transit qui les aspecte.

Saturne en transit fait un carré au Soleil natal qui est en Lion et en Maison 6...

Il est intéressant de voir que Saturne fait un carré aux mêmes planètes avec lesquelles Jupiter faisait une conjonction. Nous pourrions dire que Jupiter apporte l'opportunité du contrat photo et d'aller au bout de la thérapie, mais c'est avec l'énergie de Saturne que Marianne pourra y arriver. Jupiter ouvre la porte, mais c'est Saturne qui fait le travail. Elle devra mettre un effort constant et une discipline à toute épreuve pour arriver à s'exprimer de façon créative et professionnelle. Saturne précise que cela ne sera pas facile et qu'il y aura des épreuves qu'elle pourra et qu'elle devra surmonter...

Saturne en transit fait un carré à Mars natal qui est en Vierge et en Maison 6...

... Et le carré à Mars indique que Marianne se trouve au tout début d'un long marathon où elle pourrait avoir envie d'abandonner. Si elle abandonne, elle se sentira mieux à court terme, mais en paiera un prix difficile à long terme. C'est pourquoi elle doit accepter de courir ce marathon et de travailler toute l'année à maintenir sa motivation. Une fois le marathon terminé, elle aura réussi un accomplissement magistral tant sur le plan personnel que professionnel. Elle aura acquis une fierté et une base sur laquelle elle pourra compter pour plusieurs années.

Saturne en transit fait un carré à Pluton natal qui est en Lion et en Maison 6...

Encore une fois, nous voyons que le processus thérapeutique tire à sa fin, mais ici Saturne nous confirme qu'il y a un dernier effort à donner pour que tout ce travail de guérison soit solide et durable. Un dicton prétend que l'heure la plus sombre est souvent celle qui précède l'aube, et je crois que c'est une image intéressante pour Marianne. Elle est à l'aube d'une guérison complète et d'une nouvelle vie à l'abri de la timidité et de la répression. Mais pour atteindre cette aube, elle doit traverser avec endurance et réalisme la dernière heure de noirceur.

Saturne en transit fait une conjonction à Saturne natal qui est en Sagittaire et en Maison 9...

Saturne conjoint à Saturne (souvent appelé le retour de Saturne sur lui-même) est une phase importante de la vie d'une personne. Ce retour ne se produit la plupart du temps que deux fois dans une vie. La première étape de cet aspect est celle du bilan. Il faut que Marianne puisse regarder avec réalisme et froideur ce qu'elle a accompli dans sa vie. Le but n'est pas de déprimer, mais de faire un portrait honnête de ce qui a été fait et surtout de ce qui n'a pas été fait. Une fois le bilan effectué, la deuxième étape du retour de Saturne pour Marianne consiste à élaborer un plan concret sur ce qui doit être fait et comment le faire. La dernière étape pour Marianne, c'est évidemment l'effort et la discipline pour mettre le plan en œuvre au jour le jour. Comme tout cela se passe en Maison 9 et dans le signe du Sagittaire, nous comprenons que la réflexion doit se faire particulièrement en ce qui concerne les études philosophiques ou spirituelles (le cours d'enseignement du yoga), mais aussi sur la vision de la vie, sur le sentiment d'être mu par une quête, sur les grands voyages initiatiques ou de manière plus générale sur la découverte de ce qui nous est étranger.

Marianne précise ici qu'elle a toujours rêvé de faire un voyage en Égypte, mais qu'elle avait peur de le faire seule. Avec sa thérapie qui avance, elle croit qu'elle en sera maintenant capable. C'est un point très intéressant à ajouter aux défis vus jusqu'alors.

Uranus en transit fait une conjonction à la Lune natale qui est en Bélier et en Maison 2...

La Lune, c'est notre âme et nos émotions. En Bélier, cette Lune doit arriver à développer son courage et son affirmation. En Maison 2, c'est au travers des talents et des ressources que l'on peut le mieux y parvenir. Nous pourrions dire que Marianne possède des talents qu'elle doit affirmer. Elle est habitée par un monde intérieur riche qui doit arriver à s'exprimer avec force et courage. Uranus demande de trouver ce qui nous fait vibrer réellement sans égard aux opinions des autres. On dirait que l'âme de Marianne cherche à s'affirmer cette année au travers de ses talents et avec Uranus, on peut se douter que cela tourne autour de quelque chose d'inhabituel, de très personnel ou de marginal. Est-ce possible que Marianne pratique un hobby hors-norme ? Marianne sourit et révèle qu'elle apprend actuellement l'astrologie et qu'elle commence doucement à en parler autour d'elle. Même si on la regarde quelquefois comme une extra-terrestre, elle aime beaucoup l'astrologie et elle aimerait en faire gratuitement pour des gens qui en ont besoin. C'est certainement une très bonne idée ! La Maison 2 souligne toutefois l'importance de recevoir une rétribution, même symbolique, pour le travail effectué.

SYNTHÈSE

Nous voyons qu'il y a cinq grands défis que Marianne doit relever cette année si elle veut créer un futur positif et un succès qui s'étale sur plusieurs années à venir. Résumons ces points.

1 - Continuer les cours pour devenir professeur de yoga. C'est le point le plus important et celui qui est le plus susceptible de lui apporter une réussite personnelle et professionnelle à long terme. Si elle persévère, Marianne pourrait devenir une voix importante du monde du yoga et laisser une marque importante derrière elle. Elle en sera heureuse et fière.

2 - Accepter l'offre de photographier des événements sociaux cette année. Ce point lui permettra de développer son talent créatif, de prendre confiance en elle et d'accomplir quelque chose dont elle sera fière et heureuse. Éventuellement, cet effort et ce courage lui serviront à ouvrir de nouvelles portes dans les prochaines années qui mèneront à encore plus de satisfaction.

3 - Poursuivre la thérapie pour la mener jusqu'à sa conclusion. Ce point lui permettra de trouver finalement la paix et la joie intérieures en plus de lui permettre de dépasser définitivement ses peurs et ses blocages.

4 - Commencer à se préparer sérieusement pour faire un voyage seule en Égypte. Ce voyage pourrait bien être une découverte initiatique très importante pour elle et pour la culture qu'elle visitera. Le type de voyage dont on revient différent !

5 - Parler de plus en plus de sa passion pour l'astrologie et faire des consultations contre une rémunération minimale. Ce sera une autre façon pour elle d'affirmer sa différence et de faire ce qu'elle aime tout en se sentant utile.

Un planning chargé, mais qui en vaut la peine !

XI
Comment expliquer la spécificité d'une rencontre d'astrologie de coaching à un nouveau client

La plupart des gens voient un astrologue comme un devin avec une boule de cristal. Ils s'attendent à ce qu'un astrologue décrive leur caractère, leur vie et annonce les événements à venir pour les prochaines années. Si vous n'expliquez pas correctement à un client ce que fait l'astrologie de coaching, il pourrait être déçu lors du rendez-vous et ne jamais vous donner la chance de lui montrer tout le potentiel de la consultation.

Pour éviter cela, il est impératif d'expliquer au consultant la différence entre une séance d'astrologie de coaching et une séance chez la diseuse de bonne aventure. Avec le temps, vous trouverez vos propres mots, mais pour l'instant laissez-moi partager mon discours habituel. Libre à vous de l'utiliser tel quel ou de le personnaliser au fil du temps.

La première chose que je mentionne, c'est que la consultation sera sous la couleur du dialogue. J'ai besoin de faire affaire avec un client ouvert et communicatif. Avant même de commencer l'interprétation de la carte du ciel, je dois comprendre un peu ce qui se passe dans la vie professionnelle, sentimentale et spirituelle de mon consultant. S'il n'est pas prêt à révéler ce type d'information, il vaut mieux qu'il prenne un rendez-vous avec quelqu'un d'autre. J'ai aussi besoin de savoir la ou les raisons pour lesquelles il vient me consulter. A-t-il des attentes particulières ? Est-ce que certains thèmes sont plus importants pour lui ? Encore une fois, il doit être à l'aise avec ma demande de révéler ces informations avant le début de la consultation.

Une fois ce climat de dialogue établi, j'explique à mon consultant que l'astrologie de coaching se base sur une idée très simple : la carte du ciel d'une personne symbolise sa mission de vie et la raison profonde et véritable pour laquelle elle est sur terre. L'astrologie de coaching prétend que notre carte du ciel symbolise notre chemin de vie idéal. Si nous pouvions vivre notre carte du ciel à cent pour cent, nous serions complètement heureux, complètement épanouis et notre vie serait constituée de succès et de croissance. Malheureusement, nous ne vivons pas toujours notre carte du ciel à cent pour cent et parfois nous commettons des erreurs en la vivant. Le but de l'astrologie de coaching est d'expliquer comment vivre notre carte du ciel à cent pour cent et comment éviter le plus possible les erreurs de parcours.

Avec les transits et les progressions, nous comprendrons très spécifiquement quels sont les gestes à poser cette année et pour les années à venir. Ces conseils permettront de prendre la voie du succès. Comme toujours, je ferai quelques mises en garde sur les erreurs possibles que le consultant pourrait commettre actuellement dans sa vie et dans les mois à venir. Je n'essaierai pas de deviner les événements à venir, mais plutôt les tendances à prendre et le chemin idéal à parcourir. Le client sera libre de suivre ces conseils ou non. À la fin de la consultation, il comprendra mieux ce qu'il a à faire dans les prochains mois s'il veut être heureux et se sentir accompli.

CONCLUSION

Vous comprenez maintenant que derrière l'astrologie, les planètes, les signes et les Maisons se cache un message fort ancien : chacun d'entre nous est unique, chacun est sur la terre pour une raison particulière, chaque destin est unique et chaque être est particulier. Il ne tient qu'à nous de relever nos manches, de guérir nos blessures, d'écouter les signes et de réaliser notre destinée. L'astrologie de coaching est un outil qui permet tout d'abord de lever le voile sur sa propre destinée au travers du thème natal[1], puis de nous renseigner sur les actions à poser année après année pour rester sur la bonne route.

J'espère de tout cœur que vous utiliserez ce livre prioritairement pour reprendre ou garder le chemin de votre destinée et que vous y trouverez bonheur, succès et plénitude. Mon second souhait, c'est que vous utilisiez ce livre pour aider d'autres personnes à reprendre le chemin du succès et que par le fait même, vous fassiez découvrir que l'astrologie peut faire beaucoup plus que simplement décrire le caractère d'une personne.

Bon succès, bonne route et bonne chance !
Sébastien Michel, en cette fin d'année de grâce 2015.

---

1. Pour cela, je réfère le lecteur à mon premier livre de cette série : *Trouver le bonheur grâce à l'astrologie de coaching* aux éditions Lulu.com.

BIBLIOGRAPHIE

Je vous soumets une bibliographie ciblée. Elle contient des livres qui vous permettront d'approfondir l'astrologie sous différentes facettes.

Pour mieux connaitre l'astrologie classique :
L'Astrologie pour les nuls, Rae Orion, collection pour les nuls.
L'Astrologie d'aujourd'hui, Joanna Watters, éditions du Roseau.
Le Dictionnaire astrologique, Henri Gouchon, Dervy.
Techniques de l'interprétation, Armand Barbault.
Astrologie judiciaire, Eudes Picard, Leymarie.
Le Livre des fondements astrologiques, Ibn Ezra, RETZ.
A history of western astrology volume 1 et 2, Nicholas Campion, Continuum.
Guide de l'interprétation astrologique, Hadès, éditions François de Villac.

Pour approfondir les éléments, les modes et les polarités :
L'Astrologie, la Psychologie et les Quatre Éléments, Stephen Arroyo, Du Rocher.

Pour mieux connaitre l'astrologie psychologique :
Pratique de l'astrologie, Stephen Arroyo, Du Rocher.
Chart interpretation handbook, Stephen Arroyo, CRCS.
Astrologie, Karma et Transformation, Stephen Arroyo, Du rocher.
L'Astrologie, Claire Ross et Annie Paquet, Albin Michel.
The Twelves Houses, Howard Sasportas, Flare.
Mapping the psyche, Claire Ross, CPA.
Barriers and Boundaries, Liz Greene, CPA.

Pour mieux connaitre l'astrologie évolutionniste et ce qui s'en approche :

Le Ciel intérieur, Steven Forrest, éditions Du rocher.
The Book of Pluto, Steven Forrest, Seven Paws Press.
The Book of the moon, Steven Forrest, Seven Paws Press.
Skymates, volume 1 et 2, Steven Forrest, Seven Paws Press.
Pluton, Jeffrey Wolf Green, éditions de Janus.
Uranus, Jeffrey Wolf Green, Createspace.
Neptune, Jeffrey Wolf Green, Createspace.
Astrology & Evolution of Consciousness, Maurice Fernandez, Evolutionary astrology.
Astrologie de la personnalité, Dane Rudhyar, Médicis.
La Roue de l'expérience individuelle, Alexandre Ruperti, Médicis.
Astrologie et Développement personnel, Nytia Varnes, XO.
Les Trois Dimensions de votre thème astral, Patrick Giani, Du Rocher.

Pour calculer soi-même un thème natal :

Apprendre et Connaitre l'astrologie, Didier Collin, Le livre de Paris.
Éphémérides et Tables des maisons, éditions Auréas.
Techniques de base de l'astrologie, Irene Andrieu, Du Rocher.

Pour réfléchir sur la psyché, sur l'âme et sur le processus d'individuation :

Le Héros aux mille et un visages, Joseph Campbel, Oxus.
La Puissance du mythe, Joseph Campbel, Oxus.
Cosmos and Psyche, Richard Tarnas, Plume.
La Science de l'être et l'Art de vivre, Maharishi Mahesh Yogi, Favre.
L'Âme et le Soi : Renaissance et Individuation, C.G. Jung, Albin Michel.
Le Why Café, Strelecky, John P., Dauphin blanc.
Les 4 Accords toltèques, Don Miguel Ruiz, Jouvence.
Héros, Rondha Byrne, Monde différent.

Pour illustrer ce livre et faire les différents calculs, Sébastien Michel a utilisé :

Logiciel d'astrologie *Regulus* de Cathar Software (catharsoftware. com).

Comme suite et complément à ce livre, Sébastien MICHEL donne des cours et des consultations en personne à Montréal ou à distance partout dans le monde par vidéoconférence.

Il possède aussi une chaine YouTube sur laquelle il diffuse gratuitement des vidéos pédagogiques sur le Tarot et l'astrologie.

Pour plus d'informations, veuillez consulter son site web au : www.sebastien-michel.com

Édité par
Sébastien MICHEL

Imprimé par
KDP - États-Unis